中国特色
高等教育体系建设
大家谈

中国高等教育学会　组编

高等教育出版社·北京

前言

“高等教育国际论坛年会”（以下简称“论坛”）是中国高等教育学会“两会一刊”品牌活动之一，自 2001 年以来已成功举办 20 届。论坛始终秉持服务高等教育改革发展、服务政府部门宏观决策、服务高等学校办学实践、服务高等教育理论探索的理念，围绕高等教育改革发展重大理论与实践问题组织学术研讨，推出了一大批质量高、影响大的学术报告。多年来，论坛吸引了来自世界 50 多个国家（地区）、国际组织和高等教育学术研究机构的专家学者和高校领导，累计万余人次参会。《中国特色高等教育体系建设大家谈》围绕中国特色高等教育体系建设主题，在系统梳理 2019 和 2020 年论坛报告的基础上，选取国内外高等教育管理及研究领域知名专家学者的 75 篇学术报告汇编而成。这些成果为我国在高等教育普及化阶段，推动建设适应新发展格局的高等教育体系提供了重要参考。

中国高等教育学会

2021 年 9 月

目录

CAHE

1983

第一编

宏观思考

办好中国特色高水平大学的基本点

杜玉波
Du Yubo

中国高等教育学会会长
教育部原党组副书记、副部长

各位嘉宾、各位朋友，女士们、先生们：

大家上午好！

今天，我们在兰州大学隆重举办“2019高等教育国际论坛年会”。首先，我代表中国高等教育学会，对各国嘉宾和各位专家学者，表示热烈的欢迎和衷心的感谢！

今年，是中华人民共和国成立70周年。70年来，中国高等教育事业走过了由小到大的辉煌历程，实现了从规模扩张到质量提升的历史性转型，踏上了由大向强的新征程。今年，适逢兰州大学建校110周年，在这样一个重要而喜庆的时刻，来自国内1 400多名专家学者与美国、俄罗斯、英国、日本、澳大利亚、巴基斯坦等24个国家的国际友人汇聚一堂，围绕我们共同面临的时代课题展开研讨，共享各国高等教育发展的成功经验，共谋世界高等教育发展的美好蓝图。在此，我结合学习贯彻习近平新时代中国特色社会主义思想和全国教育大会精神，就办好中国特色高水平大学需要把握的几个基本点，谈点自己的认识和思考，与大家交流。

一、坚持立德树人这个核心点

大学初心，旨在育人。今天的大学，承载着越来越多的使命和责任。从人才培养、科学研究、社会服务，延伸到文化传承创新和国际交流合作，但究其根本，立德树人才是大学的初心和教育的本质。教育是国之大计、党之大计，立德树人则是贯穿其中的根本逻辑，深刻回答了“培养什么样的人、怎样培养人、为谁培养人”这一根本问题。那么，怎样才能真正做到立德树人？我认为，应该从三个方面来认识和思考。

首先，要深刻认识立德树人的理论内涵。立德树人是高校的立身之本，是办好中国特色高水平大学的核心理念。立德树人揭示了教育的本质，这就是促进人的全面发展，推动社会的文明与进步。立德树人体现了教育的规律，这就是把握学生的成长特点和认知规律，用人类文明的优秀成果滋养学生的思想和心灵，塑造科学的世界观人生观价值观。立德树人彰显了教育的根本价值，这就是为党育人、为国育才，培养德智体美劳全面发展的社会主义建设者和接班人。

其次，要准确把握立德树人的深远意义。顺应世界发展大势，培养担当民族复兴重任的时代新人，迫切需要把立德树人放在教育事业的首位。这是新中国70年来教育事业发展的根本经验，也是世界教育发展的基本共识。进入新时代，立德树人从“教育的根本任务”到“高校的立身之本”再到“检验学校一切工作的根本标准”，充分反映了我们党的教育理论创新和实践探索的最新成果。坚持立德树人的核心，就是要全面贯彻党的教育方针，实现“四为服务”价值追求，为中华民族伟大复兴提供人才支持和智力支撑。

再次，要科学构建立德树人的实践体系。把立德树人作为检验学校一切工作的根本标准，构建高水平人才培养体系，把立德树人贯通到学科体系、教学体系、教材体系、管理体系，形成全员、全程、全方位的育人格局。一是要构建宏观育人体系。统筹发挥学校、家庭和社会教育的育人资源，特别要高度重视家庭教育，这是学校教育和社会教育的基础，是每一个人教育的起点。二是要构建中观育人体系。以课程育人、科研育人、实践育人、文化育人、网络育人、心理育人、管理育人、服务育人、资助育人、组织育人等十大育人体系为基础，推动学校把立德树人工作融入人才培养各环节。三是要构建微观的育人体系，根据各项工作内在的育人元素和育人逻辑，从神形兼备、师生兼顾、内外兼修、德法兼治、软硬兼抓五个方面做起，把立德树人要求落到各方面。

二、推进学科建设这个着力点

学科建设在学校处于龙头地位，学科水平是学校核心竞争力的集中体现，学科特色是学校最根本的特色。建设高水平大学，必须鲜明地突出学科导向。主要从两个方面考虑：一方面，建设高水平大学，首要的是建设一流学科。因为以学科为基础，是高水平大学建设的根本路径。另一方面，高水平大学建设不能简单等同于一流学科建设。因为良好的学术生态和顺畅运行的体制机制，是学科健康发展的基础。没有高水平大学的整体环境，也建不成一流学科。

在学科建设方面，必须坚持有选择性的发展，有所为有所不为。我曾说过，“学科建设不是张开巴掌拍下去，而是攥紧拳头砸下去”就是这个道理。学科不在多、不在全，而在特、在强，关键要建设好与学校办学定位和办学特色相匹配的学科群，压缩“平原”，多建“高峰”，尤其要把学校传统优势学科做强、把国家战略急需学科做精、把新兴交叉融合学科做实。应该说，“特色 + 优势 + 一流”，才是真正的一流，才是持久的一流。在具体操作上，要不断强化学科高点，培育学科重点，扶持学科增长点，既要克服“唯学科论”的倾向，也要克服“撒芝麻盐”的倾向，把有限的资源用在“刀刃”上。只有这样，以优势学科为引领，带动和辐射其他学科建设，才能形成特色彰显、优势带动、多元发展、交融并存的良好态势。

说到底，建设高水平大学，重在质量和特色，绝不是规模和数量上的比对。从“双一流”建设高校遴选结果来看，集中力量建设优势特色学科是多么重要。我国有 2 680 多所普通高校，不能用一个模式办学，也不能都是综合性大学。在全国教育大会上，习近平总书记强调，“要支持有条件的高校创一流，但不能把高校人为分为三六九等，而是要鼓励高校办出特色，在不同学科不同方面争创一流。”我认为，特色就是质量，特色就是竞争力。一流大学未必都是学科门类齐全的综合性大学，精而专、有特色的学校同样可以办成一流大学。争创一流，并不是争创“全能冠军”。每所学校各有所长，想把所有的学科都办全办好，既无必要，也不可能。如果一味搞“大而全”“小而全”，不顾实际追捧热点，追求所谓的“综合性”“全科化”，不仅会造成千校一面、千篇一律、同质化办学、趋同化发展，而且还会失去学科特色和亮点，争取一流大学建设也必将失去优势。

三、抓好人才队伍这个支撑点

习近平总书记指出：“人才都是富国之本、兴邦大计”[①]“硬实力、软实力，归根到底要靠人才实力”[②]。可以说，大到一个国家，小到一个学校，人才都至关重要。人才是学校发展的战略资源，是推动学校内涵发展、提高教育质量的重要支撑。人才的水平，决定了学校事业发展的水平。对于学校来说，加强人才队伍建设，就

① 习近平：《在网络安全和信息化工作座谈会上的讲话》，人民出版社 2016 年版，第 23 页。

② 习近平：《在中国科学院第十九次院士大会、中国工程院第十四次院士大会上的讲话》，人民出版社 2018 年版，第 18 页。

是要坚持引育并举、以育为主，重点培养一批、大胆使用一批、及早储备一批，必须有这样的眼界、这样的魄力和这样的气度。具体来讲，有这么四点很重要：

一是围绕学科集聚人才，不能脱离学科盲目引进。要根据学校学科建设发展规划，统筹规划人才的引进、培养和使用，完善人才队伍的学科结构、学缘结构和年龄结构。特别是要通过集聚人才，建设好一批能够支持国家急需、产业转型和区域发展的新兴交叉学科，把人才资源统筹利用好。

二是集聚高层次人才，而不是一般的普通人才。目前，学校各类人才不少，但迫切需要的是在本领域内具有学科穿透力的领军人才，具有创新精神、敢于承担风险的创新型人才。对这样的人才，要下力气、下功夫，创造条件，落实人才待遇和政策保障，使他们能够安心、热心、舒心在学校工作。

三是集中培养优秀青年人才，不要一味论资排辈。优秀的青年人才是学校发展的希望、学校发展的未来。青年人才的培养是一个长期的过程，不能搞“压缩式”培养，一蹴而就。要立足当前，着眼长远，科学制定学校的青年人才培养规划，真正把青年人才培养工作落到实处。对于优秀的青年人才，要大胆使用，放手培养，给他们搭平台、压担子，让他们在实践中历练成长，最大限度地把能力释放出来，把才华展示出来。

四是把好人才的思想政治关，不能“泥沙俱下”，不做甄别和筛选。习近平总书记在学校思想政治理论课教师座谈会上提出了“六个要”的标准：政治要强，情怀要深，思维要新，视野要广，自律要严，人格要正。我们培养和引进人才，要对照这“六个要”的标准，把思想政治素质摆在首位，注重师德师风考量，教育引导他们做有理想信念、有道德情操、有扎实学识、有仁爱之心“四有”好老师，既做到学养深厚，又做到政治过硬，成为政治上、学术上的“双强”带头人，在做人、做事、做学问方面发挥好表率作用。

当然，在集聚人才资源方面，学校既要支持人才的合理流动，又要避免人才的恶性竞争和资源浪费，探索建立科学有效的人才评价体系，形成人才有序流动的管理机制。这一点也尤为重要。

四、强化党的建设这个关键点

世界各国高等教育发展的经验表明，办好一所大学，既要遵循高等教育的一般规律，顺应世界高等教育发展的时代潮流，又要立足本国历史文化传统和社会发展实际，探索具有本国特色的高等教育模式。对于我国高校来说，就是要着眼世界水平、着力中国特色，扎根中国大地办大学，把抓好党建工作作为办学治校的基本功，把党的教育方针全面贯彻到学校工作各方面。可以从以下三个方面做起。

一是要以党的政治建设为统领。教育是培养接班人的事业，具有极强的意识形态属性，要把政治建设摆在学校工作的首要位置。党的政治建设，核心是政治信仰和政治方向，关键是政治领导和政治根基，基础是政治生态和政治文化。要深入学习贯彻习近平新时代中国特色社会主义思想和全国教育大会精神，增强“四个意识”，坚定“四个自信”，做到“两个维护”，强化政治领导，提高政治能力，净化政治生态，把学校建设成为学习研究马克思主义科学理论的坚强阵地。要坚持不懈传播马克思主义科学理论，抓好马克思主义理论教育，为学生一生成长奠定科学的思想基础。

二是坚持和完善党委领导下的校长负责制。学校要形成以大学章程为基础，以党委领导下的校长负责制为核心，以学术委员会、教职工代表大会、理事会为支撑的现代化大学治理整体架构。要把党委领导下的校长负责制运转好，党委重在谋划和决策，履行把方向、管大局、做决策、抓班子、带队伍、保落实的职责，统一领导学校工作；校长重在实施和管理，全面负责教学、科研和其他行政管理工作，依法行使职权。在体制运行过程中，特别要注意把握好“集体领导、科学决策、分工负责”这三个关键点。要把学术组织作用发挥好，学习借鉴国内外办学治校的先进经验，充分发挥学术委员会在学科建设、学术评价、学术发展和学风建设等事项中的作用，充分发挥教授在教学、学术研究和学校管理中的作用。要把民主管理与民主监督把握好，充分发挥教职工代表大会和理事会的作用，调动广大师生和社会各界共同参与学校建设的积极性。

三是切实加强基层党组织建设。基层党组织，是推动学校改革发展的基础和关键。加强基层党组织建设，要坚持围绕中心抓党建、抓好党建促发展，把基层党建工作和教学、科研和社会服务等工作有机结合起来，使学校发展建设与党的建设同步谋划、与党的组织同步设置、与党的工作同步开展。要通过基层党组织做好教师的思想政治工作，对广大教师既要厚爱，也要严管，注重激励与惩戒相结合，注重解决思想问题与解决实际问题相结合，把教师的积极性充分调动起来，团结和凝聚在党组织周围，实现办学治校、教书育人的根本目标，这是我们最大的政治责任。

五、扩大对外开放这个发展点

我国改革开放四十多年的实践表明，改革开放是中国迈向现代化进程的最大红利，改革和开放是分不开的，开放就是改革，教育领域也不例外。今天的中国大学特别是高水平大学，要把教育国际化程度作为自身实力的重要体现，把国际影响力作为衡量办学水平的重要标志。

随着经济全球化的深入发展，世界各国的联系越来越密切，越来越成为休戚与共的命运共同体。紧密相联的共同命运，需要我们共同面对安全稳定、和平发展和环境保护等重大时代挑战。应对共同的挑战，需要世界各国在互信基础上加强合作，在互利前提下实现共赢，在互鉴过程中获得发展。当前，各国之间的互信合作、互利共赢、互鉴发展，都离不开教育这座基石，离不开深化教育国际合作这个途径。通过深化教育国际合作，可以推动不同文明相互尊重、和谐共处，从不同文明中寻求智慧、汲取营养；可以增强各国人民的经济、文化和科技互通，传承创新思想，启迪人民心智；特别是通过教育国际合作，可以为青年学生提供更好的发展空间。

我理解，深化高等教育国际合作有三个层次。第一个层次是要引进、利用国际优质教育资源，也就是“请进来”。当然，在“请进来”的时候，既要虚心学习借鉴国外的有益经验，又要理性客观地看待和保持本国教育的独特优势，处理好“国际化”和“本土化”的关系。第二个层次是要促进教育国际交流合作，也就是“走出去”。在同一个层面上“多对话、多来往”，有进有出、相得益彰。第三个层次是要参与全球教育治理，也就是“深参与”。深度参与国际高等教育规则、标准、评价体系的研制，建设具有本国特色和国际水平的专业、课程、教材、教学模式、治理模式、评价体系等，在教育合作中提升国家形象，扩大国际话语权，谋求各国教育开放发展、合作发展、共赢发展。

各位嘉宾、同志们，以上我谈了办好中国特色高水平大学需要把握好的几个基本点，概括来说，就是坚持立德树人这个核心点，推进学科建设这个着力点，抓好人才队伍这个支撑点，强化党的建设这个关键点，扩大对外开放这个发展点，与大家交流。最后，预祝本次论坛取得圆满成功！

适应新发展格局需要推进高等教育高质量发展

杜玉波
Du Yubo

中国高等教育学会会长
教育部原党组副书记、副部长

尊敬的各位嘉宾、各位朋友、同志们：

上午好！

今天，我们相聚中华文明的重要发源地——河南，共同参加在郑州大学举办的“2020高等教育国际论坛年会”。首先，我代表中国高等教育学会，对参加这次论坛年会的嘉宾和朋友们表示热烈欢迎和衷心感谢！

不论是对于世界还是中国，2020年都是极不平凡的一年。突如其来的新冠肺炎疫情席卷全球，世界进入动荡变革期，中国统筹疫情防控和经济社会发展取得重大战略成果，加快形成以国内大循环为主体、国内国际双循环相互促进的新发展格局。在复杂的国内外形势下，高等教育将发生什么样的变革和发展，是大家共同关注的时代课题。10月，党的十九届五中全会审议通过了《中共中央关于制定国民经济和社会发展第十四个五年规划和二〇三五年远景目标的建议》，擘画了中国未来5年乃至15年的发展新蓝图，开启了全面建设社会主义现代化国家的新征程。在中华民族伟大复兴战略全局和世界百年未有之大变局下，适应新发展格局需要，推进高等教育高质量发展，具有重要的意义。下面，围绕这个主题我谈几点思考，与大家交流。

一、构建适应新发展格局需要的人才培养体系

新发展格局，是党中央根据我国发展阶段和环境变化提出来的，是重塑我国国际合作和竞争新优势的战略抉择。我国高等教育的发展始终与国家民族命运休戚相关，与国家战略需要同频共振。党的十九大以来，习近平总书记从党和国家事业发展全局的战略高度反复强调“培养担当民族复兴大任的时代新人”。这既是

实现“两个一百年”奋斗目标的必然要求，也是应对复杂国际形势、赢得国际竞争主动的迫切需要。当前，我们要置身新发展格局，深刻思考和回答好构建具有中国特色的人才培养体系的关键之问。

在人才培养的方向上，要毫不动摇。任何国家的教育都有意识形态的属性，都有为谁培养人、怎样培养人的问题，这是教育的价值和责任。我国教育的任务就是要培养中国特色社会主义事业的建设者和接班人，而不是旁观者和反对派。我国高等教育必须始终站稳这样的立场，树牢这样的观点，围绕“社会主义建设者和接班人”这个根本目标，落实立德树人根本任务，把党的教育方针全面贯彻到学校工作各方面，着力培养具有爱国情怀、社会责任感、创新精神、实践能力和国际视野的中坚力量，这对我们实现民族复兴大业具有长远战略意义。

在人才培养的地位上，要持续巩固。伴随经济社会的发展，高等教育不断被赋予新的使命和功能，但是最核心的还是培养人才。看一所大学办得怎么样，不是看一时的规模、数据，而是要以长远的眼光、历史的视野看它培养出什么样的杰出人才和高素质劳动者。我国高校应更加强化以学生为本的理念，将更多精力聚焦到提高质量特别是本科教育质量上，切实保障人才培养的中心地位，培养勇于为党分忧、为国担当、为民族复兴担负责任的时代新人。

在人才培养的路径上，要尊重规律。人的培养过程带有普遍的规律性，遵循规律则事半功倍，违背规律则事倍功半。办好高等教育，要遵循人的成长发展规律、教育教学规律，加强学科、教学、教材、管理体系的统筹规划和设计，推动教学内容和方法因事而化、因时而进、因势而新，把知识传授、素质提升、能力培养到价值引领融为一体，努力构建德智体美劳全面培养的高等教育体系。

二、优化适应新发展格局需要的教育布局结构

在世界高等教育发展史上，对任何一个强国而言，高等教育布局结构都有一个战略考量。20世纪70年代，发达国家进入高等教育普及化阶段。2019年，我国高等教育毛入学率达到51.6%，已经进入普及化阶段，但我国高等教育发展在区域城乡、学科层次等方面依旧存在不平衡不充分的矛盾，且成为制约高等教育高质量发展的最大瓶颈。构建新发展格局，应该在国内统一大市场基础上形成大循环，不是每个地方都搞自我小循环。我国高等教育布局结构的优化调整也是同样的道理。习近平总书记强调：“要立足服务国家区域发展战略，优化区域教育资源

配置，加快形成点线面结合、东中西呼应的教育发展空间格局，提升教育服务区域发展战略水平。”“要优化同新发展格局相适应的教育结构、学科专业结构、人才培养结构”。[①]

优化区域布局结构，关键在缩小差距。高等教育要适应新发展格局，既需要东部发达地区的率先引领，又需要中西部地区的迎头赶上，还需要各地方高校的创新发展。长期以来，由于政策资源、财政资源、人才资源的供给不平衡，造成高校空间布局上的不合理，呈现东部资源密集、中西部稀疏的“东高西低”格局。当前，要在政策引导、资源投入上进一步向中西部地区高校倾斜，加快实施新一轮中西部高等教育振兴计划，依托重大区域发展战略规划，促进高校主动与区域发展深度融合。

调整学科专业结构，关键在以特求强。学科专业建设应坚持有选择性的发展，要小而精，不要大而全。但不少高校仍热衷追求所谓“综合性”“全科式”发展，存在资源分散、只见“高原”不见“高峰”的问题。要坚持把社会需求作为学科专业设置和调整的重要因素，把落实国家标准作为学科专业建设的底线要求，建设好一批能够支撑国家急需、产业转型和区域发展的新兴交叉学科专业，形成与经济社会发展相协调的学科专业布局。

建设分类办学体系，关键在错位发展。我国高校的类型层次应从“金字塔”转向“五指山”，形成梯度，对接需求，实现差异化发展。多年来，我国相当数量高校存在办学同质化现象，盲目攀高，一味追求学术型。解决这一问题，要针对不同类型层次高校的办学特点和区域需求，加快形成分类评价的体系标准和管理政策，构建起与我国大国地位相适应的高等教育层次结构体系，引导不同类型不同层次的高校都能办出特色，办出水平，在有为政府、有效市场的环境下，从同型竞争走向错位发展。

三、提升适应新发展格局需要的创新服务能力

世界上的任何一所大学，首先属于这个国家和这个民族，它要以满足国家和区域重大战略为己任。构建新发展格局，是主动作为和长期战略，不是被动应对

① 习近平：《在教育文化卫生体育领域专家代表座谈会上的讲话》，人民出版社 2020 年版，第 3—4 页。

和权宜之计。当前，我国已经转向高质量发展阶段，继续发展具有多方面优势和条件，但创新能力不适应高质量发展要求的问题仍然突出。作为科技第一生产力、人才第一资源和创新第一动力的重要结合点，高校应适应新发展格局需要，在服务支撑国家人才需要和创新需求等方面担当更为重要的责任。

服务经济高质量发展，争当主力军。打造中国经济的升级版，必然要以中国高等教育的升级版为基石。高校要通过调结构、搭平台、创载体、建机制与区域发展深度融合，在区域发展中发挥战略支撑作用。要把开展创新创业教育作为高校综合改革的重要突破口，全面提升学生创新精神、创业意识和创新创业能力。要深化产教融合，促进教育链、人才链与产业链、创新链有机衔接，促进人才培养供给侧和产业需求侧结构要素全方位融合。

强化基础研究，甘坐冷板凳。基础研究是科技创新的“总机关”，是技术研发的源头活水。夯实基础研究，才能为科技实力的持续增长备足后劲。我国面临的很多“卡脖子”技术问题根子是基础理论研究跟不上，源头和底层的东西没有搞清楚。高校是科技创新体系的重要组成部分，要培养造就一大批“板凳甘坐十年冷”且具有国际水平的战略科技人才、科技领军人才、青年科技人才和高水平创新团队，力争实现前瞻性基础研究、引领性原创成果的重大突破。

加快关键核心技术攻关，占领制高点。高校具有学科门类齐全、创新人才聚集等优势，应当在服务国家实现关键核心技术自主可控方面担当重要责任。面对国家战略需求，高校要进一步研究破解政策制度障碍，围绕国家急需的战略性问题、尖端领域的前瞻性问题，探索开展跨学校、跨学科、跨领域、跨国界的协同创新，优化科研资源配置，服务关键核心技术创新需求。

四、形成适应新发展格局需要的教育评价机制

教育评价改革是一项世界性、历史性、实践性的难题。教育评价既有国际公认的标准，也有适合本国实践的特色体系。我国的教育评价改革的目标是，到 2035 年基本形成富有时代特征、彰显中国特色、体现世界水平的教育评价体系。要实现这样的目标愿景，必须多措并举、全面发力，探索形成适应新发展格局需要的教育评价机制。

注重理念革新，思想先导。科学理念是正确实践的思想先导。各级各类学校要树立科学的教育评价观，将立德树人摆在学校工作的中心位置，围绕德智体美劳

全面发展构建学生评价体系。要着力破除不科学、不合理的教育评价导向和做法，对学校不再简单以升学率来评价，对教师不再简单以考分排名来评价，对学生不再简单以考试成绩来评价，党政机关、企事业单位对用人不再简单“唯名校”“唯学历”是举。

注重破立结合，以立促破。要从教育规律和人才成长规律出发，在唯与不唯之间找到平衡，搞清楚从哪里突破、规则是什么、路径是什么。比如，破除“唯分数”方面，破的是将分数作为评价学生的唯一标准，立的是实现学生德智体美劳全面发展，回归育人本质；破除“唯论文”方面，破的是把论文作为教师职称评定、发展晋升的核心指标，立的是引导教师潜心教书育人。

注重综合施策，协同发力。构建新的教育评价机制，需要运用整体思维，协同发力，系统推进。具体来讲，就是要认真践行重师德师风、重真才实学、重质量贡献的价值导向，改进结果评价，扭转功利导向；强化过程评价，尊重客观规律；探索增值评价，挖掘发展潜能；健全综合评价，力避片面倾向。

五、完善适应新发展格局需要的大学治理结构

建设具有中国特色、世界水平的现代高等教育，要构建以党委领导下的校长负责制为核心，以职能部门和专业院系为依托，以学术委员会、教代会、理事会等为支撑的现代大学内部治理体系，不断释放办学活力，激发办学动力，推进治理能力和水平现代化。

坚持党的全面领导，把握办学方向。要坚持和完善党委领导下的校长负责制这个根本制度，党委领导重在谋划和决策，履行把方向、管大局、做决策、抓班子、带队伍、保落实的职责，统一领导学校工作；校长负责重在实施和管理，全面负责教学、科研和其他行政管理工作，依法行使职权。要加强基层党组织建设，坚持围绕中心抓党建，抓好党建促发展，使学校发展建设与党的建设同步谋划、与党的组织同步设置、与党的工作同步开展。

完善思想政治工作体系，落实立德树人。坚持全员、全程、全方位育人的理念，构建纵向衔接和横向配合相统一、校内教育和校外培养相协同的思想政治工作体系。坚持融合贯通，建立既与中小学德育相衔接，又真正适合大学生成长特点的一体化育人体系。坚持系统思维，把思想政治教育贯穿到德育、智育、体育、美育和劳动教育之中，加强思想政治工作的整体性和系统性。坚持统筹兼顾，实

现学校、家庭、社会协同育人，形成立德树人的强大合力。

完善内部治理结构，汇聚办学合力。要加快推进高校内部治理体系现代化，以“党委领导、校长负责、教授治学、民主管理”为基本框架，充分发挥学校各职能部门联动的工作优势，形成高效、协调、顺畅的运行机制。要注重激发院系“中场发动机”的作用，把党的教育方针和重大战略部署落实到院系的各项工作中去。要把学校的学术组织和群团组织作用发挥好，实现行政权力与学术权力既相对分离，又相互促进，形成相得益彰的良好工作机制。

六、开拓适应新发展格局需要的开放合作局面

教育对外开放是我国改革开放事业的重要组成部分，也是人类命运共同体建设的重要内容。新发展格局是开放的国内国际双循环，不是封闭的国内单循环。习近平总书记指出：“要扩大教育对外开放，优化教育开放全球布局，加强国际科技交流合作，提升层次和水平。”[①] 当前国际力量对比深刻调整，我国正面临着“发展中的挑战”“打压中的突破”“开放中的博弈”等复杂局面，高等教育也面临着一系列新压力新挑战。应顺势而为、应时而动，统筹做好新冠肺炎疫情防控和教育交流合作，统筹用好国际国内两种资源，开拓适应新发展格局的开放合作局面，提升高等教育全球化的核心竞争力。

坚持扎根中国与融通中外相结合，“合力解题”。扎根中国是我国高等教育对外开放的根本原则和立场，要求我们必须坚持中国特色社会主义高等教育发展道路，立足中国国情和高等教育发展实际，扎根中国大地，解决中国高等教育发展中面临的重大现实问题。融通中外是对外开放的内在逻辑和方向，要求我们必须面向世界，聚焦世界科技前沿和国内薄弱、空白、紧缺学科专业，同世界一流资源开展高水平合作办学、高水平人才联合培养和科技联合攻关，汇聚全球资源和天下英才“合力解题”，以更加开放合作的姿态应对全球共同威胁和挑战。

坚持有选择的“请进来”、有章法的“走出去”、有目标的“深参与”。一方面，面向全球引进优质教育资源，强化对优质教育资源的消化、吸收和再创新，提升人才培养力。另一方面，争取与国外高等教育多对话、多来往，有进有出、相得益

① 习近平：《在教育文化卫生体育领域专家代表座谈会上的讲话》，人民出版社 2020 年版，第 4 页。

彰，讲好中国教育故事，扩大对外影响力。特别要积极参与高等教育国际治理，深度参与国际高等教育评价标准、规则等的制定，在教育合作中提升国家形象，从不同文明中寻求智慧、汲取营养，深化国际融合力。

坚持开放共享与合作共赢，营造发展新格局。这次疫情给我们以深刻的启示，各国是休戚与共的命运共同体，重大危机面前没有谁能够独善其身，团结合作是应对挑战的必然选择。在这样的时代大背景下，我国高等教育要秉持开放共享、合作共赢的新姿态，体现作为一个负责任大国发展高等教育事业的使命、格局与担当精神，与世界各国高等教育建立起健康的可持续性合作关系，共同应对人类面临的挑战和风险，共同发展，共享发展成就。

女士们、先生们、朋友们！

深刻认识错综复杂的国际环境带来的新矛盾新挑战，适应新发展格局需要，推进高等教育高质量发展，是新时代赋予我们的光荣使命。我相信，在与会国内外嘉宾的共同努力下，世界高等教育一定会积极有效应对各种新挑战，迎来更加美好的未来，为人类文明进步作出新的更大贡献！

加快推进『双一流』建设 努力建设高等教育强国

翁铁慧
Weng Tiehui

教育部党组成员、副部长

推进“双一流”建设，是党中央、国务院作出的重大战略决策。习近平总书记高度重视“双一流”建设，在多次重要讲话中进行了深入阐述，强调要加快建设中国特色世界一流大学，实现高等教育内涵式发展，落实立德树人根本任务，培养德智体美劳全面发展的社会主义建设者和接班人。习近平总书记的重要论述，高瞻远瞩，举旗定向，是我们推进“双一流”建设的根本遵循和前进方向。

一、明确目标定位，坚守初心使命

经过新中国70年尤其是改革开放40年来的努力，我国建成了世界上规模最大的高等教育体系，一批高校率先突破，已经发展成为高等教育的高地，正在隆起为高等教育的高原。但是，距离高等教育强国还有不小差距，高峰还不突出，真正迈入世界一流大学行列的我国高校还不多。我们要紧盯发展战略，服务发展战略，大力推进“双一流”建设。

一是为“中国梦想”增强支撑。当前，我国正在加快建设社会主义现代化国家，努力实现中华民族伟大复兴的中国梦。我们对科学知识和卓越人才的渴求比以往任何时候都更加强烈，对加快建设科技强国、人才强国的渴求比以往任何时候都更加迫切。建设教育强国是基础性工程，世界一流大学和一流学科是鲜明标志。

“双一流”建设的初心使命就是教育报国。一方面，要打造一批各具特色的世界一流高校，其中既要涌现一批世界一流的研究型大学，这些高校致力于探索未知世界、引领知识创新，能够登顶世界科技高峰；也要涌现一批世界一流的特色型大学，这些高校立足行业特色，致力于核心技术研发，能够卓越地推动科学技术成果向现实生产力转化。另一方面，还要建设一批实力雄厚的世界一流学科，其中既要涌现一批综合实力强劲的一级学科，也要打造一批在某些方面冒尖的学科方向或学科点，还要形成一批支撑区域经济社会发展的优质特色学科。

二是为“中国教育”增强引领。高等教育处于教育体系的最顶端和最前沿，代表着一个国家教育事业的发展水平。习近平总书记曾经说过，“世界上不会有第二个哈佛、牛津、斯坦福、麻省理工、剑桥，但会有第一个北大、清华、浙大、复旦、南大等中国著名学府。”[①] 推进“双一流”建设，必须立足中国，对标世界，争创一流。

中国特色，就是要扎根中国大地办大学。要充分发挥中国共产党领导的政治优势，坚持以马克思主义为指导，坚持为人民服务、为中国共产党治国理政服务、为巩固和发展中国特色社会主义制度服务、为改革开放和社会主义现代化建设服务；充分发挥集中力量办大事的制度优势，围绕共同的奋斗目标，集中各个方面的力量，全国一盘棋、上下一条心，高效执行、有力推进；充分发挥植根深厚文化土壤的优势，用中国优秀传统文化培植高校办学底蕴、滋养精神家园，把优秀的论文写在祖国大地上，努力培养担当民族复兴大任的时代新人。

“双一流”建设也承担着教育强国领头羊的重要职责，引领着各级各类教育的发展方向。通过推进“双一流”建设，逐步构建高水平的人才培养体系，使高素质多样化、具有家国情怀和全球视野的拔尖创新人才辈出，同时也将促进基础教育领域的人才培养模式优化。同时开展高水平的科学研究和知识服务，为其他高校提供标杆、做出示范，并在文化传承与创新上带动其他高校共同发挥更大作用。

三是为“中国贡献”增强驱动。中国理应为人类命运共同体的共同发展贡献智慧和力量。要通过“双一流”建设，提高高校的创新策源能力，努力成为学术新思想、科学新发现、技术新发明、产业新方向的重要策源地。要为人类攀登科学高峰更多“开拓新路”，尤其是作为基础研究主力军的学科要瞄准世界科技前沿，做出引领性原创成果的重大突破。要搭建更多服务行业的功能型平台，加快构建形成以使命为导向、多学科领域交叉融合，基础研究、应用研究和产业部门协同发展的创新生态，把“科研密度”转化为“创新浓度”，切实为人工智能、生命科学、能源创新等新兴战略行业实现“领跑世界”提供智力和人才支撑。要在具有中国

① 习近平：《青年要自觉践行社会主义核心价值观——在北京大学师生座谈会上的讲话》，人民出版社 2014 年版，第 13 页。

特色哲学社会科学领域立时代之潮头、通古今之变化、发思想之先声，为解决世界普遍难题更多提供中国智慧。

二、把握关键举措，坚定奋进前行

当前，“双一流”建设正处于全面推进落实的关键时期。要找准发展定位，抓住关键环节，明确重点任务，推进高质量建设。

一是聚焦根本，夯实基础。立德树人是高校的立身之本，人才培养是事关高等教育质量的生命线。要把落实立德树人根本任务作为“双一流”建设的根本前提，推进思想政治教育，引导高校学生增强中国特色社会主义道路自信、理论自信、制度自信、文化自信，立志为中国特色社会主义事业奋斗终身。

提升本科生教学质量。引导教授们把心思花在学生身上，以此为主业潜心教书育人，关注每一堂课、每一位学生。全面提升师资水平，刚留校教师原则上不应急于上讲台，可先从助教和基础课研究开始。同时，加强师生交流对于提高教育教学质量至关重要，对比世界知名高校，我们在师生互动方面还存在较大差距。由清华大学教育研究院连续多年所做的“学情调查”显示，在师生互动方面我国高校与国外知名大学差异明显，如 27.1% 的学生表示，自己的学习表现从来没有得到过任何老师的及时反馈；而国外知名院校有此看法的学生只有 7% 左右。为此，可以通过建立“坐班答疑制度”即 OfficeTime 等方法引导教师与学生加强交流。

大力提升研究生教育质量。在目标设定上合理分轨，根据科技发展趋势及国家重大战略需要和行业产业发展需求，进一步优化培养类型结构，合理设定学术学位和专业学位研究生教育的培养目标，为分类发展奠定基础。在教育教学上固本培元，不断优化培养体系、改进培养方式，避免学术学位与专业学位、硕士与博士研究生课程与培养模式同质化。同时，大力加强研究生导师队伍建设，明确研究生导师的主业是育人，导师既要做学术指导，也要进行人生指导。在培养模式上精准融通，对学术学位研究生，以科教融合的思路加强大团队、大平台、大项目的支撑作用；对专业学位研究生，以产教融合的思路搭建更多校企协同、校地协同的培养平台。

强化教育教学质量保障。除了日常管理和质量内控之外，还要加强对本科生、研究生培养质量的监测，特别关注用人单位对毕业生的综合评价。教育部针对本硕博教育培养质量探索开展了雇主调查，设置了6个维度24项指标，通过调查用人单位业务主管和招聘经理，对毕业生的政治素养、工作态度、专业水平、职业能力、职业发展潜力、薪酬水平等进行多维度评价，将形成报告反馈高校。2019年已对6 000多家用人单位进行调查，覆盖140所“双一流”建设高校重点建设学科的2.3万名本科以上毕业生。下一步将持续积累数据，不仅关注初次就业学生的雇主评价，而且将跟踪调研毕业1～10年毕业生的评价情况，以此为科学评价培养质量、有效改革培养模式奠定基础，促进人才培养质量全面提升。此外，还将重点关注硕博学位教育和培养质量，重点监测博士生培养质量，继续把博士论文抽查情况作为重要参照。

二是聚焦特色，分类发展。“双一流”建设高校140所，类型、规模、结构等差别很大，区域发展也不平衡，经济社会发展对高校的要求也越来越多样，不应用一个模式办学，也不能用一把尺子衡量所有高校，一流大学也不可能全部办成研究型大学、综合性大学。同样的学科在不同类型和层次的大学差异也会很大，不能用一个指标体系来衡量。习近平总书记指出，要支持有条件的高校创一流，要鼓励高校办出特色，在不同学科不同方面争创一流。[①] 没有特色，跟在别人身后亦步亦趋，很难办成一流大学。

一流大学既可以是学科齐全的综合性大学，也可以是“小而精”的特色型学校；既可以是历史悠久、底蕴深厚的老牌大学，也可以是锐意变革、勇于创新的后起之秀；既可以致力于培养各界领袖，也可以专注于锻造工程巨匠。坚持特色就是质量、就是竞争力的建设思路，摒弃大而全的观念，建立完善分类管理、分类发展的引导机制，让更多的高校不拘泥于整个学科论高低，积极鼓励高校围绕特色创造点上的“尖峰突显”和“一骑绝尘”。大力推进分类指导、分类发展，引导不同的学校采取各自发展路径，同时鼓励每一所学校对本校不同学科进行分类指导。

三是聚焦内生，增强动力。“双一流”建设质量的高低，归根结底取决于高校实施建设任务的积极性、主动性和自觉性。学校能否正确定位、保持定力是完成目标任务的关键所在。

用好评价指挥棒。近年来，我们在国家层面做了大量建立质量标准的工作，比如，制订新增博士学位授权单位和博士学位授权点基本条件、普通高校本科

① 《习近平谈治国理政》第三卷，外文出版社2020年版，第349页。

专业类教学质量国家标准，制定学位授权点合格评估、博士学位论文抽检、论文造假处理办法等。各高校对学校和学科建设质量自控的主动性越来越强，但部分建设高校质量管控还需进一步加强，质量控制与资源配置的协调联动机制还没有建立。

开展建设动态监测。目前已初步提出的指标体系包括一流大学和一流学科建设两套动态监测指标体系，这两套体系有别于学科评估。对于观测点设置，重点考虑五方面的核心要素，主要包括是否坚持正确的建设方向（如坚持社会主义办学方向）、是否坚持世界一流的建设目标（如基于各类国际排名指标的“元评估”结果，抽取具有较高的信度和效度的观测要素）、是否突出服务国家战略（如牵头建设的国家重大科技创新基地情况，服务国家战略新兴产业、重大区域发展规划、重大工程、重大科学创新、关键技术突破等标志性成果情况）、是否突出内涵发展导向（如教授给本科生上课人数、课时数，教学质量保障体系建设情况）、能否体现不同类别院校和学科特色（体系中设置了留白项目，由院校自主提出、选填，反映院校在相应观测项目的特色优势）等内容，目的是引导高校更加注重坚持提升教育教学质量，更加注重增强“咬定青山不放松”的学科建设定力，更加注重优化引育并举的队伍建设举措，更加注重提升学校内部科学治理能力，更加注重特色创优发展。

三、加强保障支撑，坚持科学治理

推进“双一流”建设是一项系统工程，需要中央、省（区市）和高校共同努力。建设政府、学校、教师、社会之间的新型关系，构建法治化、科学化的现代治理体系，提升治理能力，是加快推进“双一流”建设的战略保障之关键。

切实激发高校办学活力。高校的发展离不开政府的支持，但无论中央政府还是省级政府，承担的是统筹引导的职责，建设的主体是高校。近年来，国家出台了一系列针对高校“放权松绑”的政策，让学校拥有更大办学自主权，但是与一线师生诉求相比仍然有较大差距，其中既有政府“放权不够”、也有高校“用权不够好”的问题。要进一步加大“放管服”改革力度，引导高校提高承接能力，做强做实二级学院这一“关键中场”，同时通过转观念、建队伍、改机制加强二级院系的能力建设，特别要防止行政权力与学术权力的合流，真正把制度红利转化为广大教学科研人员教书育人、干事创业的“生产力”。

着力提升人才队伍能级。要通过“双一流”建设，深化改革，优化环境，引育并举，努力为国家集聚一大批创新团队和高层次拔尖人才。要结合国家战略布局，既“筑巢引凤”，更“潜心育苗”，有针对性地打造能够迅速响应国家需求，以学科带头人为领军、以杰出人才为骨干、以优秀青年人才为支撑，衔接有序、结构合理的人才团队和梯队。要利用好一系列重大人才项目和科研平台，着力打造创新团队，培养引进一批具有国际影响力的学科领军人才和有潜力的青年学术英才。加强高端智库建设，依托人文社会科学重点研究基地等，汇聚培养一大批哲学社会科学名家名师。同时，坚决遏制简单以“学术头衔”“人才头衔”确定薪酬待遇竞价抢人、配置学术资源的势头。

不断增强各方合力。争取中央财政加大投入，并引导省级财政投入继续加力，支持中央和地方所属“双一流”建设高校，统筹实施好本地区高水平大学和优势特色学科建设，树立“一盘棋”观念，引导“双一流”建设高校和本地区高水平大学相互促进、共同发展，构建协调发展、有序衔接的建设体系。同时，要以校地合作、产教融合的理念探索更大范围的跨校协作机制，利用地理上的邻近关系深化校地间的“共生”关系，增强集聚效应和激励效果。

2020高等教育国际论
2020 Annual International Forum on Highe
加快推进大学治理体系和治理能力

坚定高等教育制度自信
提升服务构建新发展格局的能力和水平

钟登华
Zhong Denghua

教育部党组成员、副部长

党的十九届五中全会擘画了未来发展新蓝图。深入学习贯彻党的十九届五中全会精神，推动高等教育高质量发展，应从以下两方面着力。

一、深刻认识发展成就，进一步坚定高等教育制度自信

党的十八大以来，习近平总书记亲自谋划、亲自部署高等教育改革发展，先后到十多所高校视察指导，推动高等教育面貌正在发生格局性变化。

1. 高等教育进入普及化阶段。新中国成立 70 多年，特别是改革开放 40 多年来，我国高等教育的办学规模、培养质量、服务能力实现了历史性提升。2019 年我国高等教育毛入学率达到 51.6%，在校大学生超过 4 000 万，实现了大众化向普及化阶段的跨越。我国短时间内建成了世界最大规模的高等教育体系，被评价为“高等教育发展奇迹”，有力支撑了我国的经济快速发展奇迹和社会长期稳定奇迹。同时也满足了更多孩子上大学的愿望，越来越多的孩子通过教育改变了命运，教育的人民立场更加突出。

2. 高等教育服务国家的能力和水平显著增强。统筹推进“双一流”建设，带动高等教育提升质量和对接服务重大需求。高校学科专业结构进一步优化，新设置了集成电路、人工智能、大数据、区块链等一批急需紧缺专业。高校创新能力进一步提升，SCI 论文相关指标使用不断规范，科技成果转移转化机制不断完善，紧盯“卡脖子”领域，布局建设了一批关键核心技术集成攻关大平台和前沿科学中心，开展国家产教融合创新平台建设试点，把高校的科技创新优势转化为产业发展的优势。如第六届中国国际“互联网 +”大学生创新创业大赛，有 117 个国家和地区、4 186 所学校的 631 万名大学生报名参赛。经统计，前 5 届大赛参赛项目，

累计创办企业超过7万个，创造就业岗位超过60万个。创新驱动创业、创业带动就业的成效非常突出。

3. 高等教育治理能力不断提升。以党的政治建设为统领，坚持和完善高校党委领导下的校长负责制，加强和改进高校思想政治工作，严格落实意识形态责任制，高校党的全面领导得到有效加强。新冠肺炎疫情发生以来，高校统筹推进疫情防控和教育改革发展工作，主动应对危机，广泛开展在线教学，集中力量开展应急科研攻关，在检测试剂、疫苗研发、药物攻关等方面取得重要成果，有序推进复学复课，守住了校园一方净土，保持了高校的稳定，经受住了疫情大考，作出了重要贡献，充分反映了我国高等教育的治理能力和水平。

新中国成立70余年，特别是党的十八大以来的高等教育发展成就，进一步凸显了社会主义制度的优越性，必须坚持扎根中国、融通中外，更加坚定中国特色社会主义高等教育的制度自信。

二、聚焦教育强国建设，提升服务构建新发展格局的能力和水平

高校是基础研究主力军、原始创新主战场、人才培养主阵地，是国家创新体系的重要组成。面对世界百年未有之大变局，面对中华民族伟大复兴战略全局，党和国家事业发展对高等教育的需要，对科学知识和优秀人才的需要，比以往任何时候都更为迫切，必须以强烈的使命感和改革开放精神推进高等教育现代化，加快建设教育强国。党的十九届五中全会明确了建设高质量教育体系的方向。高等教育要把握好6个关键点。

一要明确方位、锚定目标。如何实现高质量的普及化，如何确保2035年建成教育强国，要明确可衡量的指标和要求，倒排工期，如期完成。二要体现改革创新根本动力。紧扣落实立德树人根本任务深化教育改革，努力构建德智体美劳全面培养的教育体系。三要坚持问题导向。认真研究在新的历史征程中，特别是在"十四五"时期，教育系统应该从内涵、外延、工作措施等方方面面，全面系统深入落实创新、协调、绿色、开放、共享的新发展理念。四要坚持目标导向。深刻理解人力资源是构建新发展格局的重要依托，优化同新发展格局相适应的教育结构、学科专业结构、人才培养结构，统筹推进育人方式、办学模式、管理体制、保障机制改革。五要坚持系统观念。强化学校、家庭、社会协同育人，更大程度集聚支持高等教育发展的资源，更大程度营造有利于高等教育发展的社会环境。六要

加强治理体系和治理能力现代化建设。坚持党对高等教育工作的全面领导，以高治理效能支撑高等教育高质量发展。

当今世界正经历百年未有之大变局，新一轮科技革命和产业变革深入发展，国际力量对比深刻调整，和平与发展是时代主题，人类命运共同体理念深入人心。中国政府将一如既往地支持各国高等教育交流与合作，为推动世界高等教育改革发展作出新的更大的贡献！

CAHE

1983

第二编

推动高等教育高质量发展

高等教育现代化的高质量要求与内涵

张 炜
Zhang Wei

中国高等教育学会副会长
西北工业大学党委书记

党的十九大作出了优先发展教育事业、加快教育现代化、建设教育强国的重大部署。《中国教育现代化 2035》进一步明确了目标任务措施。建设高等教育强国，必须依靠教育现代化，促进人的现代化、社会现代化与国家现代化；秉持为党育人、为国育才的初心和使命，坚持优先发展教育事业；提高历史站位、拓宽国际视野、确立战略眼光，抢抓机遇、超前布局，培养德智体美劳全面发展的社会主义建设者和接班人。

一、高等教育现代化的必然要求

一是建设高等教育强国的内在要求。新中国成立 70 年来，特别是改革开放 40 多年以来，我国高等教育取得了令世人瞩目的成就，2019 年步入高等教育普及化阶段。要充分肯定成绩，增强“四个自信”。

二是新时代社会主要矛盾转化的客观要求。当前高等教育发展的矛盾，已经转变为人民对于高水平高质量教育的渴望与教育发展不均衡、不充分的矛盾，呈现出日益强烈的对多样、特色、优质高等教育的需求。

三是为现代化强国作贡献的任务要求。2009 年至 2018 年，我国共培养学士 3 162 万人、硕士 467 万人、博士 52 万人，为现代化作出了突出贡献，还要进一步推进人的素质与能力现代化，以高等教育现代化支撑国家现代化。

二、增强高等教育现代化的辩证思维

规模与质量是辩证统一的。进入高等教育普及化阶段后，入学人数和毛入学率还将继续上升，对质量也会更加关注。高等教育内涵式发展是高质量发展，要有规模的质量、有质量的规模，不能再简单地沿用“精英教育”阶段的质量标准。

教育具有基础性、先导性和全局性的地位和作用，博士生教育应适度超前发展。2018 年，我国授予博士学位的数量，低于美国 1970 年的水平。目前我国授予博士学位数量仅为美国的 30%，其中学术型博士为美国的 65.9%、专业博士只有美国的 2.6%，而授予学士学位是美国的 2 倍。我国的学士—硕士—博士比为 64.1∶10.8∶1，而美国为 10.4∶4.3∶1，我国的硕博比高于美国的学博比。

对此，有文献采用美国自然科学基金委（NSF）的数据质疑，但 NSF 只统计研究型博士学位（Research Doctorate Degrees），既不是美国学术型博士的全部，更不是美国博士总量的全部；不仅与我国的统计口径不同，与美国教育部国家教育统计中心（NCES）的数据也不同。即使依据 NSF 的数据，2014 年美国授予科学与工程博士学位约 4 万人，也高于我国的 3.4 万人。

同样，我国博士学位授权机构数量也只有美国的 43.4%，一些文献源自卡内基分类 2000 版的数据，但没有注意其前置条件与后期变化，关于“中国授予博士学位的高校数量世界第一”的说法也不可信。

要辩证看待危机与机遇。美国高等教育经历了一次又一次的危机，在危机中获得了机遇和发展。第二次世界大战后，美国有大批退伍军人涌入高校，高等教育受到诸多批评。即使在所谓的“黄金时代”，各界的批评也从未停止。1970 年至 1994 年，仅 ERIC 数据库收录的文献中，关于“教育危机”的文章就有 593 篇。当前，我国高等教育的机遇与挑战并存，在勇于面对挑战和正确判断危机的同时，也要看到危机中蕴含着更多、更大的机会，科学分析原因和制定措施，脚踏实地化危为机。

三、现代化建设的任务措施

一要完善治理体系。坚持中国特色社会主义高等教育制度，深化办学体制和教育管理改革，破除制约高等教育现代化发展的体制机制障碍。完善党委领导下的校长负责制，健全以学术委员会为核心的学术管理体系与组织架构，健全师生员工参与民主管理和监督的工作机制，实现大学治理体系和治理能力现代化。

二要提升培养能力。坚持分类指导、推进制度创新、强化运行管理、完善评估机制、加强队伍建设。高校扩招 20 年来，专任教师规模增长 3 倍，其中博士增长

16.5 倍、硕士增长 4.7 倍。2018 年，我国普通高校专任教师净增 4 万人，其中拥有博士学位的 3.6 万人。但从总量上看，全国专任教师中有博士学位的占 25.9%，成人高校仅占 3.9%。如果按照 2018 年的增长速度，2025 年普通高校专任教师中博士将占到 40%，标准并不高，但要年均新增博士学位教师 5 万人，对博士生教育提出了高要求。

三要优化结构布局。全国现有 2 956 所高校。所有高校都是高等教育大国的组成部分，都要为高等教育现代化作贡献。2018 年，专业博士毕业生 2 274 人，仅占博士毕业生总数的 3.7%。2018 年，专业博士招生 6 784 人。一方面，这是 9 年前的 8 倍，比上年增长了 151.3%，要考虑可持续发展的问题；另一方面，这仅为当年学术型博士招生量的 7.7%，也不到美国 1973 年授予专业博士学位数的六分之一，稳步增长可能并非权宜之计。目前，我国本专科毕业生的区域布局已得到改善，与人口的相关性提高。但从 2018 年博士毕业生的省际分布看，北京 1.8 万人，占到 30%，京、沪、苏三省市占到近一半，而有 15 个省份合计仅占 7%，有 4 个省份低于 50 人。

四要坚持特色优势。扎根中国大地办大学，继承和弘扬学校自身特色。多年来，西北工业大学的毕业生在国防科技领域建功立业，形成并延续了人才培养的“西工大现象”。当前面临新的形势和需求，我们要认真研究行业特色高校如何加强高质量发展与创新人才培养。

五要持续自主创新。高等教育担负着培养创新型人才和提高创新能力重任，自身也要不断创新，坚持创新驱动，推动理念、组织、管理和制度创新。提高自主可控能力，探索“产品需求 + 工程实现 + 关键共性技术 + 基础研究”的新路径。智能无人系统是人工智能的一个重要方向和终端，西北工业大学具有空天地海网的学科优势与工程能力强的竞争力，在国内率先设置了智能无人系统学科。

六要科学比较借鉴。欧洲中世纪以来，大学理念不断演变，受到诸多因素影响。对待西方的理论和经验，要分析、研究并借鉴其中有益的成分，但决不能离开中国实际盲目照搬照套。应实施更高水平的对外开放，主动参与国际人才竞争，弘扬我国教育的优秀基因和光荣传统，遵循高等教育发展规律和内在逻辑，弘扬理念先进、特色鲜明、中国智慧的大学文化。

2020高等教育国际论坛年
2020 Annual International Forum on Higher Educa
加快推进大学治理体系和治理能力现代化
Accelerating Modernization of University Governance Systems & Capacity Building

第四次工业革命背景下的高等教育变革与发展

王树国
Wang Shuguo

中国高等教育学会副会长
西安交通大学校长

各位嘉宾、各位同仁：

很高兴有机会在这样一个具有相当影响力的高等教育论坛上阐述自己的一些观点。今天我分享的题目是《第四次工业革命背景下的高等教育变革与发展》。之所以选择这个题目，主要是着眼于本世纪三个改变历史进程的重大事件。

一是第四次工业革命的到来。如果说前三次工业革命是由量变到质变循序渐进的过程，那么第四次工业革命将是一个新的阶段，是一个质的跃升。

二是新冠肺炎疫情的爆发。突如其来的新冠肺炎疫情向人类社会提出了重大命题，考验着各国治理能力和现有体系结构的科学性和合理性，当然也包括高等教育。

三是大国之间的博弈。疫情大考面前，在新的工业革命到来时，出现了不同意识形态之间的纷争。教育界需要在这个百年未有之大变局中发挥智慧，为人类未来和平发展贡献力量。

人类命运共同体是现代人类文明核心价值所在，如何推动人类文明交流、发展，是高等教育的核心价值所在，也是未来的发展方向。

一、第四次工业革命背景下高等教育的变革与发展

首先，我们要深入学习习近平总书记关于教育的重要论述，准确把握新时代高等教育发展的方向。

一是要化危为机，迎接新一轮科技革命和产业变革的挑战。习近平总书记指

出，新一轮科技革命和产业变革正在重构全球创新版图、重塑全球经济结构。[①]我们既面临千载难逢的历史机遇，又面临差距拉大的严峻挑战。在百年未有之大变局中，我们要走前人没有走过的路。第四次工业革命是一次全方位的爆发，任何学科、任何领域、任何行业都深处其中，交叉融合。

二是要加强攻关，着力解决“卡脖子”问题。习近平总书记强调，在重要科技领域成为领跑者，在新兴前沿交叉领域成为开拓者。[②]我们看到还有太多的领域是人类从未涉足过的，全球高等教育界都处在同一起跑线上，需要大家开拓，为人类进入新时代奠定坚实的科学基础。

三是要传承文化，发展哲学社会科学学科。习近平总书记指出，这是一个需要理论而且一定能够产生理论的时代，这是一个需要思想而且一定能够产生思想的时代。我们不能辜负了这个时代。[③]整个人类文明归结到最后是文化，文化是人类文明真正的价值载体。作为育人的单位，高校要做文化传承的继承者和传播者。

四是要重视人才，办好中国的高等教育。习近平总书记强调，谁能培养和吸引更多优秀人才，谁就能在竞争中占据优势。[④]综合国力竞争说到底是人才的竞争，21 世纪在第四次工业革命背景下，真正发挥作用的是人才。习近平总书记指出，要认真吸收世界上先进的办学治学经验，更要遵循教育规律，扎根中国大地办大学。[⑤]一方面我们要坚持党的领导，坚持中国特色，另一方面也要认真地吸取世界上其他国家的先进办学经验。

五是要顺势而为，迎接经济全球化的挑战。习近平总书记强调，世界经济的大海，你要还是不要，都在那儿，是回避不了的。[⑥]这启示我们，面对矛盾不要回避，只有解决矛盾才能推动人类社会快速向前发展。这次疫情告诉我们，全球化

① 习近平：《在中国科学院第十九次院士大会、中国工程院第十四次院士大会上的讲话》，人民出版社 2018 年版，第 6 页。

② 习近平：《在中国科学院第十九次院士大会、中国工程院第十四次院士大会上的讲话》，人民出版社 2018 年版，第 11—12 页。

③ 习近平：《在哲学社会科学工作座谈会上的讲话》，人民出版社 2016 年版，第 8 页。

④ 习近平：《在欧美同学会成立 100 周年庆祝大会上的讲话》，《人民日报》2013 年 10 月 22 日。

⑤ 习近平：《青年要自觉践行社会主义核心价值观——在北京大学师生座谈会上的讲话》，人民出版社 2014 年版，第 13 页。

⑥ 习近平：《共担时代责任　共促全球发展——在世界经济论坛 2017 年年会开幕式上的主旨演讲》，《人民日报》2017 年 1 月 18 日。

是不可阻挡的历史潮流，是人类文明价值趋势所在，我们要因势利导，顺势而为。

其次，我们要充分借鉴世界上其他国家的专家学者、社会组织和学校的观点和实践。

一是世界经济论坛的发起人施瓦布先生，他认为第四次工业革命将和人类以往任何一次转型截然不同，它将日益消除物理世界、数字世界和生物世界之间的界限，这就意味着社会全方位的融合，是供给与需求的直接融合，也是大学与社会的反向交流。

二是英国学者吉本斯和斯考特，他们分别指出更符合实际的科学应该是回应它周围环境的需要，需要在大学围墙之外寻求发展。大学与社会之间的反向交流正在推动科学的改变，这种推动是极为强烈的，突破了行业与行业之间的界限，突破了大学与社会之间的界限。

三是美国竞争力委员会，这是个由大学校长和社会企业家联合组成的民间组织，他们的使命是提高美国生产力，提高美国生活水平，确保美国在全球市场的成功。他们提到创新是为社会创造价值，这实际上明确了高等教育的使命是为社会服务。

四是一个典型的案例——欧林工学院，这是美国一个非常新非常小的大学，他们提出工程师的工作是要以愿景为基础，而不是技能，他们采用项目导向的培养模式，它代表了21世纪大学新形态的若干特点。

最后，小结一下第四次工业革命背景下高等教育的发展方向。

一是知识的垄断已经不复存在，大学不能继续高高在上。二是产业结构变化催生新的学科组织方式。三是知识更新的高频节奏催生新的培养模式。四是市场对新技术的高度敏感性在催生科研方式的转变。

社会和大学的反向交流正在推动着科技的进步与发展，大学不再是从外部撬动社会的支点，必须要从单一学科为支点的传统封闭小圈子当中跳出，直接与社会对话，与世界对话，这是21世纪第四次工业革命背景下大学的深刻变革和必由之路。

二、新时代高等教育的变革途径

一是要回应世界的关切。我们现在要建成世界一流大学，标准应该是大学为世界的进步作了哪些贡献，如果没有顶尖的原创成果，就不能称之为世界一流大学。

二是要回应国家的关切。关键在于一流大学对于国家的发展作出了哪些贡献，培养了多少真正的栋梁人才。

三是要回应社会的关切。就是解决社会进步的诸多需求，如果都由别人和别的组织来承担解决，那么大学的存在价值就要重新思考。

四是要回应人民的关切。把青年人培养成未来社会栋梁之才是百姓对我们期望之所在，培养出一个个德智体美劳全面发展的社会有用人才是大学的立学之本。

三、以西安交通大学为例，谈谈高等教育变革的实践

在第四次工业革命浪潮中高等教育变革的背景下，西安交通大学以“四个面向”为指导，致力于打造全国重要的科研和文教中心，打造国家重要战略性平台，探索第四次工业革命背景下大学发展的新形态。

西安交通大学贯彻“四个融合”理念——打破学科壁垒，促进交叉融合是学校内部的融合；面向国家重大需求，主动对接国家战略是大学与社会的融合；打破学校的“围墙”，主动面向经济社会主战场是大学与行业的融合；面向国际社会，践行人类命运共同体价值是国家与国家之间的融合。

在实践上述理念的过程中，我们建成了中国西部科技创新港。把若干学科组合在一起，构建了 29 个研究院，300 多个研究平台，学生在这里学习跨学科的知识。我们把集成电路、工业软件、人工智能、大数据、数学中心集成起来，围绕一个领域，在人工智能、大数据信息化领域做出突破。目标就是唯一和领先——要么做到第一，要么做到唯一。

为了打破学校与社会的围墙，主动面向经济社会主战场，我们提出了“跑五”计划。“跑五”是要弄清楚这个领域世界最好的五个学科是哪些高校？这个行业最好的五个企业是哪些？我们在这前五个学科、前五个企业、重大研发计划中又参与了多少？通过这样的方式倒逼大家深入思考。

对于一所大学而言，真正评价我们的不是那些评估机构，而是历史，是老百姓，他们心中能记得一个大学为社会的进步与发展作出了哪些贡献。因此，我们不能急功近利，一味围着评估指标转。我们一定要加快高等教育发展脚步，做强我们自己，成为引领世界高等教育未来发展的排头兵，为中华民族伟大复兴贡献力量。

高等教育普及化后的质量观

袁振国
Yuan Zhenguo

中国高等教育学会学术委员会副主任
华东师范大学教育学部主任、教授

党的十九大报告指出，中国特色社会主义进入新时代，我国经济已由高速增长阶段转向高质量发展阶段。高质量经济发展推动着高质量教育发展，同时高质量教育发展为高质量经济发展提供了人才保证和创新动力。

一、中国高质量高等教育发展的背景

中国高等教育的发展经历了一个非常快速的过程，已进入普及化阶段。我们思考中国高质量高等教育的发展，离不开中国高等教育快速发展这个大背景。

第一，中国高等教育已经成为“高等基础教育”。2019年，中国小学学龄人口入学率是99.9%，初中、高中、高等教育阶段的毛入学率分别为102.6%、89.5%和51.6%，高等教育进入普及化阶段，进入劳动市场的新人，超过50%是受过高等教育的。从这个意义上来说，高等教育专业化的概念已经越来越淡化，接受高等教育已经成为了每个人的基本需要和基本可能。

第二，中国高等教育发展速度，远远超过发达国家。高等教育毛入学率从5%到15%，美国用了30年，日本用了23年，德国用了10年，英国用了26年，中国用了9年；从15%到50%，美国用了30年，日本用了34年，德国用了25年，英国用了24年，中国用了17年。从5%到50%，美国用了60年，日本用了57年，德国用了35年，英国用了50年，中国只用了26年。在十多亿人口的背景下用26年的时间，走完了发达国家差不多双倍的时间历程，这个因素对中国考虑高等教育的发展是绝对不能忽视的。

第三，科学技术的发展已经成为现代社会发展最强大的动力。科学技术的高速发展，其源泉在高校，高校成为社会创新的引擎，这是现代社会最重大的变化，高等教育走到了世界的中心。政府、社会对高等教育从来没有像今天这么关注过。现在高等教育对社会的贡献越来越大，对它的关注和投入越来越高，同时对它的期望也越来越高，这是讨论中国高质量高等教育的背景。

二、关于提高高等教育质量的思考

基于这样的情况，讨论高等教育、提高高等教育质量的时候，我提出这样几个观点和大家分享。

第一，整体发展的质量观。拿火箭发射要通过三级推力做例子来说明，在这个过程中，如果有任何一个推力发生了一点问题，这个火箭都发射不成。所以我们今天在考虑高等教育质量的时候，必须把它和小学、初中、高中的教育发展联系起来。一方面，我们基础教育的改革与发展为高等教育提供了源源不断的人才；另一方面，它也对高等教育提出了新的变革要求。

第二，多元化发展的高质量。社会对人才的需求是丰富多样的，个人的发展需要是丰富多样的，每个人的才智和能力也是各不相同的。我们希望个人发展和社会发展以及我们所提供的教育，能够找到最合适的匹配，这就要求高等教育多元化发展。

第三，要有高峰。当高等教育普及化以后，如何保证创新人才的培养就成为一个不可忽视的问题。高校作为社会发展的引擎，要有关键技术的突破，很多校长都讲到这个问题，我是非常赞成的。

第四，世界的才是中国的。现在我们经常说，中国的才是世界的，意思是中国的也是世界的，当然这个话没有错，中国有文化上的吸引力。但我想强调的是，只有世界的才是中国的，要具有世界水平，要站在世界之巅，才能真正走向世界，才能真正打上中国烙印。中国古代的四大发明为什么有那么大的影响？中国的华为为什么能够成为世界品牌？就是因为它们走向了世界，走在了世界的前列。我们要把大学办在中国的大地上，把论文写在中国的大地上，一定要有世界标准，科学的方法，那才能形成真正的中国标志。

第五，要改革创新。现代社会发展非常快，5G 时代的到来，大数据技术应用更加广泛丰富，人工智能突飞猛进，这些迅速地改变了我们的生活方式和生产方式，也迅速地改变着我们的教育方式和学习方式。我们怎样能够根据迅速变化的社会来改变教育，培养具有适应未来能力的人；怎样突破既有的教育形态形成终身学习的格局，比如传统的教育，要到校园去上课，要到教室里面上课，现在手机就是课堂，在沙滩上，在高铁上，在任何一个地方都可以学习，完全成为不受时空限制的学习新形态。我们还没有准备好，因此我们讨论高质量的时候，一定要充分考虑科学技术给社会结构和教育结构带来的巨大变化，以变革的姿态迎接这一变化。只有这样，我们的高等教育才能引领未来。

2020高等教育国际论坛年会
2020 Annual International Forum on Higher Education
加快推进大学治理体系和治理能力现代化
Accelerating Modernization of University Governance Systems & Capacity Building

高等教育普及化发展标准、进程与路径选择

别敦荣
Bie Dunrong

中国高等教育学会学术委员会委员
厦门大学教育研究院院长、教授

普及化进程是时间与高等教育发展水平的函数。显然，当一个国家或地区高等教育毛入学率达到和超过 50% 以后，它不会停下来，而是继续随时间的推移发生变化。过去几十年里，有关国家（地区）的实践经验表明，高等教育普及化发展是一个漫长而充满挑战的过程。目前，我国高等教育已进入普及化阶段，未来的发展方向是怎样的，普及化进程将如何，应采取何种发展战略，这些问题值得深入探究。

一、高等教育普及化发展标准

高等教育发展从量的积累到质的变化和跨越是一个循序渐进的过程。衡量普及化发展水平既有规模标准，也有公平、制度和质量标准。

从规模标准来看，普及化初级阶段，高等教育毛入学率超过 50% 但未达到 65%；中级阶段，毛入学率达到 65% 但未达到 80%；高级阶段，毛入学率达到 80% 及以上。根据联合国教科文组织公布的数据，高等教育毛入学率超过 50% 的国家（地区）共有 76 个，其中，尚处于初级阶段的有 21 个，进入了中级阶段的有 29 个，已经达到高级阶段的有 26 个。

从公平标准来看，普及化初级阶段，高等教育更多地满足中等阶层子弟的需求，弱势群体接受高等教育的覆盖面得到一定程度的改善；到中级阶段，高等教育受众面进一步扩大，社会阶层分布越来越多地深入中下层子弟，高等教育的社会公平性不断增强；到高级阶段，接受高等教育不再为经济、政策和社会文化所困，公民接受高等教育不仅是一种权利，更成为一种义务，高等教育能够为所有人提供所需要的学习机会。

从制度标准来看，普及化初级阶段，高等教育制度基本沿袭了大众化阶段搭建起来的组织和结构框架，分层分类办学和管理机制日益完备；到中级阶段，制度呈现出典型的普及化特征，建立了完善的分层分类办学体系，不同类型、不同层次的教育相互贯通，建立了均衡、平等的资源配置机制，高校与社会各部门联系紧密，形成了良性互动合作办学机制；到高级阶段，高等教育具备满足几乎所有受众需求的供给能力，制度的包容性和灵活性有助于所有受众得到全面而自由的发展，高校与社会各部门建立了协同共进、合作办学的长效机制。

从质量标准来看，普及化初级阶段，具有大众化特征的质量标准、质量评价、质量保障得以延续，并逐渐体系化，质量标准更加多元，学生的地位逐渐凸显；到中级阶段，质量标准、质量评价、质量保障越来越多地呈现出典型的普及化特征，质量评价主体多元化，学生中心的质量评价指标体系初步形成，政府、高校、社会在质量保障中的良性互动机制初步建立，且对高等教育发展发挥引导作用；到高级阶段，质量标准、质量评价、质量保障呈现出超稳定的状态，评价模式丰富多元且适应性强，学生主体地位巩固，政府、高校、社会力量和谐共治的质量保障体系形成，各级各类高等教育受众都能获得令人满意的优质教育体验。

二、高等教育普及化进程与我国推进路径选择

从统计数据看，进入普及化阶段之后，不同国家（地区）高等教育规模扩张速度有快有慢，呈现不同的特点。对已经进入普及化阶段10年及以上（2010年及之前毛入学率达到50%）的27个国家的普及化进程进行分析，发现大致有三种典型模式：一是快速推进模式，代表国家有土耳其、希腊、智利等；二是中速推进模式，代表国家有美国、俄罗斯、西班牙等；三是慢速推进模式，代表国家有英国、意大利、日本等。不同国家在高等教育普及化进程上的巨大差异反映出高等教育普及化进程受多种因素的影响，包括人口条件、经济发展水平、教育水平与高考制度、政府政策以及社会环境等。

就我国高等教育普及化进程而言，综合考虑各方面因素的影响，政府不宜选择慢速推进模式，在没有特殊刺激因素的情况下也不宜选择快速推进模式，比较可取的选择是采取稳健的中速推进模式。**中速推进的路径有二：一是考虑政策连贯性和适龄人口变化，以我国大众化阶段高等教育规模扩张速度为基准；二是借鉴国际经验，以普及化发展历史最长的美国高等教育普及化进程推进速度为基**

准。若按照这两种路径推进，我国高等教育毛入学率将在2028—2031年左右突破65%，在2040—2044年左右突破80%，在学人数总规模将比现在增加1 000万~2 000万人。

三、我国高等教育普及化发展策略

为了顺利推进高等教育普及化发展，有关各方应当积极作为，以新发展理念为指导，创造有利条件，保证普及化持续高质量向更高阶段发展，以满足更多人民群众的高等教育诉求。

第一，扩大受众人群，保持规模稳定增长。从人口变动趋势看，未来30年，我国高等教育规模发展仍有较大空间。我国仍有大量的高等教育适龄人口未能接受高等教育，同时，高等教育“非适龄人口”的教育需求同样巨大，既包括大量错过了合适年龄就读的成人所具有的补偿性高等教育需求，也包括完成大学本专科教育后的继续教育需求。要保证规模的稳定增长，尤其需要扩大弱势群体（主要包括农村及偏远地区的人口、中等职业教育学生以及需要兼顾工作的已就业人员）接受高等教育的机会。

第二，创新政策供给，增强高等教育的包容性。应构建更具包容性的高考招生制度，使各类潜在高等教育受众不因学校类别、年龄、背景、求学动机、性格特质、身体等原因被排除在高校入学考核之外。应通过优化资源配置、改革评价体系、加强高校治理能力建设等创新政策，使高等教育结构更具弹性。应创建更加个性化的人才培养制度，注重促进多元教育观的形成，大力推动教育形式、教学方式的多样化发展。

第三，开辟新的融资渠道，保证普及化资源需求。应进一步鼓励社会力量办学，打通社会资金和人力资源流入高等教育的通道，促进民办高校的持续健康发展。应积极探索政企合作办学机制，鼓励地方政府和企业共建高校或开办教育项目。应鼓励有资源、有条件的高校在教育资源薄弱地区开设分校、设置专班，带动当地高等教育资源的整合和拓展。应进一步扩大跨境合作办学，探索与境外一流大学、学科或师资团队合作的有效途径。应完善社会和个人捐资办学制度，增强高校与校友、行业精英的联系互动，进一步提升捐资兴学的文化氛围。

第四，树立新教育理念，提高普及化质量。应用开放的心态接纳和实践“互联网+高等教育”理念，利用不断涌现的新兴信息技术创新教育教学形式，提供个性化、与时俱进的教育内容，提高教学管理效率。应更加关注学生求知、成长、就业、体验等多元化需求，建立起以学生学习成效为核心的质量评价体系，增强学生的学习体验和获得感。应让社会各方面参与质量建设，构建政府、高校、社会共同治理的高等教育质量保障体系。

中国高等教育高质量发展的若干问题

赵 继
Zhao Ji

东北大学原校长

提高发展质量是世界范围内高等教育的时代主题。当前，全球新一轮科技革命、产业变革正在加速演进，科学探索正在从微观到宇观各个尺度上向纵深拓展，以智能、绿色、泛在为特征的群体性技术革命将引发国际产业分工重大调整，创新驱动成为许多国家谋求竞争优势的核心战略。高等教育发展水平是一个国家发展水平和发展潜力的重要标志，我们对高等教育的需要比以往任何时候都更加迫切，对科学知识和卓越人才的渴求比以往任何时候都更加强烈。在此背景下，高等教育无论是从提供高质量人力资源保障的角度，还是从直接提供基础研究、应用基础研究和技术创新服务支撑的角度，都同时面临着前所未有的挑战和难得的历史机遇。

从人类发展的历程来看，人类的历史就是一部教育史，是一部人类知识、技能和智能的迭代成长史。在人类漫长的进化中，曾发生过三次大的教育革命，第一次是以在家庭单位、团体和部落中向他人学习为特征的有组织的学习和必要的教育，第二次是以学校和大学的到来为特征的制度化教育，第三次则是以印刷与世俗化为特征的大众化教育，人类在知识创造和传承中，不断深刻地改变着自身的面貌。教育发展到今天，以人工智能、虚拟现实和增强现实为主要特征的个性化教育时代正在到来，它有可能成为第四次教育革命的引爆点。

习近平总书记强调：必须把教育事业放在优先位置，深化教育改革，加快教育现代化，办好人民满意的教育。加快一流大学和一流学科建设，实现高等教育内涵式发展。[①] 可以说，实现高质量发展是办人民满意教育的关键所在，是国家建

① 习近平：《决胜全面建成小康社会　夺取新时代中国特色社会主义伟大胜利——在中国共产党第十九次全国代表大会上的报告》，人民出版社 2017 年版，第 45、46 页。

设与发展的迫切需要，是应对科技革命和产业变革的必然选择。中国高等教育在实现高质量发展的进程中，以下几个问题需要引起特别重视，即需要关注多样发展、创新发展、开放发展、集群发展和智能发展。

一、高等教育需要关注多样发展

2019 年，我国高等教育毛入学率达到 51.6%，正式迈入高等教育普及化阶段。在世界范围内，高等教育普及化阶段的一般性特征是多样化。我国高等教育需要抓住多样化特征这一关键，使高等教育从同质化转向多样化，从“金字塔”结构转向“五指山”结构，避免模式、类型、层次和治理上的趋同化，强调高等教育体系的多样性、功能的丰富性和体系的健康性。联合国教科文组织在 2015 年年度报告中指出，世界在变，教育也必须做出改变，社会无处不在经历着深刻的变革，而这种变革呼唤着新的丰富多彩的教育形式，以培养未来经济社会发展所需要的各种领军和骨干人才。我们需要以多样、多模、多姿和变革的高等教育形式来应对变化的世界、变化的科技、变化的产业和各种变化的需求。

未来中国高等教育不仅需要研究型大学，也需要一大批技术创新型大学、文理学院和专门学院；不仅需要传统意义上的大学，也需要跨越国界的世界大学、合作大学、无校园大学、网络延伸大学和袖珍大学等新的大学形态。我国已经进入了新时代，百姓上大学的愿望已基本得到满足，主要矛盾已经转变为上好大学和优质教育资源不充分、不平衡的矛盾。而要解决这个矛盾，不能仅仅靠“985 工程”“211 工程”等的扩充，应以多样化的发展模式和多元特色的优质教育资源来满足百姓需求，实现办人民满意教育的目标。

教育发展要满足国家现代化对各类人才的需要，满足人全面发展的需要。由于人的能力的多样性、需求的多样性、发展的多样性，就需要提供多样化的教育来满足不同需求。只有多样发展才能产生特色，只有在形成特色的基础上，才能体现较高质量和独一无二。多样性和特色是繁荣的特征，多样化的高等教育结构是普及化阶段实现高质量发展和多姿多彩发展的前提。评价是指挥棒，获取资源的模式和机制是关键，我们的大学不应当被商业机构发布的大学排行榜所过分引导和集体“绑架”，围绕“大学排行”建设不成真正的一流大学，指标意义上的一流大学是功利主义的产物，真正的世界一流大学是文化意义上的，其所显示的价值不仅仅是“高被引”和漂亮的数据表格，而是对国家对民族乃至对人类的贡献，是英才辈出的群星闪烁。因此，我国高等教育要认真吸收世界上先进的办学治学经验，更要坚持走自己的道路，扎根中国大地，体现中国特色，遵循教育规律，对比国际标准，更加聚焦中心、关注多样、适应普及、鼓励特色，构建多样化的高等教育体系和相配套的评价体系，推动实现多样化发展。

二、高等教育需要关注创新发展

截至2019年，全球范围内已有260万台工业机器人投入使用，超过2/3的机器人在汽车、电子/电器行业以及冶金业和机械制造业中作业。事实上，不仅在“可编码的”重复性劳动行业，一些服务业工作岗位也容易受到技术发展的影响，会面临一些职业的洗牌或者有更多的职业岗位被机器人、人工智能所替代。

技术进步给高等教育带来新的发展机遇，高等教育本身也必须提供对未来工作性质持续变革的适应能力。世界银行研究报告显示，虽然全球范围内就业总量在上升，但是这种上升主要是以开拓新的就业岗位的形式来拉动的。可以肯定地说，再过10年乃至20年，在现有所能看到或不能预见到的一些领域，将会出现以目前的认知、定义和概念所不能覆盖的新产业、新科技领域工作岗位，将来在那些岗位上工作的领军人物和骨干，只能是现在的在校生们。问题是我们准备好了吗？出现一个新领域办一个新专业，出现一个新的技术岗位创建一个新的学科，对普通岗位来说，这可以是一种支撑发展的途径，但对培养引领发展的人才来说，仅靠这个模式是不够的，必须以新的思维和路径创建未来引领新经济发展的高等教育模式和人才培养方式。

必须不断解放思想，推动高等教育创新发展。教育生产的是未来，高校要准确识变、积极应变、主动求变，要以先进教育思想引领大学教育持续改革，推动知识体系、教学内容和教学方法的创新，构建更加前瞻、富有创新的人才培养体系，培养学生的创新力、适应力和就业力。高等教育要主动适应新技术、新形态、新模式、新产业的需求，推动理念创新、组织创新、管理创新和制度创新，推动高等教育变革由量变到质变，并引领新一代产业革命。世界一流大学纷纷推出自己的教育创新计划，一些国家也在开展以全新理念创建“新概念”大学的探索。教育部全力推动的新工科、新医科、新农科、新文科等都是面向未来、引领发展的重要举措，坚持下去一定会取得重大进展。

三、高等教育需要关注开放发展

开放与合作是世界高等教育的主题。在世界范围内，高等教育领域的合作日益紧密，经济合作与发展组织、联合国教科文组织、欧盟、国际高等教育质量保障机构联盟、亚太地区教育质量保障组织等非政府组织（NGO）扮演着高等教育开放合作推动者的重要角色。同一高等教育体系内部甚至发展阶段、文化背景不同的高等教育体系之间，交流与合作都更加密切，常青藤联盟、罗素大学联盟、澳大利亚 8 校联盟等有组织的交流与合作更加深化，尤其是博洛尼亚进程、东盟大学联盟、非盟高等教育一体化战略等都在推进着本区域的高等教育一体化进程。中国高等教育应当主动地融入世界，加速教育和研究等领域实质性合作进程，参与国际标准、国际规则的制定，在“国际实质等效”认证、质量保障与评价等方面，加强与世界高等教育组织和机构的交流合作，借鉴引进先进的教育理念和优质的教育资源，向世界提供高等教育的中国案例、中国方案，发出高等教育的中国声音。

高等教育应主动打开学校边界、学科边界、知识边界、学习边界、课堂边界，以开放的眼光和姿态，在国际开放合作、产学研融通、协同创新中，实质性推动知识体系创新和开放协同育人，深度推动学科交叉和融合，在学科交叉中培养创新人才。学科发展是在交叉渗透中不断前进的，工业产品是在技术和人文的深度融合中创新和开发的，因此，对科技人才知识结构的要求必然是综合的、交叉的和全面的。以工业人造物为例，往往核心是技术的，取向是人文的，而表达是艺术的，手机如此、当代的汽车如此、未来的智能机器人特别是服务机器人将更是如此。我们的高等教育发展需要全面的开放：国际开放（深度合作），向产业开放（产学研融合），学科间开放（学科交叉），教学形式开放（翻转课堂以及其他更高级的开放形式），教学资源开放（多种教材和教学载体形式），课程开放（翻转和共享），实验室开放（做中学）和管理开放（多种选择）。如实验室开放，现实中很多实验室的门虽然是打开的，但却不是开放的，开门是机械作用，而开放是机制作用，背后涉及许多问题。总之，中国高等教育的开放发展必须长期坚持，深入推动。

四、高等教育需要关注集群发展

高等教育集群发展是世界一般规律。从 20 世纪以来高等教育集群发展的案例，特别是一些发达国家创建世界创新中心和实现区域腾飞的经验来看，高等教育的区域集群化发展是硬实力和软实力提升的重要动力和推手。这可以清晰地从美国旧金山湾区、纽约湾区，日本东京湾区和我国正在打造的粤港澳大湾区的模式和探索中看到成长足迹和发展脉络。

从世界范围来看，高水平、高质量的高等教育发展与区域发展始终都是同向同行的关系。高等教育需要与国家经济社会发展同频共振，通过与国家主体功能区高度匹配，与经济带、城市带、产业链的布局紧密结合，服务国家区域发展的布局规划。高等教育布局也要与国家功能区规划高度耦合，探索构建与国家主体功能区发展规划相适应的高等教育区域发展模式，特别是长三角、珠三角、长江经济带、京津冀、中西部和东北地区的高等教育发展要服从国家主体功能区基础性、协同性、约束性规划，科学定位、互动融合、主动汇聚各方资源，增强造血功能，提升对区域经济发展的贡献度、支撑性和引领力。

高等教育集群发展需要畅通创新链和优化结构布局，要打造引领区域发展的基础研究、应用基础研究、技术创新、成果转移和产业开发的创新链条，将大学的知识优势转化为区域产业优势，实现区域内不同类型、不同层次、不同特点的高等教育资源的整合与协调，实现区域高等教育的协调发展。高等教育集群发展，不仅仅是竞争，更重要的是合作和协同，不是相互之间比拼体量，而是通过集群的交流、整合、互换、合作和共享等方式，产生知识创新和技术创新的协同效应，解决区域内结构性资源缺陷和每个单体过于求全发展的资源不足问题。

五、高等教育需要关注智能发展

人工智能、大数据、虚拟现实、增强现实乃至未来智能机器人，将会在教育领域大量应用。我们看到，当今社会上出现了许多新的教育公司，有些还发展得很快，但多数是以知识传授的普通教育和培训机构为主，高等教育涉及的还很有限。未来人工智能能否真的激发第四次教育革命的到来，真正引领高等教育的变革，不仅仅在于是否能够引发知识总量的快速增长，促进获取知识效率的大幅提高，更在于是否能真正改变大学中教与学的关系。教与学的关系是否能够实现根本的变革，涉及大学内在的一些最根本的深层次问题。世界变得越复杂，机器智能就越多地取代人类的传统角色，人类在生活中需要学习的就更多，知识社会时代不确定性知识反而越来越占据主导地位，高等教育越来越被赋予培养人的想象力和跨学科处理复杂问题的高阶思维能力的重任，帮助人类面对未来不确定性的挑战。大学要帮助和培养学生提升潜能，优秀的大学教师通过与学生的互动、联动乃至灵动，在培养学生的价值取向、创新能力、创新意识、批判精神以及工程伦理方面，发挥着极其重要的作用，这是目前机器智能所难以替代的。一名好老师应当成为学生学习的引领者、组织者、鼓励者、合作者，“教”与“学”关系的根本性转变，才是教育革命到来的主要标志。

随着新一代信息技术的应用，学校将可以从学生中获取海量信息，整合学校资源，为教和学的资源配置、教和学关系的转换提供新的空间，特别是提供研习、探究、讨论和创新开放的体验空间。从这个意义上来看，未来大学物理校园“消失论”的观点是值得商榷的。正确价值观的形成、闪耀火花的思想碰撞、富有创新的研讨、充满互动的交流、终身受益的师友圈子，仅靠在线教育是难以担负起来的。大学的发展形式会在人工智能、信息化基础上产生新形态、新空间、新平台，但关键是不仅仅限于传授知识和技能，而在于培养“全人”，在于开发人的“潜能”。信息技术应成为高等教育变革的助推器和实现高等教育现代化的突破口。高校要推动信息技术与教育教学深度融合，促进教育目标从知识传授转变为知识创新，教学主体从教师转变为学生，教学方法从单向灌输转变为双向互动，培养模式从“批量生产”转化为“个性定制”，教学场所从相对封闭转化为更加多元和开放。

综上，中国高等教育已经进入新阶段，也正在迎来以普及化为特征、以高质量发展为主线的新时代，高等教育的多样发展、创新发展、开放发展、集群发展和智能发展将为我们提供新视角、新思路和新借鉴。我们能否把握住新教育革命的历史机遇，关键在于行动，重在改革落实。这不仅需要眼界、胆识和魄力，更需要绵绵用力，久久为功。

（本报告第二作者为东北大学发展规划与学科建设处副处长谢寅波）

坚持『五育』并举 打造高质量人才培养体系

张 荣
Zhang Rong

厦门大学校长

习近平总书记指出，实现中华民族伟大复兴，教育的地位和作用不可忽视。我们对高等教育的需要比以往任何时候都更加迫切，对科学知识和卓越人才的渴求比以往任何时候都更加强烈。[①] 当今世界处于百年未有之大变局，高等教育的地位和作用更加凸显。

一、一流大学的核心使命是培养一流人才

高等教育发展水平是一个国家发展水平和发展潜力的重要标志，决定着国家的科技发展水平与创新能力，并最终决定着国家和民族的兴衰成败。面对“百年未有之大变局”，要实现建成社会主义现代化强国的伟大目标，实现中华民族伟大复兴的中国梦，必须把建设世界一流大学作为关系国家长远发展、根本利益的重要战略。2015 年，国务院印发实施《统筹推进世界一流大学和一流学科建设总体方案》，标志着建设世界一流大学和一流学科成为国家的重大战略部署。

一流大学的核心使命是培养一流人才。作为社会主义大学，高校要紧紧围绕培养什么人、怎样培养人、为谁培养人这一根本问题，始终把立德树人作为根本任务，坚持德育、智育、体育、美育、劳育“五育”并举，着力培养担当民族复兴大任的时代新人。

① 《习近平在全国高校思想政治工作会议上强调　把思想政治工作贯穿教育教学全过程　开创我国高等教育事业发展新局面》，《人民日报》2016 年 12 月 9 日。

二、坚持“五育”并举

“立什么德、如何立德，树什么人、为谁树人”是办好中国特色社会主义大学的首要问题。高校要坚持立德树人根本任务，充分发掘并把握德育、智育、体育、美育、劳育之间的规律性联系，以德立人、以智慧人、以体健人、以美化人、以劳塑人，着力构建高质量的人才培养体系，努力追求“五育”协同效应的最大化，培养全面发展的优秀人才。

1. 坚持以德立人。立德树人、德育为先。高校要强化思想导航和价值引领，引导学生立大志、入主流，有大爱、树大德，讲奋斗、做奉献。厦门大学是一所有着优良办学传统的大学。自创办以来，学校形成了爱国、革命、自强、科学“四种精神”。学校深入挖掘各类育人资源，把以“四种精神”为代表的厦大优秀文化纳入学生德育教育中，有效激活学生心中的精神基因，不断增强学生的文化自信。

2. 坚持以智慧人。以知识、实践、文化、艺术等启迪学生智慧，促进学生自主性、探索性、实践性学习，提升学生创新创业能力。近年来，厦门大学大力推进创新创业教育，把创新创业教育融入人才培养全过程，探索出政策催动、地域联动、兴趣带动、资源推动“四轮驱动”的创新创业教育体系，构建了以实验教学、实习实训、科创竞赛和社会实践为抓手的“一体四翼”实践教学新体系，探索以“互联网 +”创新创业大赛和“挑战杯”系列赛事为龙头的科创竞赛“两平台八化”模式，切实提升学生实践创新能力。学校在第四届中国“互联网 +”大学生创新创业大赛上获 6 金 2 银佳绩，金奖数和获奖总数位居全国第一。

3. 坚持以体健人。引导学生树立健康第一的理念，让学生在参与丰富多样的体育活动中享受乐趣、强健体质、健全人格、锤炼意志。近年来，学校在开齐配足体育课的基础上，新开设了一批特色鲜明的体育课程，其中攀树运动、橄榄球、潜水、帆船、赛艇、皮划艇、击剑等项目在全国高校中独树一帜。特别是新开设的三边足球课，以其灵活性、趣味性和挑战性受到师生的喜爱，在模拟复杂、多边的社会环境的体育课程中培养团队意识和集体精神。

4. 坚持以美化人。美育是审美教育，也是情操教育和心灵教育。美育的根本目的是人格的养成、灵魂的塑造。厦门大学围绕引导学生树立正确的审美观念，厚植优秀传统文化，帮助学生在成长过程中继承中华民族的文化基因、汲取人类文明的优秀成果，养成追求真善美的宝贵品质。学校注重环境育人和文化育人相结合，努力营造美丽校园，持续开展高雅艺术进校园系列活动，组织学生开展

“文艺汇演”，使环境美、文化美和心灵美相得益彰、相互促进。

5. 坚持以劳塑人。弘扬劳动精神，培养学生在创造性劳动和社会实践中增长见识、增长才干、勇于奋斗、锻塑品格。厦门大学积极营造“劳动最光荣、劳动最崇高、劳动最伟大、劳动最美丽”的氛围，坚持教育与生产劳动和社会实践相结合，把劳动教育理念融入社会实践教育中，使学生形成崇尚劳动、尊重劳动的良好习惯。厦门大学有一支研究生支教团，20 多年来，数百名支教队员扎根“苦甲天下”的宁夏海原县，克服困难，精心教学，有效提升所支教中学的初中升学率，帮助数十名学生考入一流大学，为支教学生募集各类捐款和物资近千万元，帮助万名学生重返课堂。

三、紧抓“七个关键”

1. 努力培育引领未来的时代新人。人才培养目标是大学教育教学根本性的支撑。着眼于世界一流的目标定位，我们培养的人才应该具备四个基本特性。一是具有引领性。培养具有引领能力的民族精英，能够发展成为各行各业的领军人才，成为社会主义建设事业的骨干力量和栋梁之材。二是彰显人文性。培养的人才不仅要掌握系统的专业知识，还要具有高尚的文化品位，充满人文关怀，追求公平正义，养成健全人格，明德至善，懂得感恩，甘于奉献。三是体现时代性。培养学生能够与时俱进，积极主动地适应现代及未来社会的发展需要，具有高效的学习力、敏锐的洞察力、充沛的创造力和果敢的行动力。四是注重开放性。不仅培养学生具有开阔的全球视野，而且具有良好的跨文化交流能力，具备在复杂环境下驾驭国际事务的基本素质。

2. 转变教育教学理念。新形势下的教育教学理念要实现“三个转变”，即从以教师为中心向以学生为中心转变，从以教为中心向以学为中心转变，从统一模式培养向个性需求培养转变。实现“三个转变”的目的，就是要进一步确立学生在教育教学关系中的主体地位，充分释放和激发学生的自主性。厦门大学在本科教育教学改革中，努力推进“教”和“育”的平衡发展，提出学院“重育”、教师“乐教”、学生“爱学”，多措并举推进全员、全过程、全方位育人。

3. 发展教师的教育教学能力。迈入新时代，教育关系中的各种要素都在发生变化。教育教学的任务、方式发生着深刻变革，学生与老师、学校的关系也发生了深刻变化。这些都对广大教师的教育教学能力提出了更高的要求。要成为新时代的大学教师，首先要做到“四个相统一”，即坚持教书和育人相统一、坚持言传和身教相统一、坚持潜心问道和关注社会相统一、坚持学术自由和学术规范相统一。在教育教学活动中，将知识传授、能力塑造、人格培育、价值引领融为一体，不仅帮助学生进行修业，更要引导学生好好做人。近年来，厦门大学在推动教师教育教学能力发展方面努力探索。学校促进教研相长，完善教学基层组织，组建了近 500 个教学课程组，近五年设立教研项目 299 项。发挥教师发展中心作用，加强教师特别是中青年教师教学技能培养。形成了“教学比赛、教学研修、课程评估”三位一体的教师教学能力发展模式。通过出版《我的厦大老师》、评选“我最喜爱的十位老师”等，营造尊师重教的良好氛围。我校的潘懋元教授荣获“全国教书育人楷模”，韩家淮院士带领的“细胞生物学团队”入选首批“全国高校黄大年式教师团队”。

4. 培养学生的学习能力。教育目标的实现从根本上说是通过受教育者的学习来实现的。学生在大学期间不只是习得知识，而是要提升学习的能力。一是要关注和重视体验式教学，特别是加强创新、创业、创造的“三创”教育；二是在学习过程中，不仅要关注课堂教学的效果，还要注意营造浓厚的学习氛围；三是在塑造学习能力的过程中，不能简单用一个模子、一把尺子来规范衡量学生，而是要针对每一个学生个体精心设计，把学生成长的路径选择权还给学生。近年来，厦门大学努力为促进学生学习创造和创新创业提供良好环境。学校为学生提供了 500 多个校外实习实践基地等创新创业空间。学生参与科创的人数不断增多，指导教师也不断增加，还有院士亲自指导学生科创活动。学生在国内外的高水平学业赛事中屡创佳绩。

5. 完善课程体系建设。一流的教育不仅要有一流的师资、一流的学生，还要有一流的课程。要把握“学什么、怎么学、怎么评”三个关键点，完善课程质量保障机制，全面提升课程的高阶性、创新性和挑战度，淘汰“水课”，打造“金课”。厦门大学提出“三个全面放开”，即全面放开转专业、全面放开选课程、全面放开选教师，努力开设更多高质量的课程让学生选择。同时，不断优化大类招生培养、弹性学习年限、三学期制等制度，给每位学生更多选择权；进一步推动主辅修并轨，满足学有余力的学生需求；进一步推动本硕博贯通，给学生更广阔的发展空间；大力推进本科生海外交流计划，拓展学生国际视野。

6. 促进科研资源向教学转化。一流研究型大学的人才培养与科学研究是相互依存、相互支撑的。在高等教育体系中，开展高水平科学研究的一个重要方向是反哺教学，把前沿的科研成果及时纳入教育教学中。一是创新人才培养模式，探索用科研引领创新人才培养工作，引导学生依托科研项目开展研究性学习。二是探索科教、产教、国内外联合育人新机制。三是完善教学内容更新机制。四是建立各类创新平台向人才培养开放的长效机制。厦门大学拥有较强的基础研究实力，全校建设汇聚了一批高水平的科研创新平台。学校发挥现有的各类科研平台和基地优势，将科技资源纳入教学活动中，让本科生能较早地接触学术研究、接受学术训练，重点培养学生的科学精神、创新思维和学术研究能力。近年来，厦门大学本科生的学术能力明显提升，在核心期刊发表论文的能力显著提高。

7. 健全人才培养质量保障体系。加强质量保障体系建设，主要是致力于建立自省、自律、自查、自纠的质量文化，将质量要求内化为师生的共同价值和自觉行为，形成质量立校的良好氛围。厦门大学这几年积极探索，大力推进改革，坚持“以生为本、成果导向、持续改进”的质量保障理念，建立了涵盖培养目标、培养模式、培养过程、培养结果四个维度的“自我约束、自我检查、自我完善、自我提升”的校院两级内部质量保障机制。厦门大学的本科教学质量保障体系入选联合国教科文组织国际教育规划研究所（UNESCO-IIEP）组织的“高等教育内部质量保障的优秀原则和创新实践”项目（IQA 项目），也是东亚地区唯一入选的案例。

2020高等教
2020 Annual Internat

新时代新阶段高校科技创新高质量发展

雷朝滋
Lei Chaozi

教育部科学技术与信息化司司长

一、贯彻五中全会精神，对标对表找差距

党的十九届五中全会把科技工作提到了前所未有的高度，将科技工作放到重中之重的位置。全会提出，坚持创新在我国现代化建设全局中的核心地位，把科技自立自强作为国家发展的战略支撑，摆在各项规划任务的首位，进行专章部署。这是我们党编制五年规划建议历史上的第一次，也是以习近平同志为核心的党中央把握世界发展大势、立足当前、着眼长远作出的战略布局。

我们要深入学习领会全会作出的一系列重大战略判断和部署，深刻认识和准确把握高校科技创新与新发展阶段、新发展理念、新发展格局要求的差距。进入新发展阶段，我国发展环境面临深刻复杂变化，科技创新是其中的关键变量，关乎国运，高校科技工作要把原始创新能力提升摆在更加突出的位置，努力实现更多“从 0 到 1”的突破。贯彻新发展理念，建设高质量教育体系，高校要以高质量发展为目标，培养创新人才和提升创新能力，引领创新文化，厚植创新土壤。服务新发展格局，高校需要提升服务贡献的质量和能力，支撑关键核心技术自主可控，助力科技自立自强。

目前我国高校在论文数量、专利数量上已经处在世界前列，但在基础研究方面，重大原始创新成果产出少；在技术创新方面，成果转化率低，服务支撑重大工程、解决关键核心技术问题能力不足，产业发展、科学研究需要的高端设备、关键零部件等大多依赖进口；在创新生态方面，急功近利、学风浮躁现象凸显。这些问题反映出评价导向、科研组织方式等高校科技创新体制机制已不符合新时代、新阶段的要求。

当前，我们身处中华民族伟大复兴的战略全局和世界百年未有之大变局这

“两个大局”，科技创新形势逼人、挑战逼人、使命逼人。高校作为国家科技创新的重要力量，应通过“转段升级”发挥创新引领作用，有力支撑高等教育高质量发展，服务经济社会高质量发展，推动创新型国家、社会主义现代化强国建设。

二、转学风、提质量，推动高校科技创新高质量发展

党的十九届五中全会提出建设高质量教育体系，教育部在贯彻落实中强调，要把高质量作为一种自觉，要把高质量作为任务、作为目标、作为内在追求。我们要把高质量作为工作统领，所有工作都服从高质量目标、围绕高质量主题、转向高质量角度、强化高质量内涵，以高质量统领教育改革发展稳定各项工作。要把高质量作为检验标准，在革故鼎新中推动教育向高质量迈进。推动高校科技创新高质量发展，核心是“转学风、提质量”，要建立新的科研创新文化，引领形成求真务实的科研价值观和价值追求，引导高校科技创新，从追求数量积累向注重质量提升转变，要面向需求，真研究问题，解决实际问题。

一是继续推进落实各项战略部署。深入推进“高等学校基础研究珠峰计划”和关键领域自主创新行动，加快推进人工智能、乡村振兴、“一带一路”等专项行动计划，加强国际科技合作。构建“三纵一横一面”高校科技创新能力体系，协调推进基础研究、应用研究、成果转化工作，组织全创新链条贯通的关键领域集中攻关，营造良好的创新生态环境。

二是重点打造战略科技力量。着力强化高校有组织创新，加强创新平台实体化建设，按照物理空间实、研究队伍实、目标任务实、投入保障实的要求，围绕“四个面向”，加强重大基础前沿和关键核心技术的顶层设计和前瞻布局。加快建设一批前沿科学中心、集成攻关大平台，加快推进高校国家重点实验室重组，构建高校高质量科技创新体系，探索高水平研究型大学建设路径。

三是引导高校树立正确科研价值追求。要满足高质量发展的要求，实现科技创新从跟跑向并跑、领跑转变，必须营造有利于重大原始创新的环境氛围和机制。要深入推进“转学风、提质量”攻坚行动，深化评价改革，以落实好“破除SCI至上”和“提升专利质量”两个文件为抓手，引导新时代高校科技工作价值追求从数量向质量和贡献转变，建立求真务实的创新文化。

四是持续改善科技创新生态。以改革激发高校创新活力，持续开展减轻科研

人员负担、激发创新活力专项行动，深入推进“放管服”改革，全面总结自主权改革试点高校、绿色通道试点高校前期工作，发挥典型案例的示范引领作用。争取持续扩大中央高校基本科研业务费规模，完善经费使用方式，提升高校自主前瞻布局能力，鼓励长期坚持开展非共识和“从 0 到 1”研究。

CAHE

1983

构建中国特色智慧教育体系的思考与实践

张 军
Zhang Jun

中国工程院院士
北京理工大学校长

感谢组委会的邀请，在今天这个隆重的盛会上，我想与大家交流的题目是《构建中国特色智慧教育体系的思考与实践》。

一、新时代教育变革方向是智慧教育

新时代高等教育变革的主要趋势是朝着智能化、个性化方向发展，主要由以下四点因素驱动的。

一是高等教育的时代新要求。党的十九届五中全会将“建成教育强国”列为基本实现社会主义现代化的重要目标。要求高校要坚定不移地建设世界一流大学，努力培养社会主义合格建设者和接班人，这对人才培养提出更高要求。

二是国内外环境的深刻变革。当前我们面临两个大局，一是世界百年未有之大变局，一是中华民族伟大复兴之战略全局。把握两个大局，培养担当民族复兴大任的时代新人，是高校的使命和责任。

三是疫情加速了教育变革。据联合国教科文组织统计，新冠肺炎疫情蔓延已导致全球 210 多个国家和地区停课关闭校园，波及全球 92% 的学生，超过 16 亿名学生受到影响。当前，机遇与挑战并存，疫情催化教育求变，催生了混合教学的实践，重构了教学环境与方式，调整了国际化交流合作，加速了智慧教育体系化。

四是社会发展推动人才培养变革。从农业社会的楼车犁耕与私塾，到工业社会的机械电力与标准化学校，到信息社会的互联网与规模化学校，发展到当前人工智能推动下的智慧社会，社会形态发展带来教育方式的重大变化，从规模扩展向以人为本发展。海量数据的教育资源出现后，教育不再是工业标准化的产物，而是朝着交互式、自主性和定制式发展，以智慧赋能个性化教育，成为重要发展方向。

无论是斯坦福大学的“开环大学计划”，还是麻省理工学院的新工程教育转型计划、新加坡国立大学的开放式教育理念，都在朝这个方向努力。可以看到，融合转型开放，是国际教育发展的趋势。我们的高等教育应准确识变、科学应变、主动求变，通过教育治理体系改革实现教育能力提升，以人为本促进有价值的成长发展。

二、智慧教育的实施方案是开展“五维教育”

智慧教育的基本内涵是，以先进信息技术、脑智技术、心理科学等赋能教育教学创新。通过人机互动、数据共享、知识互联，满足学生个性化、精准化、智慧化学习需求，以知识的融合交叉实现知识衍新。通过智教智学释放教育生产力，重塑教育生态，构建以人为本的精细化教育治理体系，为师生提供有价值的成长。

当今以智联网为代表的新一代信息技术发展为智慧教育提供了技术基础，提供多元全面的协同感知，建立泛在多尺度的教育网络，实现教育数据挖掘和知识繁衍，助力多元个性化的教育定制服务，形成“感知—网络—计算—服务”体系。智联网视域下的智慧教育实现了从信息到知识的积淀、重组和衍新，进而实现数据共享、知识互联、群智协同、教育智学，适应了新时代教育发展的需求。

智慧教育的基本架构是“五维教育”。

一是覆盖“空间三维”。体现为教育的地理空间不限、学习空间自由、教学空间可助。学习可以打破地理限制，在校内、线上、移动、虚拟空间都可以进行，实现无处不在，感知辅助。

二是延展“时间一维”。体现为受教育者的随时学习、终身学习。通过人工智能技术，使学习的轨迹、路线和习惯发生深度变革，实现教育的时间广度延展、学习时间自主、教学时间可控。

三是聚焦“知识一维”。体现为知识的深度交联，包括知识图网的组建、云地知识的互联、知识的探究衍新，使知识学习与发展规律从线性拓展向网状化、图谱化、裂变化转变，极大拓展了知识联动融通，从而温故而知新，传承并创造。

教育的过程是让学习者收获知识与能力的过程。而五维教育的核心理念就是从深度、广度和关联度上产生全新的知识获取过程。通过知识广度扩展掌握学科知识的发展演变，通过知识深度潜入加深知识的领悟认知，通过知识关联耦合产生知识的融合创新，从而实现从表征符号接受到规律本质认知再到能力知识创造。比如在信息领域里，从戴维南定理到香农定律再到麦克斯韦方程，从维纳滤波、贝叶斯公式到傅里叶变换，进一步拓展到摩尔定律、量子理论、神经网络理论、人工智能算法等等，这些知识一脉相承而又不断创新发展。

从另一个角度来看，“信息熵”贯穿始终。再关注“熵”本身，人类发展进程就是熵减的过程，在这个过程中，知识不断积累、衍新，实质也是一个智能在不断演进的历史。而在讲解“熵”概念时，对于“消除污染”“熵减”“人类文明发展”等等概念潜移默化水到渠成地传输给学生，做到了课程思政的“润物无声”，这是五维教育在知识维融合创新的生动实例。

可以看到，智慧教育融合了空间维度、时间维度和知识维度，以智能为驱动，推进知识的跨域连通、联动融合。体现为智能技术下的知识融合获取、泛众协作教育、知识繁衍知识等，具有融合、协作、积淀、衍新的特征，在“螺旋式上升”的知识衍新下，促进学生能力的获得和提升。

“五维教育”的最终目标，是在智联网技术框架基础上，感知空间、时间、知识的五维轨迹，打破壁垒深度融合，实现有价值成长。以学生为中心，促进博专相济、自主潜质、好奇追求、个性激发。以教师为中心，实现学术赋能、因材施教、导学精育、深度浸润。

三、以价值成长为目标的人才培养创新实践

北京理工大学是中国共产党创办的第一所理工科大学，新中国第一所国防工业院校。建校 80 年来，学校牢记为党育人、为国育才的初心使命，传承延安根、军工魂，走出了一条中国共产党创办和领导中国特色社会主义高等教育的红色育人路，一条服务国家战略的强军报国路，一条开放包容的创新发展路。近年来，学校重构高水平人才培养体系，实施大类招生、大类培养、书院制改革，推进人才培养“SPACE+X”（寰宇 +）计划，人才培养改革成效凸显。

北理工智慧教育的总体方案是，以延河课堂为抓手，全面规划、智慧引领，系统推进教育理念、教育模式、教学体系、教育管理的一体化改革。

一是红色育人促立德立志。老教授讲“北理故事”、虚拟仿真思政课“重走长征路”等，发起成立九校“延河联盟”推进工农艺文理经全学科贯通，在参与国庆、阅兵等重大庆典中开展思政教育，实现价值引领。

二是金课育人促学精学深。提质“乐学平台”建设，疫情以来开设了1 900门线上课程、2 500多个教学班，优质在线课程资源对全社会开放。建设国家级一流课程55门，累计在线选课740万人，居全国高校第9名，推进知识养成、实践锤炼和精品育人。

三是实践育人促创新创造。通过线上云实验、“口袋”实验室推进“智慧双创”，实现平台强支撑，导师有特色，机制能保障。在“互联网+”大赛中四年获16金8银12铜，第四届大赛中同时获得冠军、季军，第六届大赛再获冠军，创新创业形成品牌，培养学生明德精工、创新包容和立业担当。

四是典礼育人树情感情怀。学校八十周年校庆开展智慧教育典礼育人。北理工“黑科技”、国庆虚拟仿真团队打造最特别的毕业典礼，激发报国壮志。超过三分之一的毕业生到国防系统就业，北理工就业竞争力居北京高校前三，学生在各行各业建功立业、报效国家。

我们期望未来的高等教育，以智慧互联为理念，努力发展以人为中心的智慧教育，实现师生有价值的成长，建设中国特色现代化高校治理体系。这是我们的共同愿景。

2020高等教育国
2020 Annual International For
加快推进大学治理体系

服务国家战略 践行时代使命

张广军
Zhang Guangjun

中国工程院院士
东南大学校长

尊敬的各位领导、各位来宾：

大家下午好！

非常荣幸应中国高等教育学会的邀请参加本次年会。我将围绕“服务国家战略，践行时代使命”的主题，结合东南大学的情况，谈谈自己对高等教育“十四五”规划的思考和体会。我主要从大学使命、共性问题和发展思考三个方面进行汇报。

一、大学使命是什么

大学经历了一千多年的发展，通过传播知识、发现知识和应用知识来推动社会进步，这是任何社会组织都无法企及的。大学的发展对国家的兴衰至关重要。大学在其历史演进过程中，从中世纪探究式学问的研究，到洪堡模式，再到美国大学的发展，都承担了不同的职能。当前，中国大学有五大职能：人才培养、科学研究、社会服务、文化传承和国际交流合作，更重要的是中国高校肩负着时代的使命。

党的十八大以来，以习近平同志为核心的党中央高度重视教育事业在坚持和发展中国特色社会主义战略全局中的地位和作用，把教育摆在优先发展战略位置，提出了一系列新理念新思想新观点，形成了习近平总书记关于教育的重要论述，为新时代我国教育事业描绘了蓝图、指明了方向。在刚刚闭幕的党的十九届五中全会上，习近平总书记再次强调要支持发展高水平研究型大学，加强基础研究人才培养；分类建设一流大学和一流学科，加快培养理工农医类专业紧缺人才。从国家推进“双一流”建设，到新时代全国高等学校本科教育工作会议提出

"四个回归"，都明确提出对高等教育的新要求。中国高校肩负的历史使命比任何时代都更加艰巨，责任重大、使命光荣。

二、当下高等教育所面临的共性问题是什么

从国际形势来讲，当今世界正经历百年未有之大变局，和平和发展仍然是时代的主题，人类命运共同体的理念深入人心，同时国际环境日趋复杂，不稳定性不确定性明显增加，对高等教育也形成挑战和影响。从国内形势来讲，我国发展仍处于战略机遇期，并已进入高质量发展阶段，继续发展具有多方面的优势和条件，同时我国发展不平衡不充分，尤其是创新能力不足，不适应高质量发展的要求。

面对这些国内外形势和挑战，我们要思考中国乃至世界的高等教育面临着什么共性问题？我认为主要有五个方面：

一是如何扎根中国大地，彰显中国特色。这方面问题主要是面对不同大学评价体系，战略定力不强。要坚决克服"五唯"，当前"不唯"是大家的共识，但同时我的观点是又不能"不要"，因为我们要建设中国特色的世界一流大学，在人才培养、科学研究，以及在人类文明进步贡献方面也应该是世界一流的。

二是如何培养担当复兴大任的时代新人。这方面问题主要是"人才培养的质量还不够彰显，不能完全契合国家经济社会发展需求"。

三是如何汇聚具有世界影响力的一流人才。这方面问题主要是"相比世界一流大学，我国高校顶层人才和团队不多，创新人才支撑乏力"。

四是如何坚持创新，走好科技自立自强之路。这方面问题主要是"科研组织和战略布局不够，原始创新和重大自主科研成果支撑力不足"。

五是如何坚持价值导向，增强大学文化的引领力。这方面问题主要是"价值塑造的力度和深度不足，践行人类命运共同体的理念还不深入"。

这五个方面是我提出的中国高等教育需要思考的共性问题，其中有些也代表了当今世界大学面临的问题。

三、结合东南大学的情况对高等教育"十四五"规划分享一些思考

我们首先要学习贯彻党的十九届五中全会精神，习近平总书记强调，要以推动高质量发展为主题，以深化供给侧结构性改革为主线，以改革创新为根本动

力，以满足人民日益增长的美好生活需要为根本目的，这为高等教育“十四五”发展规划指明了方向。同时，党的十九届五中全会明确提出“五个坚持”，即坚持党的全面领导、坚持以人民为中心、坚持新发展理念、坚持深化改革开放、坚持系统观念。我认为，党的十九届五中全会还有四个方面是值得高等教育领域深入思考的：坚持把创新驱动发展作为首要任务，凸显了创新在我国现代化建设全局中的核心地位；坚持把满足人民需求作为根本目的，凸显了中国共产党人的初心和使命；坚持把构建双循环作为新发展格局，凸显了中国特色社会主义制度的显著优势和战略定力；坚持把高质量教育作为体系建设，凸显了教育强国的使命担当和历史责任。

我们在思考高等教育未来五年和 2035 年远景目标时要紧紧围绕党的十九届五中全会提出的要求，对于高校来讲，我们要回答干什么、怎么干、遵循什么干这三个根本命题。

首先是干什么？一要深化教育改革、激发办学活力；二要聚焦重大需求、服务国家战略；三要根植中国大地、瞄准国际前沿。

其次是怎么干？一要坚持问题导向，比如之前提到的五个方面共性问题，要着力解决；二要坚持发展导向，勇于肩负建设教育强国、推进“双一流”建设、建设世界科技强国等国家使命；三要坚持人类命运共同体导向，人类命运共同体是一种全球价值观，是新时代中国特色大国外交的重要战略，更是中国引领时代潮流和人类文明进步方向的鲜明旗帜，也为中国高等教育全球治理与发展指明了前进方向。

最后是遵循什么干？一是坚持社会主义办学方向；二是明确担当使命、引领发展的主线；三是坚持“四个维度”的办学路径，即传承并发展、自主并开放、科学并人文、支撑并引领，其中传承并发展是时间维度，自主并开放是空间维度，科学并人文是学术维度，支撑并引领是社会维度。

东南大学创建于 1902 年的三江师范学堂，迄今已有 118 年的办学历史。学校有 5 个学科在第四轮学科评估中排名第一，有 13 个学科进入了 ESI，其中工程学进入万分之一。面向“十四五”发展，东南大学提出一个总体目标、五个发展原则、五个发展转型、五项重点任务的规划框架。

关于一个总体目标，东南大学在 2016 年就提出了“1-10-100”的东大梦愿景，即在 2030 年前后要建成世界一流大学、位居国内前十左右，并跻身世界百强。针对“十四五”规划，学校进一步明确要基本建成中国特色世界一流大学，若干学科进入世界顶尖学科行列，一批学科进入世界一流学科前列，学校治理体系和治理能力现代化更加完善，综合实力、核心竞争力和世界影响力显著提高。

五个发展原则就是要坚持党的全面领导、坚持立德树人根本任务、坚持深化改革开放、坚持人才强校战略、坚持服务国家需求。五个发展转型，即办学定位由“工科主导”向“多科综合”转型、发展目标由“国内一流”向“世界一流”转型、人才培养由“栋梁之才”向“领军人才”转型、科学研究由“满足需求”向“服务战略”转型、文化精神由“诚朴求实”向“止于至善”转型。五项重点工作就是要培养一流人才、建设一流师资队伍、开展一流科学研究、实现一流文化传承和推进一流国际合作。

加强『三大建设』助力粤港澳大湾区融合发展

罗 俊
Luo Jun

中国高等教育学会副会长
中国科学院院士
中山大学校长

很高兴参加今天的论坛。我今天报告的题目是《加强“三大建设” 助力粤港澳大湾区融合发展》，主要是介绍中山大学在办好高等教育、服务粤港澳大湾区建设方面的一些思考和探索，希望得到各位的批评指正。

一、关于粤港澳大湾区高等教育相关问题的研究情况

2019 年 2 月，中共中央、国务院正式发布了《粤港澳大湾区发展规划纲要》，指出建设粤港澳大湾区，既是新时代推动形成全面开放新格局的新尝试，也是推动“一国两制”事业发展的新实践。随后，我们接到中国高等教育学会（以下简称“学会”）的委托，要求就粤港澳大湾区高等教育改革发展的重大理论与实践问题进行研究，这充分体现了学会始终站在党和国家事业大局想事情、谋事情、干事情的战略高度，体现了学会对新时代高等教育重大问题把得准、抓得快、落得实的工作作风。

接到学会布置的任务后，我们迅速组织力量开展研究。一是开展深度访谈。前期我们对粤港澳大湾区高校 15 位大学校长，对旧金山湾区、纽约湾区和波士顿湾区 11 位高等教育专家、企业高管进行了深度访谈，在此基础上，2019 年 8 月又赴东京湾区多所一流高校进行了访谈，掌握了大量一手资料。二是开展问卷调查。我们专门设计了问卷，以“大学在粤港澳大湾区建设中的角色和作用”为主题，面向世界各大湾区一流高校进行调研，广泛了解情况。三是组织专题研讨。我们成功举办了第一届粤港澳大湾区高等教育学术论坛，与会单位对相关问题进行了深入交流研讨，取得积极成果。目前我们正在筹备第二届论坛，将于 2019 年 11 月底在广州举行。

通过以上研究，我们深刻认识到：粤港澳大湾区改革发展的关键在于“融合”；高等教育要对大湾区形成重要支撑，必须在促进粤港澳“融合”上发力。要做好这一点，高等教育要发挥好三个方面的作用：一是要在大湾区加快建设中国特色世界一流大学，进一步彰显社会主义制度优越性；二是要大力培养社会主义事业建设者和接班人，促进大湾区各类人才流动融合，更好地服务大湾区建设；三是要面向国家战略需求，集中力量攻关解决“卡脖子”的科研难题，服务大湾区经济社会发展。根据中山大学近几年的办学实践探索，我认为，高等教育要综合发挥好这三方面的作用，重要路径之一是引导大湾区高校面向国家重大战略需求，大力推进高水平科研的大项目、大团队和大平台建设，即我们所称的“三大建设”。

二、关于加强“三大建设”推动粤港澳融合发展的若干思考

要理解“三大建设”是高等教育支撑粤港澳大湾区建设的重要路径，必须首先回答“三大建设”为什么、是什么、怎么做三个问题，对此，我想从其规律、内涵和模式三个层面谈一点思考。

（一）基本规律：“三大建设”助力一流大学建设

纵观世界一流大学发展历史，通过“三大建设”增强核心创新能力，带动人才培养质量提高，进而实现整个大学办学水平的提升是一条基本规律。斯坦福大学在第二次世界大战期间还名不见经传，但他们在冷战期间抓住机遇，面向美国国家军事需求建设了直线加速器中心等一系列高水平平台，一跃成为世界一流大学；加州理工学院 1944 年建成世界著名的喷气推进实验室，形成了世界公认的一流工科地位；加州伯克利到 20 世纪 30 年代仍然没有在全世界形成影响力，直到建成了劳伦斯伯克利国家实验室才使其办学实力迅速提升。还有麻省理工学院的林肯实验室（军事武器研究）、芝加哥大学的阿贡国家实验室（工程技术研究）、哈佛大学的干细胞研究院、剑桥大学的惠特尔实验室（发动机研究）等等，几乎所有现在全世界排名前 10 的大学，都无一例外走过了面向重大问题、整合资源、形成团队、构建平台的发展历程。国内很多好大学的发展，也表现出同样的规律。清华大学在新中国成立初期就选址建设原子能研究基地，集中力量搞核技术研究，为清华大学迈进世界一流大学行列提供了关键支撑之一。还有南京大学建设

的固体微结构国家实验室；中国科学技术大学在量子、同步辐射等领域建设的国家重点科技基础设施；华中科技大学建设的光电国家科学中心、国家脉冲强磁场科学中心、精密重力测量重大基础研究设施等，都是以“三大建设”推动大学办学水平快速提升的生动实例。因此，要在大湾区建成中国特色世界一流大学，培养社会主义事业建设者和接班人，必须大力开展“三大建设”。

“三大建设”的重要性还在于其本质上体现了一流大学的重要特征。我跟很多高等教育界的同仁交流过，衡量一所大学办学水平，从根本上来说要看其“影响力”，它集中表现在“三个首先想到”，即让国家首先想到、让社会首先想到、让学界首先想到。“三大建设”则为大学实现“三个首先想到”提供了有效模式。首先，大项目体现的是国家需求，自然能被国家首先想到；其次，大学在高水平研究过程中，更有能力培养大量优秀人才，解决更多制约经济社会发展的难题，自然能被社会首先想到；最后，围绕承担大项目需要聚集一群人，这就是大团队，团队从事研究需要基本环境和条件，这就是大平台，进而又汇聚更多高水平人才，自然能被学界首先想到。

（二）基本内涵：“三大建设”要服务国家战略

通过实践我们还认识到，“三大建设”必须坚持以服务国家战略为导向，没有国家战略就没有所谓的大项目、大团队和大平台。如果大湾区的高校都能面向国家战略开展“三大建设”，紧密围绕国家需求开展科学研究，各种创新资源就能无障碍优化整合，粤港澳融合发展就有了坚实的基础。

在服务国家战略的基础上，“三大建设”有两个重要的内涵特征。一是“三大建设”的核心是大项目。“三大建设”本质上是服务国家战略需求，从国家任务牵引的大项目出发，组织保障国家任务完成的大团队，建设支撑团队开展协同攻关的大平台，这是“三大建设”的内在逻辑关系，核心在于“大项目”。二是“三大建设”的根本导向是实现基础研究前沿的重大创新。前沿基础研究水平决定了国家的创新引领能力。“三大建设”要服务国家重大战略需求，必须开展关键核心技术攻关，聚焦基础科学研究的前沿问题，实现基础研究前沿的重大创新。

（三）基本模式：“三大建设”要体现学科特点

从中山大学的实践来看，理、工、文和医不同学科的“三大建设”应该结合学科特点，采取不同模式。

理工科“三大建设”要依托“大项目”。先有大项目，再汇聚大团队，进而根据研究领域的需要建设大平台予以支撑，这是理工科开展“三大建设”的基本模式。

文科“三大建设”要重视“大团队”。打造一个好的“养士”环境，通过学院汇聚人才和团队，再由学校规划建设大平台，从而争取承担国家重大任务，这是文科开展“三大建设”的基本模式。

医科“三大建设”要坚持以临床为导向。围绕临床重点专科来开展，以重点专科为依托组建团队、建设中型平台，学校统筹建设大的公共平台，这是医科开展“三大建设”的基本模式。

三、粤港澳高校联盟对“三大建设”的积极实践

以上思考，我们已在促进高等教育支撑粤港澳发展方面进行了积极实践，尤其是充分发挥粤港澳高校联盟的重要作用，倡导开展“三大建设”，取得明显成效。2016年11月，中山大学发起成立了粤港澳高校联盟，目前已有粤港澳三地37所院校入盟，这一联盟也被写入了《粤港澳大湾区发展规划纲要》。高校联盟成立以来，一直着力通过联合开展“三大建设”，加强人才培养、科学研究等方面的合作。2019年7月，在联盟年会上，我进一步介绍了中山大学在大湾区的“三大建设”布局，呼吁三地高校共同参与、积极行动，得到了与会人员的热烈响应。接下来，我们将以“三大建设”为载体，继续深入推进三地高校合作，助力实现粤港澳大湾区的深度融合。

我们衷心希望能通过“三大建设”，汇聚一大批粤港澳高水平学者面向国家重大战略联合攻关，努力培养一大批优秀的社会主义事业建设者和接班人，充分发挥高等教育在粤港澳大湾区建设中的支撑作用，为大湾区建设发展贡献更多的高校力量！

高等教育引领支撑长江三角洲区域一体化发展的战略思考

陈志敏
Chen Zhimin

复旦大学副校长

《长江三角洲区域一体化发展规划纲要》中指出，长江三角洲地区是我国经济发展最活跃、开放程度最高、创新能力最强的区域之一，在国家现代化建设大局和全方位开放格局中具有举足轻重的战略地位。2018 年 11 月 5 日，习近平总书记在首届中国国际进口博览会开幕式上的主旨演讲中向世界庄严宣布，“支持长江三角洲区域一体化发展并上升为国家战略”。高等教育既是长三角一体化的重要组成部分，也能够在支撑和引领一体化发展进程中发挥先导性、基础性和全局性作用。从全球经验来看，世界级的高等教育往往是世界级城市群的“标配”，也是世界级城市群的重要“名片”和“脸面”。对长三角地区的高质量一体化建设而言，也同样应当充分发挥高等教育的引领和支撑作用。

一、高等教育引领支撑长三角一体化发展的现状

长三角地区是我国高等教育资源最为集聚的区域，根据 2020 年教育部公布的全国高等学校名单，长三角地区共有普通高校 459 所，其中世界一流大学建设高校 8 所，全国占比 19%，世界一流学科建设高校 25 所，全国占比 26%。在优势学科方面，第四轮一级学科评估中共有 40 所高校的 85 个一级学科获评 A 类学科。在科研支撑方面，三省一市的研究与发展经费全国占比 1/3，重大科技基础设施全国占比 1/3，国家重点实验室全国占比 1/4。在全球竞争力方面，在 2022QS 世界大学排名中，有 4 所高校位列世界前 100 位；在 2021 年 5 月的 ESI 排名中，77 所高校的 424 个学科位列世界前 1%。

与此同时，长三角地区高校在区域一体化发展过程中已经发挥出相当大的作用，主要体现在：一是大学科技园数量众多，目前共有 44 家；二是优势产业和学

科紧密结合；三是 2011 协同创新中心数量众多，长三角地区占据 8 个；四是科技成果转化和转化平台共享良好；五是呈现出跨区域办学和研究机构布局的趋势；六是区域内各类高等教育联盟纷纷涌现，通过发挥集群优势，卓有成效地促进了长三角一体化的发展。

二、高等教育引领支撑长三角一体化发展的瓶颈

随着推动长三角一体化发展相关政策的出台，三省一市高等教育进入合作与联动阶段。但从现实的情况来看，由于高等教育和社会政治经济发展间高度复杂的互动关系，高等教育想要引领长三角一体化发展还存在以下三方面的瓶颈和制约。

一是区域内高等教育资源依然不充分。THE2021 排名显示，世界排名前 100 的大学有一半以上集中在世界五大城市群，其中长三角城市群仅 4 所，而北美五大湖城市群有 11 所，北美东北部大西洋沿岸城市群有 15 所，英国伦敦城市群有 8 所，欧洲西北部城市群有 10 所。长三角与世界其他城市群相比，仍然有较大的差距。

二是相关专业的人才培养数量滞后于产业需求。区域发展对科技人才的需求一直在加速，但由于高校无法完全实现前瞻性布局，人才培养周期相对偏长，在新兴产业蓬勃发展时难以及时转舵，导致高校人才培养规模与结构和产业发展相比存在滞后性。以上海为例，据相关统计，金融从业人员占全社会各行业从业人员的比例在 3% 左右，而纽约、伦敦等国际金融中心城市的金融从业人员比例一般都在 10% 以上。而从全国来看，《中国集成电路产业人才白皮书（2019—2020 年版）》预测数据显示，2022 年前后全行业人才需求将达到 75 万人左右，人才缺口预计在 30 万人。根据《制造业人才发展规划指南》中的人才需求预测，生物医药及高性能医疗器械领域到 2025 年的人才需求为 100 万人，人才缺口预测为 45 万人。《人工智能产业人才发展报告（2019—2020 年版）》中也指出，人工智能产业面临有效人才供给不足的状况，人工智能不同技术方向岗位的人才供需比低于 0.4，部分岗位甚至低至 0.08，处于人才极度稀缺状况。

三是高校合作潜力尚未发挥。长三角区域内目前高校间已有的合作仍然以自发式、项目式、局部式为主，存在战略规划和宏观指导有待加强、现有合作项目的成果和收效有待实践检验、高等教育核心资源共享受阻等问题，高校还需要找到共赢发展的有效机制。

三、高等教育引领支撑长三角一体化发展的未来路径

高等教育作为引领支撑区域发展的先导性、基础性和全局性因素，想要更加有效地引领和促进长三角一体化发展进程，需从以下三方面发力。

一是建立更有利的制度环境，为高等教育合作联动发展提供一个简明、清晰、权威的制度框架。建议聚焦总体规划、政策保障和经费支持三个方面，通过立法、规划、拨款、引导和评估等手段来促进高等教育合作联动发展。通过长三角高等教育高质量联动合作，实现高等教育要素资源在区域内的更自由流动和更高效配置，从而进一步推动区域一体化发展进程。比如，区域内部试行跨省区办学，区域内高校共建联合实验室、转化基地，区域内高校建设联合学位等。

二是建立起科学合理的标准和评估机制以推动高等教育促进区域高质量一体化的发展。建议制定《长三角高等教育合作联动发展标准框架》，以教育现代化指标体系为指引和参考，从教育公平、教育质量、教育开放等维度，以学分转化与认定、课程开放、师生流动、科研合作、资源共享等为指标，每年组织专业评估。一是分类分级评估高等教育合作联动发展进程，二是评估合作联动发展进程对整个长三角一体化的贡献。

三是建议借鉴博洛尼亚进程的做法，循序渐进推动合作联动发展，促进区域内高等教育资源整合，推动区域一体化发展进程。博洛尼亚进程经过二十余年的努力，为欧洲高等教育和科技一体化和欧洲一体化进程作出了重要贡献。它在学位体系、学分转换体系、师生和学术人员流动、高等教育质量保障和高等教育合作等方面消除了制度壁垒，整合了优势资源，促进了要素自由流动，显著提升了高等教育资源的配置功效和作用发挥，不仅对成员国的高等教育发展起到了积极的作用，对整个欧洲地区的一体化发展也起到了巨大的推动作用。博洛尼亚进程的经验不可照搬，但一些做法可以借鉴。

CAHE
1981

扎根中国大地 协同创新

——建设创业型大学的探索与实践

乔 旭

Qiao Xu

南京工业大学校长

今天的报告主要分享建设创业型大学的探索与实践，探究中国大学的建设与发展。

一、审问：探索大学之问

首先，有三个大学之问：一问大学之教育——我们的大学培养什么人、怎样培养人、为谁培养人；二问大学之发展——新时代中国大学发展的原动力和根本规律是什么；三问大学之创新——我们的大学在世界百年未有之大变局下如何创新。

关于这三问，习近平总书记在系列重要讲话中已经给出了答案：在全国教育大会以及全国研究生教育会议上，要求“培养德智体美劳全面发展的社会主义建设者和接班人”，要“瞄准科技前沿和关键领域……加快培养国家急需的高层次人才”，回答了大学教育之问；在北京大学考察时，要求“扎根中国大地办大学”，回答了大学发展之问；在全国科技创新大会上，要求“广大科技工作者要把论文写在祖国的大地上，把科技成果应用在实现现代化的伟大事业中”，回答了大学创新之问。

这是党和国家布置给我们高校工作者的“命题作文”，为新时代大学的高质量发展指明了方向。

二、慎思：确立需求导向

南京工业大学于 2001 年由原南京化工大学与南京建筑工程学院合并组建而成，前身可追溯到创建于 1902 年的三江师范学堂和创建于 1915 年的同济医工学堂。学校是首批入选国家“高等学校创新能力提升计划（‘2011 计划’）”的 14 所高校之一。学校坚持扎根中国大地，主动将创新链对接产业链，以贡献求发展，以服务求支持，鼓励引导广大师生把论文写在车间里、装置上、产品中，引领和支撑区域经济发展。

当前，国内高校服务经济社会发展的能力与党和政府的要求、社会大众的期望普遍还不相适应，高校运行的内向化与创新活动市场化还存在矛盾，高校科研成果转化的速度还跟不上产业转型升级的要求。对此，高校要主动跳出“自说自话”“内向循环”的“深井”，到国家、区域、产业等外部发展大局大势的广阔天地中办学，以需求为导向认识大学的发展定位和任务，看看大学发展的“井外之天”。高校如何做到以需求为导向呢？纵观高等教育发展史上出现的三种大学形态，创业型大学就是以市场需求为基本导向、服务经济社会发展的这样一种大学。

南京工业大学在近期党代会上明确了建成“国内一流国际知名创业型大学”的奋斗目标，希望准确把握时代赋予大学的新功能与新定位，将知识转化为实践、学术转化为服务，从社会支撑机构升华为经济社会发展的动力站。

三、笃行：践行创业方案

学校坚持需求导向、系统设计、先行先试，逐渐形成了一套服务社会经济高质量发展的“南工大方案”。

1. 聚焦供给侧改革，“靶向式”输送人才

一是在营造产业人才新生态上下功夫。“靶向”重构人才培养体系，新增大数据技术、智能制造、人工智能等专业。“融通”培养产业精英，20 个工科专业通过工程教育等专业认证，进入全球工程教育“第一方阵”。

二是在打造拔尖人才新样板上下功夫。建设书院制“2011 学院”，与中国科学院过程工程研究所、中国科学院上海硅酸盐研究所、中国科学院苏州医工所合作开设“英才班”，培养相关领域关键核心技术的拔尖人才。

三是在开拓技术人才新境界上下功夫。建设校企合作开放式联盟，打造一体两翼的产业学院生态。入选首批省级重点产业学院建设点。多年来培养了一大批行业领军人才。

2. 聚势学科一体化，“共振式”赋能产业

探索以内涵建设一体化为核心之义、学科团队一体化为落脚之点、产学研一

体化为发展之根、科学管理和资源配置一体化为保障之基的“四位一体”学科一体化建设模式。化学、材料科学、工程学、生物学和生物化学四个学科 ESI 排名全球前 1%。学科建设与产业转型升级同频共振，强化“化工 +”学科建设，推进本质安全与绿色智能；组建智能制造研究院等，推进以高效化、绿色化和智能化为目标的过程工业智能优化制造。

3. 聚合全链条创新，“嵌入式”对接需求

一是原始创新，做深做精。建立“0-1-N”的成果产出机制，构建全流程完整创新链条，打通科技成果转移转化渠道，促进成果在各行各业的推广应用。先后在 *Nature* 和 *Science* 上发表期刊论文 8 篇，子刊论文 68 篇。

二是标志成果，顶天立地。以国家重大战略需求为导向，“十三五”以来学校相关团队主持国家重点研发计划 12 项，国家基金重大重点及人才团队项目 23 项。学校科研成果各级各类科技获奖 151 项，其中国家科学技术奖 6 项。新增工业和信息化部“面向工业催化领域创新成果产业化的公共服务平台”建设项目，助力石化行业转型升级。

三是成果转化，实干实效。学校获批全国首批高校科技成果转化示范基地、国家技术转移示范机构等。“十三五”以来，学校申请专利 3 785 项，授权专利 2 242 项；获第二十一届中国专利奖银奖 1 项、优秀奖 1 项；建成 15 家新型研发机构，在南通、苏州、连云港等地建设产业研究院；衍生了以新材料、生物技术、先进能源等为核心技术的 100 多家学科型公司。

四是机制改革，先行先试。作为江苏省“科技改革 30 条”唯一高校试点单位，学校扎实推进科技体制改革，颁布了 60 余个政策办法，优化人才、信息及技术等资源要素配置。学校入选首批“高校国家知识产权信息服务中心”。

四、聚力区域性互动，“扎根式”服务地方

一是服务产业。面向区域发展重大战略需求，学校以所能对接区域所需，提出一个学科面向一个行业、一个学院面向一个集团公司、一个课题组面向一个企业。开展江苏化工转型发展专项行动，减少“三废”排放近万吨，取得经济效益超亿元。参与化工产业集团化、专业化发展规划，化工产业布局研究等工作。携手省工业和信息化厅联合开展全省化工产业安全环保整治提升攻坚行动，探索化工产业安全环保“江苏经验”，擦亮服务地方“南工大品牌”。持续加强与中国建筑、

中石化等的校企合作。

二是服务区域。打造环南工大知识经济圈，与国家江北新区、南京市鼓楼区等达成战略合作，建设龙华智谷、工大硅巷。参与南京“两落地一融合”工程，共建16家新型研发机构。建设江苏省新型城镇化研究院、南通高等研究院等特色智库，为城乡创新发展出谋划策。

三是服务国家战略。精准扶贫，科技援西。开展藏区农村饮水水质提升工程；响应对口支援西部科技创新精神，推进与榆林、鄂尔多斯、宁东等煤化工基地合作，践行“山海之约”。积极响应长三角一体化战略部署，建设“南工－滁州科教城”，打造跨区科技合作示范区；发起“长三角高等工程教育联盟”，探索区域高等工程教育高质量发展机制；开展“扬子江流域重化工业绿色发展战略”研究，为长江经济带产业优化和高质量发展建言献策。

经过多年发展，南京工业大学实现了膜分离技术、“生物+”技术、反应分离耦合技术等一大批原创理论研究的突破，在利用技术创新驱动产业发展方面，取得了国家及江苏省的高度评价、主流媒体的广泛报道和社会各界的一致认可。

乘风好破浪，创业正当时！南京工业大学会坚持把推动社会经济高质量发展的责任扛在肩上，为回答好新时代大学之问、描绘好创业型大学蓝图砥砺前行！

2020高等教育国际
2020 Annual International Forum on
加快推进大学治理体系和治理

地方高校服务区域发展的探索与实践

——以青岛大学为例

夏东伟
Xia Dongwei

青岛大学校长

听了大家的发言，我感到，对于中国大学的使命、大学的逻辑，我们的认识是一致的。同样，在新时代新理念新格局背景下，我们都面临如何服务国家发展、民族复兴的问题。今天，我从认识、行动和成效三个方面分享一下自己的感受。

一、认识

高等教育发展到今天，已经进入转型发展的关键时期。在这一形势下，地方高校更应该关注如何转型发展。我这里有一组来自青塔微信公众号的公开数据：地方高校从数量上，约占中国高校的 95%；本科生培养规模上，约占中国高校的 94%；研究生培养总量上，约占中国高校的 51%。由此看出，地方高校为吸纳当地考生、培养人才、服务区域经济发展提供了坚实的支撑，构成了中国高等教育的主体和中坚力量。

地方高校如何在转型发展的过程中实现高质量发展，是我国建设教育强国的一个重要命题。地方高校如何发展？如何对自身的优势和不足进行清醒的认识和判断？我们认为，一是把融入区域，特别是融入城市的发展作为战略选择，承担起为区域发展提供战略科技支撑、人才支撑的历史使命；二是把解决区域发展的重大问题作为主攻方向，每一个区域都承载着国家的发展战略，地方高校服务区域承载的国家战略就是服务国家的重大需求，这是我们义不容辞，也不能回避的责任；三是把人才作为支撑发展的第一资源。

青岛大学与青岛市相伴而生，于1993年由四所学校融合发展而成，在地方高校中规模较大。现有 36 个学院和医学部，目前在校生约 43 000 人。对于办学定位，我们进行了长期的思考并形成共识，青岛大学作为以城市命名的学校，应自觉把学校作为城市的一部分，我们提出“青岛大学是青岛的，也是世界的，服务青岛就是服务世界，青岛大学应该成为青岛这座北方海滨城市的亮丽名片”，所以我们把“立足青岛、融入青岛、服务青岛”作为学校的战略选择。

二、行动

（一）坚持把人才作为支撑发展的第一资源

按照大学逻辑，教师的水平直接决定了大学的水平。只有构建具有竞争力的制度体系，才能激发人才内生动力，做到激活人才存量、做强人才增量。一是分类施策深化人事制度改革。通过快速引进有竞争力的青年教师，实现教师队伍结构性的变化，这是我们采取的主要策略。二是加大高层次人才引进力度。发挥城市优势，引进了一批高层次人才，尤其是青年人才。三是强化人才队伍培养。推行首席教授、特聘教授、青年卓越人才工程，提升培养水平，营造青年教师成长的氛围。四是探索人才成长的组织模式。强化校直属科研机构的建设和考核，加快构建基于竞争力的人才制度体系。山东省从 2015 年开始把正高级职称的评审权放到学校，我们参考国际先进经验，结合学校实际，实行了校聘教授岗位制度。学校用综合评价的学术标准评聘教授，不限制数量，极大地激发了教师职业发展的内生动力。

青岛是一个国际化特色鲜明的沿海开放城市，学校坚持“打青岛牌、唱国际歌”，发挥城市优势，获批了国家“111”创新引智基地，依托创新引智基地，组建学科集群，面向海内外，特别是面向发达国家引进了一批人才。

（二）坚持自主创新，服务区域经济社会发展

高校如何融入区域经济社会发展，这与学校的定位和学科积淀有着直接关系。青岛大学医学教育区位优势明显，教师教育在城市中具有竞争力，工科行业特色鲜明，按照学校的学科优势和特点，对接城市发展的需求，从五个方面坚持自主创新，寻求重点突破。

一是精准对接青岛经济社会发展的需求。习近平总书记对青岛的发展非常关心，2018 年青岛成功举办了上合峰会。青岛是中国北方的制造业城市，是中国北方 3 个 GDP 过万亿元的城市之一。学校与海尔、海信、澳柯玛等一大批企业签署战略合作协议。与海尔共建国家工业互联网应用创新推广中心；与海信共同组建

海信人工智能学院，“把海信的问题搬到学校，把专业建到海信研发中心”。

二是以大健康产业链布局医学学科发展。医学学科是学校的传统优势学科，学校发挥医学教育的优势，服务青岛健康产业布局，发起成立山东省医学教育联盟，整合社会医疗资源。学校附属医院历史悠久、规模较大，2019 年门急诊量超过 597 万人次，居全国第 4 位，复杂手术量居全国第 3 位，器官移植手术数量和质量连续五年位居全省第一、全国前列。2020 年的新冠肺炎疫情阻击战，医院先后派出 3 批 143 位医护人员驰援武汉，医院同时承担青岛和日照两市防控救治工作，获中央、省委多项集体和个人表彰，赢得社会各界广泛赞誉。

三是做大做强师范教育。学校开展青岛市普通中小学名师、幼儿园名师和园长培养工程，并成立青岛大学教育集团、山东青大教育集团，挂牌一批附属中小学，服务区域基础教育发展。

四是搭建校地融合发展的合作平台。学校与山东一些地市签署战略合作协议，共建创新研究院。纺织服装在山东省是万亿级的产业，每年产值 1.2 万亿元，山东省纺织企业 70% 的高管、80% 的技术人员毕业于青岛大学纺织类专业和学科。学校与康平纳集团、东华大学共建国家先进印染技术创新中心，这是国家第 17 个制造业创新中心，也是山东省第一个制造业先进技术创新中心。

五是文化传承创新。由青岛大学歌剧艺术中心牵头，音乐学院、美术学院、纺织服装学院、新闻与传播学院等通力合作、布局新文科、各展所长，原创了系列歌剧，包括《敦煌之恋》《莫高窟》《韩信》等，整合了相关学科的艺术创作能力，在艺术表现上做了全方位的创新性探索，为大力推进优秀传统文化传承创新，推动区域文艺事业的繁荣发展作出了新贡献。

三、成效

一是学校肩负着培养担当民族复兴大任的时代新人的重要历史使命。改革开放以来，学校共培养了 40 余万名毕业生，遍布世界五大洲，为人类社会发展和文明进步作出了重要贡献。

二是校友多数留在青岛工作，服务青岛。每年为社会输送的万余名毕业生中，近 60% 留在青岛就业创业。据统计，2/3 以上的青岛上市公司 CEO/CFO、1/2 以上的青岛中小幼学校校长、1/2 以上的青岛各大医院科室主任毕业于青岛大学。

三是学校综合实力稳步提升。临床医学等 8 个学科进入 ESI 全球前 1%；去年

18个专业获批国家级一流本科专业建设点；系统科学学科入选“2020软科中国最好学科排名”，居全国第2位；在2019、2020软科世界大学学术排名中，连续两年入围世界500强高校。

青岛大学通过融入城市发展，获取了发展资源，赢得了新的发展机遇。我的理解，地方高校发展的关键是找准定位，把融入区域发展、解决区域发展问题作为学校的使命和责任，与城市经济社会发展同频共振，共同谱写城市繁荣、区域发展、大学崛起的新篇章。

CAHE

1983

第三编

建设世界一流大学一流学科

2020高等教育
2020 Annual International Fo
加快推进大学治理体系

勇担大任 敢攀高峰
加快建设一流大学

李元元
Li Yuanyuan

中国高等教育学会副会长
中国工程院院士
华中科技大学校长

女士们、先生们、各位代表：

感谢主办方的邀请，很高兴有机会和大家一起探讨高等教育的一些问题，分享我校发展的一些实践与思考。

我今天主要讲三个问题：一是世界高等教育发展面临的新形势，二是中国高等教育发展的新阶段，三是华中科技大学发展的新思路。

一、世界高等教育发展面临的新形势

21 世纪以来，世界多极化、经济全球化、社会信息化、文化多样化深入发展，全球科技创新进入空前密集活跃期，新一轮科技革命和产业变革正在重构全球创新版图、重塑全球经济结构。科学技术从来没有像今天这样深刻影响着国家前途命运，影响着人民生活福祉。当今世界的综合国力竞争，说到底是人才竞争，人才越来越成为推动经济社会发展的战略性资源，教育的基础性、先导性、全局性地位和作用更加突显。高校作为国家创新体系的关键一环，作为人才第一资源和科学技术第一生产力的重要结合点，肩负着伟大使命和光荣职责。

如何适应新形势新变化，抢抓机遇，快速发展，高质量发展是高等教育需要思考的新课题。为此，世界各国和地区政府纷纷推出以追求卓越为目的的高等教育专项计划，如德国“大学卓越计划”、法国“卓越大学计划”、日本“全球顶级大学计划”、俄罗斯“5-100 计划”（5 所百强大学），以及芬兰、挪威、丹麦、波兰等推出的“卓越中心”计划等。这些计划主要有三个共同点：一是政府高度重视高等教育的全球竞争力和科技创新的引领性，重点建设一流大学或学科；二是强调学术卓越和成果产出；三是鼓励学科交叉融合、鼓励高校与不同机构间的国际国内交流合作。我想这些计划旨在提升各自国家和地区高校的人才培养和科研水平，必将对未来世界大学的发展格局产生深远影响。

二、中国高等教育发展的新阶段

当今世界，构建人类命运共同体逐渐成为国际社会的广泛共识。世界一流大学以更加担当、更加开放的姿态，成为不同文明、不同国家的沟通桥梁，承担着破解人类面临的共性难题、服务人类发展的责任和义务。因此，从一定意义上说，中国建设世界一流大学就是从构建人类命运共同体的长远发展目标出发，致力于培养全球性创新人才，开展跨国科学研究，充分发挥在全球创新体系中的作用，创新文明、造福人类。

习近平总书记在党的十九大报告中指出，建设教育强国是中华民族伟大复兴的基础工程，必须把教育事业放在优先位置，深化教育改革，加快教育现代化，办好人民满意的教育；提出要加快一流大学和一流学科建设，实现高等教育内涵式发展。习近平总书记在全国教育大会上强调，坚持中国特色社会主义教育发展道路，以凝聚人心、完善人格、开发人力、培育人才、造福人民为工作目标，培养德智体美劳全面发展的社会主义建设者和接班人。《中国教育现代化 2035》提出了推进教育现代化的八大基本理念，明确了总体目标，重点部署了十大战略任务，随后印发的实施方案确定了五年行动计划。

中国高等教育正处于爬坡过坎、由大变强的发展阶段，我们要贯彻落实习近平总书记关于教育的重要论述，立足新时代，认识高等教育内涵式发展的必然性、迫切性和重要性；面对新矛盾，加快发展公平优质的高等教育，满足人民群众的新要求；把握新阶段，深化教育教学、科学研究、治理体系和治理能力等方面的改革，提升高等教育核心竞争力。我们要把握大势、抢占先机，直面问题、迎难而上，肩负起历史赋予的重任，立德树人，为党育人，为国育才，争做新时代科技创新的排头兵，支撑和引领国家经济社会发展，为全球可持续发展作出新贡献。

三、华中科技大学发展的新思路

敢于竞争，善于转化，是华中大独有的精神；潜心治学，求实创新，是华中大专有的品质；弘德尚美，砥砺担当，是华中大特有的情怀。建校 67 年来，学校始终站在中国高等教育改革创新的潮头，实现了快速崛起，被誉为“新中国高等教育发展的缩影”。

“双一流”建设启动以来，学校以立德树人为根本，坚持人文教育与科学教育相结合、坚持科学研究与社会服务相结合、坚持大平台战略与创新驱动发展相结合，着力一流人才培养、着力创新引领、着力构建一流的制度体系，全面推进落实五大建设任务和五大改革任务，取得了显著成效。近期我们正在深入推进“六大战略”，加快一流大学建设。

一是德育为先。大学是“育人”而非“制器”，我们一贯坚持育人为本、德育为先，培养具有远大理想、高尚人格、家国情怀、人文关怀和能力完备的优秀人才。近年来，学校加强师德师风建设，强化“文化素质教育”，开设“深度中国”课程，开展“讲好华中大故事”活动，从而使“学在华中大”的品牌更响亮。下一步，学校将持续致力于培养“有灵魂”的卓越人才，全面推进本科拔尖人才培养，落实《华中科技大学关于加快实施一流本科教育改革与建设工程的意见》（简称“本科教育 50 条”）；实施研究生培养质量和创新能力提升工程，加快出台并实施《华中科技大学关于加快实施一流研究生教育改革与建设工程的意见》（简称“研究生教育 50 条”）；深化医教协同育人，建立“医学教育 +”大医学人才培养模式；将学科优势转化为人才培养优势，加强科学研究对人才培养的反哺；结合人工智能等未来科技，创新德育工作方式方法，促进科学教育与人文艺术教育相融相通。

二是学术立校。学术是大学立足的根本，是大学的核心竞争力所在。近年来，学校在多个科技领域取得重大突破，引力中心团队测出国际最精准万有引力常数 G 的成果，入选 2018 年中国十大科技进展，并在最近被编入高中物理教材；强磁场中心创造脉冲平顶磁场强度新的世界纪录。科技创新能力持续增强，近三年作为第一完成单位获得 13 项国家科技奖，其中 2018 年 6 项，列全国高校第 4 位；2018 年全年 CNS 主刊发表论文 9 篇（其中第一作者 6 篇），子刊发表论文 66 篇。顶尖学科逐渐形成，第四轮学科评估 4 个学科评为 A+，14 个学科评为 A 类。国际国内竞争力明显增强，9 月我校 ESI 全领域排名全球第 235 位，2019 年我校进入软科世界大学学术排名第 101—150 位，列中国大陆高校第 5—8 位，中国最好大学排名并列第 7 位。未来，我们要面向国家重大需求和世界科技前沿，着力加强基础和应用基础研究；瞄准“高精尖缺”，组建大团队、建设大平台、组织大项目，解决“卡脖子”问题；要推进“医学 +”模式；建设高端哲学社会科学新型智库；

优化学科版图，强化多学科交叉融合，为民族复兴缔造“大国重器”，为人类健康和世界文明作出更多贡献。

三是人才强校。教师强则学校强，大学声誉的高低、学术实力的强弱，无不与一流人才息息相关。学校坚持引育并举，连续举办7届东湖论坛并成功打造海外版。高端人才规模快速增长，2016年以来新增院士2人、外籍院士1人、“万人计划”领军人才35人、“万人计划”青年拔尖人才25人、国家杰出青年科学基金获得者18人（含公示5人）、国家优秀青年科学基金获得者22人等。团队建设成效显著，新增国家自然科学基金创新研究群体项目5项。未来，学校将不断健全人才发展激励支持体系，升级“华中学者计划”，突出学科领军人才和青年拔尖人才培养和引进，做优做强博士后队伍，打造一流的人才队伍。

四是创新兴校。创新是引领发展的第一动力，创新是激发活力的第一手段，要以改革创新的思路解决发展中的问题。学校坚持以大平台聚队伍、育人才、促交叉、出成果，近年来科研基地建设成绩斐然。学校“四颗明珠”熠熠生辉，武汉光电国家实验室转设为武汉光电国家研究中心，成为全国首批6个国家研究中心之一；脉冲强磁场实验装置用不到10年的时间，完成了从跟跑、并跑到领跑的跨越式发展；精密重力测量重大科技基础设施初步设计概算获国家发展改革委批复，正在全力推进建设中；国家数字化设计与制造创新中心获批组建。高端数控装备集成攻关大平台已通过教育部科技司组织的专家论证。数字制造装备与技术国家重点实验室在国家评估中获评优秀。在浓厚的创新氛围影响下，我们的在校生在各类创新创业竞赛中都有不俗的表现，大批校友创办的高科技企业蓬勃发展。当前，中国确立了以创新为首的新发展理念，科技发展正从跟跑为主变成跟跑、并跑、领跑并行，正从科技大国迈向科技强国。我们要适应新形势，保持对未来科技发展的敏感性，加强谋篇布局，推进交叉融合，强化创新引领，如将人工智能与制造、医疗、政法、新闻结合，培育新的学科增长点等。

五是开放活校。开放是大学的内在基因，是大学活力和创造力的基础。近年来，学校积极推进“一校十校”“一院一校”等计划，与世界顶尖高校开展实质性的教学科研合作；已经有8个“111”引智基地，外专引智成效显著；国际学生规模达到3 000余人，生源国别达140余个。同时，学校深度融入国家战略，面向社会开放，积极开展校企校地合作，以服务为宗旨，在贡献中发展。学校建设政产学研一体化的创新链条，在全国布局14个工研院，引领区域产业转型升级，服务区域经济社会发展；为“武汉·中国光谷”形成万亿元级光电子信息产业集群提供了强大的智力和人才支持。未来学校要在开放合作方面强化顶层设计，优化合作网络，与世界一流大学和科研机构、国际知名企业、有关地方政府等建立深层次实质性合作关系，提升创新活力，增强可持续发展能力。

六是文化荣校。大学既是科学技术创新的中心，又是先进思想和文化形成与传播的中心。一流大学要涵养历久弥新、凝聚师生、示范社会的大学文化，使之成为学校发展进步的不竭动力和永葆生机的源泉。近年来，校园文化建设内涵更丰富。《把“冷板凳”坐热》《以奉献书写不凡的人生》《护心跑男》等作品，被人民日报、央视新闻等众多媒体报道，引起社会强烈反响；“公德长征，我们永远在路上”入选教育部“礼敬中华优秀传统文化”示范项目；学校龙舟项目获批教育部第一批中华优秀传统文化传承基地。坚持文化荣校，我们要注重文化浸润、感染、熏陶，既重视显性教育，也重视潜移默化的隐性教育，强化师生思想教育和价值引领，夯实教育之基；加强基础设施建设，新建一流的游泳馆、音乐厅等，加强和发展美育、体育，使师生员工在华中大求科学之真、涵人文之美，让科学之光与人文之美在华中大交融，美美与共，塑造“有品德、有品质、有品位”的大学精神，形成华中大特有的文化品质。

各位代表，基于以上“德育为先、学术立校、人才强校、创新兴校、开放活校、文化荣校”战略思考，我校将继续发扬勇担大任、敢攀高峰的精神，以高水平学科群、高层次的人才队伍、高起点的创新基地、高素质的创新人才培养和高水准的国际交流合作“五位一体”建设为抓手，坚持立德树人，加快改革开放，力争早日进入领先方阵，跨入世界一流大学行列。

最后，诚挚邀请国内外的各位专家朋友到华中科技大学指导交流，谢谢大家！

CAHE

1983

坚持『五个融合』构建一流人才培养体系

罗 俊
Luo Jun

中国高等教育学会副会长
中国科学院院士
中山大学校长

扎根中国、融通中外、立足时代、面向未来，加快建设世界一流大学和一流学科，是新时代中国高等教育改革发展战略的重要内容。只有扎根中国，才能更好地迈向世界一流。这一深刻认识已经成为中国大学推动改革、创新发展的基本共识和行动自觉。

在推动大学发展的治理实践中，中山大学越来越理解“中国特色世界一流”的深刻内涵。所谓“中国特色”，我们的理解就是要体现社会主义教育的根本属性，它最大的特征就是党委领导下的校长负责制这一治理模式和立德树人这一根本育人目标。所谓“世界一流”，我们的理解是大学这一知识型组织具有特有的发展规律，那就是当今世界所有一流大学无一不是与自己国家民族发展历史紧密相连的。所以，中山大学提出了世界一流大学“三个首先想到”的标准，即“国家首先想到、社会首先想到、学界首先想到”，这是我们正在努力的方向和目标。

时代总会不断赋予大学新的职能，但纵观近千年的世界大学发展史，培养一流人才始终是大学最根本的价值追求。习近平总书记提出立德树人是大学的根本任务，正是对大学这一根本价值和历史规律的深刻昭示。如何构建一流的人才培养体系，实现立德树人的根本目标，是历史给我们教育工作者出的“时代考卷”。结合中山大学的工作实际，我从五个方面谈点理解和认识。

一、坚持德育与智育融合

大学阶段是青年形成和确立世界观、人生观、价值观的关键阶段。高等教育“以育为本、立德为先”的理念，符合青年人成长的基本规律。

首先，思想政治理论课是落实立德树人根本任务的关键课程，是学生提高政治理论素养、增强辩证唯物思维、接受国情知识信息的关键载体，是大学培养社会主义建设者和接班人的支撑课程。其次，“课程思政”是落实立德树人根本任务的支撑体系。思政课不能是独立的一盘一盘菜，而应该是炒菜离不开的这味“盐”，要融汇渗透到每门课里、每次课堂上。目前，我们已有376门专业课程开展课程思政试点教学，计划在“十四五”期间基本实现所有专业课程的全覆盖。

二、坚持学科与专业融合

我国“双一流”战略明确提出把建设一流学科作为建设一流大学的前提基础。学科建设是世界一流大学发展的内部规律，是现代大学内涵式发展的重要基础，也是我国社会主义教育事业的突出特色。学科是特定的知识体系，专业则是人才培养的基本单元；学科建设是专业持续发展的基础，专业则是学科建设的根本依托，更是检验人才培养水平的根本标准。学科与专业都是人才培养的基本载体，具有一体两面、相辅相成的内在关系。

近年来，中山大学根据学科发展总体布局，进行了比较彻底的学科与专业调整，凝练学科发展方向，强化学科与专业一体两面的关系。目前，全校88个专业都有支撑一级学科发展的明确任务，各专业人才培养的目标和方向更加清晰。经过“一减一增”调整，我们的学科结构与专业结构更符合一流人才培养的规律和需求。2019年国家级一流本科专业建设点评选，中山大学34个专业入选，这个成效很大程度上得益于我们近年来紧抓学科与专业融合的改革实践。

三、坚持科研与教学融合

科教融合、科研育人是一流大学办学治校的重要理念之一。当今世界新一轮科技革命和产业变革奔腾而来，对大学输出创新人才、输出创新成果提出了新的要求。只有推动高水平的科研创新优势与高层次人才培养能力之间的相互转化，才能实现用最优秀的人培养更优秀的人，用创新型人才培养学生的创新能力。

科教融合的核心是解决“两条腿走路”的协同问题。近年来，按照“面向国家重大战略需求、面向国家和区域经济社会发展、面向学术前沿”的指导思想，我们摸索出大项目、大团队、大平台“三大建设”特色路径。我们自主投入近20亿元，开展“三大建设”，积极承担国家任务，建设国家重大创新平台，科研创新能力和水平有了显著提升。

科教融合的根本在于培育人才。首先，我们用五年的时间，把教授上本科生课程的实际比例从67%提高到95%，同时建立了一支200余人的青年教师专任辅导员队伍，全部由副教授以上的优秀教师组成，加强学生的思想引领和学术引领工作。其次，推动创新成果向教学资源转化。五年来，我们的本科专业开设学术前沿课程已经实现全覆盖。最后，拓展学生研究性学习和实践的时间和空间。学校的科研实验室、科研基地向本科生开放，鼓励学生早进课题、实验室和科研团队，引导学生依托科研项目进行科学研究，领悟创新探索中的经验和教训。

四、坚持本科生培养与研究生培养融合

一流大学的人才培养，既要坚持以本为本，高度重视本科生培养；也要坚持以严治研，不断提高研究生培养质量；更要坚持贯通培养，让更多的青年进入足够的培养周期，更多地进入国家急需的高层次人才队伍。

在维持本科生规模不变的前提下，我们抢抓研究生教育发展的历史机遇，在教育部的大力支持下，加快扩大研究生培养规模。统计显示，2020年学校有65.2%的本科毕业生选择继续深造。我希望五年后这个比率可以达到80%左右。这样的变化重塑了学生整体向学求学好学的学风和氛围。

五、坚持第二课堂与第一课堂融合

课堂教学是人才培养的主渠道、主阵地，课程体系是课堂教学的关键依托。近年来，中山大学把提高课程体系的科学性、完备性和竞争性作为育人体系改革的重要抓手。一方面，全覆盖地重新修订人才培养方案，按照通识、基础、核心、提升四大类，完善第一课堂的课程体系；着力补足体育、美育和劳动教育的课程设计，五育并举提升学生综合素质素养。另一方面，加大第二课堂建设的支持力度，学校每年投入2 000万元支持第二课堂重点项目，促进第一、第二课堂的融合发展。

坚持“五个融合”，是中山大学塑造一流人才培养体系过程中遵循的方法和路径。作为中国高等教育的一分子，中山大学坚持开放办学的理念，积极向国内

外一流大学学习先进的办学经验，努力为世界高等教育交流互鉴、携手发展贡献自己的思考与探索。我相信，在以习近平同志为核心的党中央坚强领导下，新时代我国高等教育事业必将实现高质量发展！

经济待发达地区建设世界一流大学的实践与思考

严纯华
Yan Chunhua

中国高等教育学会理事
中国科学院院士
兰州大学校长

“双一流”建设以来，兰州大学紧盯国家战略和区域发展需求，紧扣学校“双一流”建设总体目标，以人才培养为核心，以学科建设为基础，以队伍建设为突破，加强改革引领和重心下移，创新管理体制机制，积极探索在经济待发达地区建设中国特色世界一流大学之路。

一、坚守底色，强化内涵，建设一流本科教育

探索创新人才培养模式。成立萃英学院，系统实施基础学科拔尖学生培养试验计划。围绕立德树人根本任务，从体制机制、师资选聘、学生选拔、培养模式、国际交流等方面进行探索实践，构建了基于学校定位、特色与优势的基础学科拔尖人才培养模式。

加强教师教学能力建设。成立党委教师工作部、教师教学发展中心，出台《本科专业“主干基础课程教学团队”建设方案》。开展教师成长培训活动，举办“好笔记、好作业、好答卷、好教案”展示和青年教师讲课比赛活动。聘任退休教学专家担任教育教学顾问，开展同行评教、教学督导、教学调研和教学传帮带，形成了兰大特色教学能力提升帮扶模式。

实施课程体系改革。开设“兰大导读”“大学语文”“文科物理”“数学文化”等通识教育课程，以及特色方向专业选修课。开设锅庄舞、武术等具有地区文化底蕴的体育教学特色项目。“大学英语”“大学信息技术与基础”课程实施分级教学，增设外国文化、语言技能，以及应用拓展类的公共外语选修课程。推进“课程思政”立项及专项研究，开展“课程思政”示范课程讲课比赛。启动人才培养方案修订工作，强化创新创业教育。

完善过程管理与评估机制。推进本科生学业评价改革，强化学生日常考核和综合考评，实行毕业论文全检制度和专家抽查制度。全面推进本科生导师制，实施“两早计划”，帮助学生“早进实验室、早入科研门”。加强学生学业督导，全面取消毕业生清考制度，在“大学英语”“普通物理”“高等数学”中试行“月考制度”。实施本科生学业预警。完善自我评估机制，每年向社会发布上一年度本科教学质量报告。

二、扎根西部，彰显特色，建设世界一流学科

服务战略，凸显特色，建设世界一流学科。坚持“兴文、厚理、拓工、精农、强医”的学科建设思路，围绕科教兴国、生态文明建设、乡村振兴等国家战略和“一带一路”倡议，重点建设化学、大气科学、生态学、草学 4 个一流建设学科，以及地理学、力学、核科学与技术、民族学、敦煌学等优势特色学科。

交叉融合，资源共享，创新学科组织模式。在 4 个一流学科及特色学科的基础上，组建 7 个学科群，加强学科交叉融合，推进学科群内资源共享、协同创新。成立了“一带一路”研究中心、祁连山研究院、乡村振兴战略研究院、生态学创新研究院、泛第三极生态环境与气候变化前沿科学中心等一批实体性创新研究机构。

目标导向，分层支持，改革资源配置机制。统筹“双一流”建设资金配置，解决条块分割、多头管理、重复投入等问题。坚持“建设一批、谋划一批、储备一批”的思路，对具有不同发展基础和前景的学科实施差别化资源配置。实行项目制，实现权责一致的经费调配模式。实施一院一策，落实以学院为主体的目标考评机制，制定分类考评指标体系，与学院签订目标任务书，加强对“双一流”建设目标的引导。

三、“稳、培、引”并重，建设一流师资队伍

“稳、培、引”并重，深化人才体制机制改革。优化制度体系，实施“萃英人才建设计划”，制定讲席教授、兼职教授、外籍教师等聘用管理办法，把高层次领军人才、学科带头人、中青年学术带头人作为引进的重点。拓展青年教师发展通道，制定实施青年教授、青年研究员师资博士后聘任管理办法，完善拔尖青年教师破格晋升政策，形成青年人才阶梯式发展的“蓄水池”。

“请进来”,“送出去”，拓展人才延揽渠道。面向海内外公开选聘部分学院院长，6 名海内外高层次人才应聘为学院院长，其中 3 人已受聘国家级特聘专家。完善培养培训机制，通过青年骨干教师项目、国家公派项目，选送教师出国留学、做博士后研究。赴美国、加拿大、新加坡、德国等地延揽人才，2018 年共引进人才百余人，师资队伍总规模较上年度增加 5%，包括双聘院士 5 人。

完善保障机制，优化人才发展氛围。完善人才配套政策，提高人才待遇标准，强化人才政策吸引力，通过支持住房补贴、安家费、科研项目配套经费等方式，分层分类为人才提供支持与保障。完善以增加知识价值为导向的收入分配制度，绩效工资分配向教学一线倾斜。提供一对一“保姆式配送”服务。建立高层次人才健康档案和医疗保健“绿色通道”，改善附属学校、幼儿园环境，解除人才工作生活的后顾之忧。

四、在待发达地区建设世界一流大学的经验与启示

不忘初心。兰州大学的发展始终以高水平的本科教学为基石，坚守人才培养质量这一初心，把本科教育作为立校之本、强校之基和生存发展的生命线。

特色发展。兰州大学在经济待发达地区建设世界一流大学，特色发展是战略选择，集中力量发展优势特色学科、在科学研究方面重点突破是关键。

服务需要。作为黑河－腾冲线以西的唯一一所部属重点大学，兰州大学的建设发展始终与服务西部发展、落实国家战略、关注国际重大问题相得益彰、相互促进。

坚守奋斗。兰州大学始终坚守办一所好大学的信念，形成了“自强不息、独树一帜”的兰大精神和“艰苦奋斗、争创一流”的价值追求，支撑引领事业发展迈上一个个新台阶。

CAHE

『双一流』建设和评价指标体系建设的若干思考

史静寰
Shi Jinghuan

中国高等教育学会学术委员会委员
清华大学教育研究院教授

世界一流大学建设是一个长期的过程，“双一流”建设评价指标和体系建设既要有长期稳定的目标，也要适应特定阶段的建设特点。

一、“双一流”建设及评价的目标定位与战略意义

自20世纪50年代以来，在国家重点大学建设计划多年支持之下，我国高水平大学建设取得巨大进展。90年代以后，全球化浪潮推动下的高科技及知识经济竞争受到更大关注。各国竞相发布有各自特点的世界一流大学建设计划。简单梳理全球化背景下我国建设世界一流大学的进程，可以看出：我们对世界一流大学内涵的理解、建设重点，特别是如何处理同已经确立地位的国外世界一流大学的关系，经历了不同发展阶段。

90年代以“211工程”和“985工程”为代表，可以称之为“**打好基础，迈进门槛**”阶段。我国重点大学建设重点是了解国外已有世界一流大学的基本标准，在外显、客观、可比指标上达到世界公认的一流水平，具备进入世界一流大学队伍的基本特征。这个阶段也可称为追求“形似”的阶段。

到21世纪的第二个十年，我国顶尖大学在主要可比指标上已经比肩西方名校，以“双一流”建设为代表，我国重点大学建设进入“**强化特色，煅铸魂魄**”阶段。重点是建设国家急需、打造中国特色，使扎根中国大地的高水平大学具备中国教育的灵魂和气派，建设进入注重“神备”的阶段。

我国“双一流”建设更长远的目标是在2035—2050年及以后，“一流大学和一流学科的数量和实力进入世界前列”。这一目标能否实现，取决于建设高校能否抓住这二三十年发展的良好时机，树立清晰稳定的建设目标：努力将世界水平

与中国特色融合在一起，在尊重和遵循教育发展内在规律的基础上，增强并用好政府政策激励和高校自为努力的作用。可以说，使我国的一流大学和一流学科具备“内外统一”“神形兼备”特征是“双一流”建设的持久性目标，也是建设的更高阶段。

综上所述，中国自20世纪90年代开始的一流大学建设是长期布局、系统建设的过程，这一过程及目标与中国社会更宏观的实现中华民族伟大复兴大业的“两个一百年”奋斗目标及阶段划分相一致，充分彰显了大学与国家发展之间密不可分的联系，也奠定了我们对“双一流”建设成效进行评价不可缺少的功能基础。

二、“双一流”建设及评价的重点与难点

我国高校评价体系存在的问题已经被政府文件、社会舆论和学术研究反复提及，概括起来可以分为以下四个方面：一是缺乏整体视角，抽离了高校所在的社会情境和变化历程，未能整体审查高校发展的内外部质量，及高校与学科、高校与学生、高校与区域发展等主体之间的关联性；二是标准固化，未能多角度挖掘我国高校自主发展的独特模式，提炼我国高校发展的特殊经验；三是方法单一，过于强调量化数据和方法，没有从实践中探究我国高校类型的多样性对评价方法丰富性的需求和改进方向；四是独立性不足，评价与行政关联度过大，“指挥棒”作用被放大，评价结果的应用产生较大偏差。

对现有评价体系所存问题进行批评性分析比较容易，但正如教育部负责人谈《深化新时代教育评价改革总体方案》时所说，“教育评价改革是一项世界性、历史性、实践性难题”。要构建“符合中国实际、具有世界水平的评价体系”，既需要“重点攻坚”，在当前打好“最硬的一仗”，也要求具有“久久为功的韧劲”，不能指望“毕其功于一役”，而要进行“系统设计、辨证施治、重点突破”。

三、“双一流”成效评价的新思路与新方法

清华大学课题组从评价理念的创新、评价内容的改进和评价技术的突破等方面对“双一流”建设标准和评价体系进行探索性研究。

（一）构建评价指标体系的 VIP 原则

VIP 原则包括价值理念（Value）、指标体系（Indicator）、政策实践（Policy）三大要素。第一，从价值理念上确立扎根中国大地办具有世界水平的大学（中国特色），突出人才培养、立德树人的大学核心使命，强调高校对国家（区域、行业）发展的服务贡献。第二，在指标体系上，构建能体现上述价值追求，又可具体操作的“多维多层多元”评价指标体系，兼顾高校的综合功能和个性特色。第三，在政策实践上突出评价的过程监测、问题诊断功能，评价结果要对改进高校教育教学、提升内涵质量有政策和实践影响。

（二）丰富评价内容，改进评价结果呈现方式

客观有效地评估“双一流”建设成效，需构建更加丰富、多元、综合的指标体系，综合评价当前我国高等教育发展所强调的高质量内涵式发展的建设要求，反映立德树人、创新质量、服务贡献、治理体系和治理能力现代化的建设方向。课题组探索建立的高校综合功能评价体系，主要以人才培养为中心，强调高校的学术发展、社会贡献、高校治理体系能力建设以及国际化等维度，对建设高校和学科在各维度的数量和达标（Quantity and Reach）、质量和标准（Quality and Standards）、影响和价值（Impact and Value）进行全面评估和呈现。

（三）评价技术上的探索与突破

1. 开发清单式代表性论文评价平台

现有科研论文评价方法之所以对科研生态存在负面影响，原因之一就是盲目追求发文量和高引文数量，作者或单位可以通过有目的有组织的自引、合作者互引等方式提高引用量，进入高引论文行列。有些期刊也通过鼓励自引、期刊发文的互引、控制发文数量等手段来改变期刊影响因子，满足研究者更愿意投高影响因子期刊，做与主流研究导向相一致的研究意愿。为破除五唯，不数论文数量、不唯SCI、不唯影响因子，课题组尝试提出新的科研论文评价方法，基于大数据技术，开发了清单式代表性论文评价系统，优化现有期刊论文质量评价指标，构建更加科学的科研论文质量评价系统。评价系统充分考虑了论文刊载期刊（会议）的学术声誉、论文被科学共同体关注和使用的情况以及论文的学术影响和社会影响。

2. 定量评价与定性评价相结合

课题组在设计评价体系时，注重定量定性指标相结合，兼顾横向可比与特色

凸显。其中定量指标侧重评价的客观性与横向可比，凸显“世界一流”的取向。定性指标则侧重高校/学科的多元特色，凸显“中国特色”的内涵。定性指标能够突出过程性评价，反映高校改革背后的质量与潜力，凸显不同类型大学的特色，鼓励多元化发展，更好体现不同类型高校基于自身特点为国家（区域、行业）作出的深度实质性服务贡献，而非论文产出数量等纯客观数字。定性材料主要通过专家评议的方式，提升定性评价的专业性、科学性。课题组结合国家教育方针政策、“双一流”建设聚焦问题、高校建设及总结报告等，设置专家评审要点指南，明确指标内涵、评分标准，降低定性评价潜在的随意性。强调从突破性、创新性、特色性的角度实现对定量指标的补充。

3. 拓宽评价证据来源并相互印证

在评价证据上，需要改变单一主体的评价视角，基于多元主体视角，采用多种来源数据相互印证，力求得到更准确客观的结果。例如，通过政府监测数据、学校填报数据、第三方评估、在校生与毕业生调查、用人单位调查等多来源数据，获得更全面、相互验证支撑的评价结果。以“立德树人”这一指标为例。可采用的数据来源包括：政府监测的学校对相关政策执行情况，如“思政教师与学生比例”等定量数据；学校填报的“思政课程与课程思政开展情况写实”等质性数据；第三方评估获得的思政师资队伍水平的“最美辅导员”“思政教师择优资助项目”等数据；通过在校生学情调查获得的大学生学习投入及收获数据；通过用人单位调查获得的毕业生职业胜任力及职业道德水平发展数据等。

四、结语

建设高质量教育体系是党的十九届五中全会明确提出的“十四五”期间的重要任务。扎根中国大地建设世界一流大学是一项长期工作，需要国家的顶层设计和持续投入，更需要高校长期不懈的建设积累和关键时刻的创新突破。构建符合中国实际、具有世界水平的教育评价体系，是我们正在进行、必须完成的历史性任务。

在全球变化的时代重新定义大学的使命

〔日〕坂田一郎
Ichiro Sakata

日本东京大学副校长

东京大学倡导要构建知识密集型社会和包容型社会，将其作为未来理想的社会形象，并称之为“社会 5.0”。我们人才培养的目标是打造“知识型专业人才”，即培养拥有知识，善于创新和发现，并能够在全球舞台为人类作出贡献的人才。下面我将介绍东京大学为创造更美好的未来社会所开展的活动情况。

一、疫情背景下东京大学的应对

面对全球新冠肺炎疫情的挑战，如何平衡疫情防控和经济复苏是我们迫切需要解决的问题。科研与教学是大学最主要的人际交往活动，由于疫情的影响，线下会议和学生交流活动变得更加困难。但同时，我们也发现各种在线工具比预期更为有效。即便今后新冠肺炎疫情结束，越来越多的大学活动仍将以在线的方式进行，这就是我们所说的“新常态”。2020 年 4 月以来，东京大学举办的大多数讲座都是以在线方式进行的。此外，我们设置了校园活动限制指标，通过监控教室和单个实验室的用电量，实时观测学生和员工的校园活动；通过了解手机接入基站的情况，密切监测人员的活动级别，竭力降低校园感染风险。虽然疫情突如其来且影响范围大，但东京大学已经做好了充分的应对准备。

二、“东京大学 2020 愿景”及已有成效

2015 年 4 月，我们制定了为期 6 年的行动规划，即“东京大学 2020 愿景”，主要目标是通过完善管理体制，增加自主权，使大学发展更具前瞻性。基于“鼓励卓越和多样性协同发展”的基本原则，东京大学致力于成为学术合作的全球基

地，为 21 世纪全球社会作出贡献。

（一）卓越的研究

学术的生命力来自多样性和差异性。为此，我们一直致力于推动跨学科的研究。一方面，我们建立了稳定的青年研究人员队伍，提高青年教师终身聘用的可能性，努力实现收入来源多样化、收入分配透明化。另一方面，我们建立了“东京学院”，打造全球拓展和交流的重要平台。2020 年，东京学院举办了一系列关于新冠肺炎疫情的研讨会，吸引了公众和专家的关注。

（二）教育领域的成就

近期，我们的重要工作是让学生接触国际环境，在世界舞台上发挥积极作用。我们为学生开展了一些新项目，其中包括被称为“全球门户”（Go Global Gateway）的国际综合能力认定制度。该制度的功能之一是评估学生的国际化能力，并以此进一步激励学生参加国际活动。另外，该制度还对东京大学的众多国际交流项目进行分类，并向完成一定数量且符合标准的学生颁发证书。2018 年推出该制度时，当年报名参加的学生只有 416 人，而现如今已超 2 500 人。2020 年，由于疫情的影响，虽然有部分项目被迫取消，但仍有一些活动通过在线方式进行，参加人数较上年也有所增加。

（三）积极参与社会合作

为了加强与私营企业的联系，我们推出了一项新的伙伴合作关系计划，已吸引了日立、日本电气、大金、软件银行、IBM、三井不动产和立邦等企业参与。此外，我们积极推动“东京大学门户”（The UTokyo Gateways）倡议活动，目的是推动东京大学成为接触国际领先企业、先进技术以及强化国内产业生态系统的中心枢纽。2019 年，东京大学和 IBM 确立了“日本 -IBM 量子合作伙伴关系”。这是一个广泛的国家合作框架，其他大学、行业和政府也可以加入。2020 年 7 月，东京大学和 IBM 又推出了量子创新倡议联盟（Quantum Innovation Initiative Consortium），进一步提升了日本在量子计算机科学和技术方面的领先地位。

（四）大学运转过程中的行政改革

东京大学的年度预算约为 2 500 亿日元（约合 25 亿美元），其中大多数是专项预算或是用于师资及独立研究员的经费，而一些真正革新的活动却很难募集到资金。我们通过参与“未来社会倡议”（Future Society Initiative）等新的项目活动，挖掘并利用大学的资源，改变当前现状。在过去的6年中，我们做出诸多努力强化财政基础管理的举措，包括降低成本、加强产学合作、吸引资金、在校内推行透明和有竞争性的预算分配制度等。在改革之前，学校各教研室的年度预算基本固定，灵活性不大。为此，我们引进了新的开放性系统，设置一定比例的竞争性项目。每个教师和研究院都可以提出符合大学使命及愿景的新项目计划，随后在全校范围的委员会上审议确定。这项活动推动产生了许多“自下而上”的建议，强化了跨组织的协作研究。目前，分配给院系的年度基本预算中有51%是用于实现大学愿景的项目。

（五）改变社会的平台

国际研究型大学联盟（International Alliance of Research Universities）是由来自9个国家的11所优秀大学组成的合作联盟。在新冠肺炎疫情期间，我们通过校长热线与其他成员高校的校长进行交流，并将讨论的出发点和落脚点归结到打造“改变社会的平台”目标之中。我们强调科学研究、技术和创新、社会体制和经济机制这三部分必须协调一致，才能创建包容型社会。我们把大学作为社会变革的平台，让政府和私营部门参与创建“社会5.0”的想法在形成伊始是相当新颖的。基于过去6年取得的成就，我们正在努力为未来几十年的发展制定新的规划，即“2020年后东京大学愿景”，该规划包括后疫情时代新的全球战略、促进数字化、创建包容型校园和社会。

（六）“新常态”下大学发展新模式

东京大学除了在研究和教育方面的表现不俗以外，其优势是校园安全和低收费、高质量的教育。在这样一个研究和教育费用昂贵、社会不稳定的世界里，这些优势弥足珍贵。疫情的影响令我们对自身的价值观、日本模式和文化潜力有了全新的认识。作为一所全球化大学，我们必须要创造独特的教育愿景和管理模式，支持学校可持续发展；要筹集可以自由使用的管理资金；要探索构建新的治理体系。在金融方面，我们计划通过大学债券调动资产，希望投资者认可学校的无形资产，并通过购买债券支持学校发展。此外，大学债券能敦促我们在投资上做出更自主的决定。日本政府在2020年6月修订了相关规定，允许大学发行债券。这次修订是我校向政府提议的结果。除了传统的“项目融资”制度外，我们还通过采用“企业融资”实现还款来源多样化，把更多的资金投入到教育和研究项目中。东京大学刚发行了一种40年期的社会影响债券，已募集到200亿日元。作为日本第一所发行此类债券的国立大学，我们的目标是在10年内至少筹集1 000亿日元。这不仅是实现财政资源多样化的有效举措，更有助于建立一种新的机制，促使大学可以在政府拨款之前进行前期投资。

三、东京大学的新角色

在现存的经济和社会中，东京大学不仅仅是活跃的参与者，我们计划带头开辟一条新的道路，让后疫情时代的世界比当今世界更加美好。面对全球日益加剧的紧张局势，我们深刻地认识到和谐对于全人类的重要性。现在，我们需要考虑东京大学与美国、欧洲国家、中国和其他地区的大学建立什么样的伙伴关系？如何向世界传达我们大学的愿景？东京大学的管理核心是“持续增长”，我们将努力通过增长为后疫情时代的世界创造新的价值。

高等教育评价体系与『双一流』建设

〔英〕保罗·霍华斯
Paul Howarth

《泰晤士高等教育》首席执行官

〔英〕邓肯·罗斯
Duncan Ross

《泰晤士高等教育》首席数据官

保罗·霍华斯

非常高兴在这里向大家介绍泰晤士高等教育及其在全球和在中国的工作情况。中国是全球高等教育最耀眼的明星之一，其在过去10年中发展迅速，如今中国大学已可与世界上最著名的大学相媲美。浏览我们《泰晤士高等教育》世界大学排名，会很容易地发现这一点。在该排名中，清华大学排位列世界第20位，北京大学位列第23位。

泰晤士高等教育深耕全球高等教育领域超过50年，我们希望能成为中国高等教育最佳的合作伙伴。未来《泰晤士高等教育》会不断地改进，通过提供更好的排名和评级来帮助大学、政府和学生做出正确的决定。

我们认为采用“一刀切”的引文方法可能会对某些国家和地区带来挑战，且衡量大学绩效的最重要因素并不仅限于研究成果。2021年我们计划发布一种经过改进的、更加成熟的排名方法，从中我们可以看到中国在全球高等教育领域所发生的重大变化。

我们加强与学术界的合作，不断完善新的排名方法。目前，《泰晤士高等教育》已通过网页、微信、线上研讨、公开咨询等途径吸收对新排名方法的反馈意见。在这里，我想邀请大家多多参与其中并提出意见。近一阶段，我们正在改进2020年早些时候推出的中国学科评级，以确保它们确实对中国大学有用。这些评级展示了中国大学在89门学科领域的表现，并进行了国际比较。

我们将启动针对中国学者的声誉调查，不断完善我们评级的方法论。这项调查有助于确保我们的中国学科评级对中国大学有用，并且可以从中准确反映出中国高等教育的现状。希望大家都可以参加，使其达到最佳状态。

作为全球知名的高等教育评价机构,《泰晤士高等教育》非常重视社会贡献。很多人都知道，我们在2019年推出了世界大学影响力排名，该排名展现了世界各地大学在实现联合国可持续发展目标中的贡献和重要作用。这个排名是完全独特的。世界上没有其他类似的排名可以了解大学承担社会责任的情况，并从中看到自己在实现特定可持续发展目标方面所具有的优势。我们真正关心的是帮助大学提高对于可持续发展目标和社会服务的认识，这些认识对于推动这些目标向前发展起着至关重要的作用。我希望这能让大家对《泰晤士高等教育》以及我们的运作方式有所了解。

邓肯·罗斯

我将以《泰晤士高等教育》的世界大学排名的评估体系为例，谈谈如何通过高等教育评估系统了解世界一流大学和一流学科，希望我所描述的方法也可以应用于其他评估体系。

一、为什么要参与大学评估

我们的目标主要是帮助大学根据自己的使命了解自己的定位。当前,《泰晤士高等教育》已经与世界各地的大学合作近50年，以帮助它们实现这一目标。我们现有三种类型的排名。

第一种是世界大学排名。该排名始于2004年，主要针对研究型大学，只有在5年内至少发表了1 000篇学术出版物的大学才能参与世界大学排名。

第二种是大学教学排名。该排名主要通过对美国和日本的大学教学排名来反映各大学在教学使命方面的表现。

第三种是世界大学影响力排名。该排名2019年开始发布，主要是根据联合国的17项可持续发展目标（Sustainable Development Goals, SDGs）评估大学对社会产生的影响。

世界大学排名已成为最受信任的评估大学绩效国际标准之一。自2004年以来，该排名取得了长足的发展。2020年有1 993所大学提交了数据，来自93个不同国家和地区的 1 527 所大学上榜。

科学的评估需要有大量数据作为支撑，这些数据来源包括大学数据和文献数据。为此，我们考查了 1 360 万种不同的研究出版物和 8 600 万次引文。同时，我们也加入主观的绩效衡量标准，例如声誉评价。要做到这一点，就需要拥有广泛而丰富的调查对象。在过去两年的声誉调查中，我们收到了全球超过 2.2 万名学者的投票，今后我们将继续扩大声誉调查对象范围。

所有评估系统都应具有连续性。我们将不断完善世界大学整体排名，覆盖更多中国大学，建立起一体化的评价指标体系。世界大学排名的新版本将于 2022 年 9 月发布。

除此之外，评估大学在特定学科上的表现也十分重要。从学科层面去考查更多的大学情况，有助于加深学生和准学生对大学的了解，同时有利于促进大学自身发展。我们希望在与中国大学进一步磋商与合作后于 2021 年 5 月发布中国学科评级的最新结果。

二、良好的评估或排名应该做什么

对于研究型大学而言，最重要的是考查其教学、科研成果，大学如何满足工商业需求以及提高国际化程度。在进行调查时，必须拥有高质量的数据，且文献计量数据必须尽可能大。最重要的是，研究方法必须公开透明。

（一）如何改进世界大学排名

为改进完善世界大学排名，我们加强对学者的调查；引入新的更强大的文献计量数据，探索多种衡量标准，采用多种方式考查引文表现；增加对工业创新的考查，反映大学在推动国家经济社会发展中的贡献；关注中国自身的规模和多样性，希望为可能只关注单一学科的专业大学提供参与排名的机会；探索是否可以减少或增加某些指标。这里所说的某些指标之一是指声誉指标。

我们希望排名体系具有同比性，可跨年度进行公平的比较。同时，非常重要的一点是要能充分反映大学取得进步的情况。

在此过程中，我们将创建一个咨询委员会，以确保所采用的方法对世界各地的大学都公平。除此之外，我们还将在排名之前为所有参与者提供更完整的文档。这是我们认为所有排名机构、所有评估组织都应该做的事情。

（二）对比世界一流大学：追求卓越的不同路径

现在有时我们会被问到，世界一流大学追求卓越的路径都是一样的吗？数据告诉我们，它们各自的发展路径是不一样的。在这里，我比较了四所不同的顶尖大学：来自中国的清华大学，来自美国的麻省理工学院和哈佛大学，以及来自英国的剑桥大学。首先，就声誉而言，所有大学的表现都非常出色。它们所做的工作在世界范围内得到认可。但是，如果我们查看其他一些指标，就会发现各校表现有所不同。例如，当我们研究引文指标时，剑桥大学和麻省理工学院表现得非常好，而清华大学则稍微落后一些。当我们查看出版物时，即师均出版物数量，麻省理工学院的出版率远低于其他三所大学。如果看行业收入，这是衡量大学满足其国家工商业需求能力的一种衡量标准，迄今为止，清华大学是四所大学中最强的。

通过数据分析发现，这四所大学在排名中的表现都非常出色，都是世界一流大学。但是，根据不同的需求，它们优秀的方面有所不同。

（三）如何了解大学在不同学科上表现的差异

依据现有数据，我们可以对大学进行总体排名或评估。但是我们希望对中国大学学科情况做更深入的研究，以便为回答类似“学校哪些课程或科系最强”的问题时提供更丰富的数据支持。当我们使用中国的学科分类来考查中国大学时，可以看到中国大学的表现要高于世界其他地方的大学的平均水平。实际上，在89个学科中有70个的平均分数超过世界平均水平，中国大学的整体平均成绩为B+，而全球平均得分仅为B。在某些学科领域中，中国大学的成绩超过了日本、英国和美国大学的平均分数。这些学科主要包括航空航天科学、生物医学工程、材料科学等技术学科，在这些领域中，中国大学显然取得了出色的成果。

当然，在建立评估并使其尽可能反映中国现实方面，我们还有更多工作要做。后续工作中，我们将加强对中国学者的调研访谈；检查学科匹配，确保将数据分配到学科的方式尽可能接近现实；扩大对中国大学的咨询，这是所有最佳评估的关键因素，即有关组织将与大学以及该行业的其他参与者合作，以确保他们所做的事不仅是准确和公平的，而且能反映实际情况。在实现这一目标的过程中，我们期待能有大家的共同参与。

对发展世界一流专业学位研究生项目的看法

〔美〕李 明
Ming Li

美国西密歇根大学教育与人类发展学院院长
旅美华人院校长协会原主席

首先，我对中国高等教育学会邀请我在高等教育国际论坛年会上发言表示衷心的感谢，我感到非常荣幸。

我今天发言的题目是《对发展世界一流专业学位研究生项目的看法》。这个发言的想法源于我最近看到的一篇关于中国计划大力发展专业学位研究生项目和探索专业研究生培养创新模式的报道。

开始发言之前，我想跟大家分享一下我的工作和学术背景。我于1992年从美国堪萨斯大学获得教育学博士学位。从那以后，在过去的28年里，我一共在三所美国的研究型大学工作过，曾担任过俄亥俄大学商学院运动管理系主任，该系的运动管理研究生专业全球名列第一。2020年是我担任西密歇根大学教育与人类发展学院院长的第八个年头。2020年《美国新闻与世界报道》将我们学院评为全美最好的教育学院之一，在公立学校里名列第86名。

我的发言分成四个部分，主要包括专业学位研究生项目的定义，评价专业研究生学位项目的常用指标，我对如何建设世界一流的专业学位研究生项目的一些看法及美国专业研究生教育发展的两个重要趋势。

专业学位研究生项目指的是那些为某些特定工作领域培养人才的项目。这些项目非常强调发展学生的实践应用能力，毕业的要求通常是完成实习或毕业设计而不是学术论文。

专业学位研究生项目的评价和排名有一些常用的指标。它们包括就业成功指标、声望和质量评价指标以及学生检选指标。就业起薪、工作后三年的平均工资及毕业后三个月的就业率等是与就业成功有关的指标。同行评价、雇主评价及学生满意度等则是与声望和质量有关的评价指标。

下面，我将与大家分享对如何建设世界一流的专业学位研究生项目的一些看法。这些看法源于我多年从事专业学位研究生教育所积累的经验。在我看来，建设世界一流的专业学位研究生项目应该着眼于下面的八个做法。

第一，录取有实践经验和领导潜能的学生。从本质上说，培养学生的教育过程是一个系统工程。为了保证这个系统的高质量输出，它的输入必须是高质量的。因此，生源的质量是建设一个世界一流的专业学位研究生项目至关重要的一环。

第二，设计和建立以实践为主导的专业课程。专业学位研究生项目的首要任务是让学生获得用人单位所要求的技能，从而在毕业时他们能够找到工作。

第三，招聘有产业工作经验的教授。世界一流的专业学位研究生项目都非常注重招聘曾经在产业界工作过的教授。他们所分享的亲身经历和体验对提高学生的职业认知是非常重要的。

第四，建立以促进产学结合为目的的中间机构。中间机构负责与产业界建立关系，加强与校友的接触和联系，向产业界提供咨询服务。

第五，与产业界保持紧密的联系。密切与产业界合作，及时从那里得到让学生获得工作经验的项目。

第六，为学生提供积累实践经验和丰富履历的机会。决定专业研究生成功与否有一些因素，包括对所选专业的热情、为了事业成功而努力工作的内在驱动力、工作经验、人际网络以及他们选择职业所需要的知识、技能和能力。因此，给学生创造获得工作经验的机会从而丰富他们的履历是一个专业研究生学位项目的一项重要任务。

第七，建立一个强大而有效的校友网络。这是已经被证实的很好的做法。校友是一个专业研究生学位项目品牌的非常重要的成分。成功的校友是该项目教育质量的有力佐证。另外，校友的成功还可以帮助宣传和加强该项目的声誉。校友可以给该项目带来许多其他的好处，比如帮助毕业生找工作，成为在校学生的校友导师，为支持项目捐款等。

第八，为学生提供多渠道（包括教授、高年级同学和校友）的咨询和指导。这些咨询和指导相辅相成，互补不足。教授导师主要给学生提供学业上的指导，高年级同学导师负责帮助学生解决在学校生活上出现的问题，校友导师的作用在于给学生提供职业方面的咨询。

美国专业学位研究生教育有许多发展趋势。

第一，引入对先前学习评价的方法来授予学分。先前学习评价是一个对学生在进入某个专业学习以前获得的工作经验和职业训练进行评价并授予学分的过程。评价主要是看这些工作经验和职业训练是否与该专业所要求的学习成效相吻合。

第二，使用叠加研究生证书的方法来获得学位。使用叠加研究生证书的方法来获得学位的做法是这样的：学生首先分别获得 2—3 个不同的研究生证书。在完成每个证书时，学生会获得一定的学分。将完成这些研究生证书获得的学分累加起来，达到一个研究生学位所要求的学分时，学校便可为该学生授予研究生学位。

高质量本科教育的认识与实践

李言荣
Li Yanrong

中国工程院院士
四川大学校长

一、本科人才培养的认识

现代大学的两大职能已趋于稳定。数百年来，无论大学的职能如何发展变化，人才培养的中心地位从来都没有发生改变。现代大学尤其是一流大学的两大职能已基本趋于稳定，就是人才培养和创造知识。信息技术未来会不断冲击大学的教学形式、校园形式等，但是这两个职能不会变化，其主要原因是：首先，大学是优秀青年学子聚集的平台。17、18 岁的大学生正处在从青少年向青年转变的过程中，不同性别、不同年龄、不同肤色、不同家庭背景的学生聚集在一起，进行互相交流和碰撞时成长最快，这一作用是任何教育机构、培训机构、互联网公司都无法替代的。其次，人在本质上具有创新基因，所以才会不断探索大自然、挑战人类极限。在大学，人的创新精神和创造意识不断得到挖掘和放大，这是任何一个科研机构所无法比拟的。因为大学有三个基本的特征：自由的学术空气、多学科交叉的氛围、好奇心驱使下的学生提问，所以大学几年里，学生的创新能力可以得到最大化的释放。我们说，人才培养尤其本科人才培养是学校师资队伍、科学研究、学科发展和国际化程度等实力的集中体现，最能反映一所大学的办学水平和管理能力。

大学阶段人才培养有三个关键环节。大学人才培养的过程很复杂，但总结起来不外乎就是三个环节：入口、出口和中间培养过程。其中，入口就是怎样把优秀学生招进来；出口就是通过大学四五年的学习，让学生们的人生价值和优秀程度得到放大；中间的培养过程非常复杂而庞大，但总体来说就是两个关键因素，一是培养体系，二是质量保障体系。培养体系可以分为课堂内的课程体系和课堂外的学生各种能力的培养体系。没有质量保障体系的培养体系是不靠谱的，质量保障体系包括制度保障、真金白银的投入及激励约束制度等等。在大学阶段的人才培养中，让学生拥有好的知识结构非常重要，另外还有四种软实力的培养也非常重要：一是宽广的视野；二是更高的标准；三是良好的沟通；四是合适的爱好。

二、四川大学的人才培养实践

“探究式－小班化”教学推动课堂革命。课堂是教育教学的主阵地，只有课堂进行了革命，教育才能真正革新。10年来，四川大学以课堂教学改革为突破口，以“教室革命”为抓手，目的是要实现课堂教学“小班化、面对面和点对点”。具体来说，一是开展探究式－小班化教学。把新生按照25人左右规模编班；投入2亿多元推进“教室革命”；全面推行“启发式讲授、互动式交流、探究式讨论”的课堂教学改革，让学生真正“把头抬起来、坐到前排来、提出问题来”。二是推进非标准答案考试。根据不同学科、专业的特点，实行开放式命题，促进学生真学真想真领会。目前，四川大学已实现非标准答案考试全覆盖，让背书就能考高分在川大成为“尘封记忆”。三是实施全过程学业评价考核。加大过程考核成绩的比重，做到学业考核全程化、评价标准多元化、考核方式多样化、考核结果动态化。把期末考试成绩权重降低到不超过50%，平时成绩的分布在6次以上，100%的课程都实现了全过程考核，让期末考前突击在川大成为“过眼云烟”。

汇聚四川大学文理工医多学科优势。四川大学作为一所有123年历史的大学，是我们国内办学历史最早、规模最大、学科最齐全的大学之一，学校文、理、工、医学科专业都很齐全，发展也比较均衡。学校一直注重发挥文理工医多学科优势，不断完善人才培养方案和教学计划，通过建立五大通识模块课程、跨学科研究型课程，实施创新创业教育计划、双学位教学及辅修教学计划等，建立了21个全校性的跨学院、跨学科交叉人才培养平台，努力让每个学生都能获得跨学科学习的机会，增强学生的综合素养。学校推行了“三进三结合”，鼓励本科生尽早进实验室、进课题组、进科研团队，要求教师将教学与科研相结合、课程与课题相结合、教学团队与科研团队相结合，同时实施了学生科技创新“三大计划”，把科研能力融入学生创新能力培养中去。此外，学校充分发挥人文底蕴深厚的优势，构建了人文素质教育课程体系。从2005年开始，面向全校开设了“中华文化”必修课，开设了系列人文讲坛，涵育学生深厚的人文素养。通过充分汇聚和发挥学校的多学科优势来促进人的全面发展。

“重奖激励 + 双证培训”增强教师教书育人动能。要实现课堂革命，就必须要有全身心投入的高水平教师。学校通过设立针对老、中、青优秀教师的“教学三大奖”，包括特等奖 100 万元、一等奖 50 万元等，重奖全身心投入到一线教学的老师，重奖积极开展教学改革的老师，重奖课堂内外与学生交流互动的优秀典型老师。每年学校召开本科教学工作表彰会，这已成为学校的一个重要节日，使一线教师有了强烈的荣誉感和成就感。同时，学校坚持“双证上岗”，要求每位老师上讲台要持有教师资格证和教学能力培训合格证，对老教师以教学需求为导向开展了针对性培训，对新入职教师进行了全面培训。5 年来，参训教师 3 万余人次，大面积、大幅度提高了教师的教学能力和教学水平。

拓展学生的国际视野，提升其国际竞争力。一方面，学校每年投入真金白银开展“国际课程周”，把世界一流大学知名教授“请进来”。8 年来，我们邀请了牛津、哈佛等世界一流大学的 1 000 余位海外教授为学生开设了 1 300 余门次全英文课程。每年受益学生超过 2 万人，让学生们不出国就有留学的感觉。另一方面，从 2018 年开始，我们实施了针对大学生海外交流的“大川视界”行动计划，每年资助 3 000 名以上本科生“走出去”，到海外高水平学校短期访学交流，到国际组织见习实习，到海外基地实践，进一步拓展学生的国际视野。

总的来说，学校人才培养的目标和我们建设“双一流”的目标是完全一致的。当前，学校正在开展为期半年的本科教育大讨论，提出了六大行动计划，包括立德树人铸魂行动计划、高素质教师队伍建设行动计划、“探究式 - 小班化”内涵式改革行动计划、“跨学科 - 贯通式”人才培养行动计划、“双创”教育深化行动计划、学生全球胜任力培养行动计划等，聚焦一流人才培养全要素、全过程的持续改革，加快建成中国特色、世界水平的一流本科教育，努力培养能够担当民族复兴大任的时代新人！

2020高等

研究型大学的责任与使命

施一公
Shi Yigong

中国科学院院士
西湖大学校长

首先感谢中国高等教育学会的邀请，特别感谢杜玉波会长长期以来对西湖大学的支持，也特别感谢在座各位给我这个机会分享一下我对大学的一点感受。

一、关于中国高等教育现状

毋庸置疑，新中国成立以来中国高等教育取得了极大的进步，从文盲率曾经高达80%发展到现在高等教育实现了普及化，创造了世界的奇迹。全国范围内有将近3 000所普通高等学校，在校人数4 000多万人，达到历史新高。从数量和规模上看，我国已成为高等教育大国，而且正在向强国迈进。即便从各类世界大学排名看，过去十年也有了长足进步，尽管对于大学排名的意义以及标准是否客观仍有待商榷，中国大学的飞速发展却是毋庸置疑的。但在大的时代背景下，从社会发展、人类文明、世界进步的维度而言，我们的高等教育还不够强，中国大学还有很大的改进和提升的空间，中国从高等教育大国走向强国还有很长的一段路。

二、关于中国科技

改革开放以来，中国在科技领域取得的成绩有目共睹，整体创新能力对比从前大幅提升。对于科技的投入稳步提升，尤其是过去10年研究与试验发展（R&D）经费在比较高的基础上仍然保持了两位数的增速，其中基础研究经费2019年达到1 209亿元，体量位居世界第二。经过多年的努力，我们在科技领域取得了一系列世界瞩目的突破，我们的各项科技指标均居世界前列，论文数量、总引用次数、高被引文章等等指标均在世界领先。但是，根据世界知识产权组织发布的《全球创新指数》报告，我国的创新能力在2019年、2020年仍排在第14位，位居世界第二梯队。这种指标数字和创新能力之间的反差，说明我们在基础研究和关键核心技术方面的突破还有很大的提升空间。

三、关于人才问题

中国的人才队伍在改革开放以后也取得了极大的发展。1978年，党的十一届三中全会的召开拉开了改革开放大幕，也打开了留学大门。截至2019年底，600多万中国人出去留学，主要集中在西方国家；有400多万留学生学成后回国工作，给社会各方面带来了巨大影响。

同时，因为改革开放和国家教育的发展，我们的人才断层影响已基本消除。根据国家自然科学基金项目负责人年龄分布和平均年龄显示，1986年统计的国家自然科学基金项目负责人的平均年龄是54岁，年轻人很少，人才断层明显。到了1997年，10年之后，基金项目负责人的平均年龄是46岁，分布集中在31到35岁。再往后10年，2007年基金项目负责人的平均年龄是41岁，而2017年平均年龄只有39岁，分布基本集中在31到35岁。

但我们的人才队伍结构呈现出典型的金字塔形状，虽然R&D人员和R&D研究人员规模均居世界首位，但顶尖人才却占比极少，真正能够开展从“0到1”原始创新突破的人才极少，这和我们的大国地位并不相称。

以上教育、科技和人才三者的主要交汇点就是研究型大学。当今世界所有新兴科技产业都源自核心技术突破，每一项核心技术突破的源头都来自原始科学发现。而无论是核心技术突破，还是原始科学发现均来自顶尖学者，而顶尖学者往往聚集在高等院校，即一流大学及附属于一流大学的科研院所。举一个例子，单克隆抗体药，科勒、米尔斯坦在1975年发现单克隆抗体产生方法，这是基础研究的突破，他们当时不会意识到40年后会在世界范围内形成一个市场价值超过千亿美元的单克隆抗体市场。再如基因测序产业，从根本上来讲是因为沃森、克里克在1953年发现了DNA双螺旋结构。虽然目前还只有200亿美元左右的市场规模，但我们完全可以预测它会成为下一个千亿美元的产业。这些都是顶尖人才依托高等院校做出的基础研究突破、推动核心技术进步，最终改变整个社会、改变人类面貌的实例。再以美国为例，20世纪60年代以来，研究型大学所执行的基础研究经费占美国基础研究经费投入的40%到55%，而美国在全球最具创新力大学榜单中也独占鳌头。研究型大学一直是创新的主力军，肩负的责任和使命就是通过教育为社会培养拔尖人才，通过科研为人类进步贡献力量。

在此特别说明的是，一流大学也不需要一个模板，可以各具特色、各不相同。比如洛克菲勒大学只有博士生没有本科生，教师人数不足 80 人，但 1901 年创校以来产生了 25 位诺贝尔奖获得者；加州理工学院只有 200 到 300 位教师，1891 年建校以来也产生过 70 多位诺贝尔奖获得者，为人类作出了很大贡献；斯坦福大学算是美国的巨无霸大学，但一共也只有 1 500 位教师，却对世界范围内的产业创新产生了巨大的影响。因此，在中国这样一个大国，教育更加需要探索，需要多元化，需要不同的模式，包括研究型大学也应该各有特色，按照自己的特点发展。

2018 年，在党和国家以及教育部、浙江省的积极支持下，在全社会的共同努力下，我和同道一起创办了西湖大学，这是新中国历史上第一所，也是目前国内唯一一所社会力量举办、国家重点支持的非营利性的新型高等学校，从创校之初就坚持高起点、小而精、研究型的办学定位，采用董事会领导下的校长负责制。截至 2020 年，西湖大学已面向海外招聘 140 位博士生导师，他们在各自学术领域均处于世界领先地位。学校看好年轻人，他们 70% 以上在 40 岁以下。西湖大学在学生培养方面得到了教育部极大的支持，已招收 608 位博士生，我们希望在招生方式、培养体系、培养机制上走出一条适应中国国情、遵循教育规律的新路。科学研究也在如火如荼地进行，西湖实验室成为浙江省首批 4 个省实验室之一，另有 6 个省重点实验室、6 个校级科研公共平台，在生命科学、理学、工学领域逐渐崭露头角。

最重要的是西湖大学希望能够为中国科教事业进行一些探索。第一，希望探索立足中国大地、符合国际惯例的新型大学治理机制；第二，希望探索符合国情又鼓励创新的科技评价标准；第三，希望探索富有社会责任感的拔尖创新人才培养模式。最终目标是希望在人类知识创新的最前沿，包括重大原创理论的发现和关键核心技术的突破方面有所作为，成为中国科技的一股重要力量，为人类文明进步作出应有的贡献。

CAHE
1983

发言席

试点改革与高等教育现代化

陈廷柱
Chen Tingzhu

中国高等教育学会学术委员会委员
华中科技大学教育科学研究院院长、教授

习近平总书记在2015年中央全面深化改革领导小组第十三次会议的重要讲话中强调："试点是改革的重要任务，更是改革的重要方法。试点能否迈开步子、趟出路子，直接关系改革成效"。学术界也普遍认为，试点改革是中国共产党领导智慧的生动体现，是探索和成就中国特色社会主义伟大事业的基本经验，可助推我国高等教育现代化进程。

一、试点改革作为中国经验具有合理性

经济社会发展的各个领域各有其特殊矛盾与需求，高等教育领域也是如此。中国作为发展中大国，地域幅员辽阔，人口众多，区域间的自然条件、发展水平与风俗习惯等存在较大差异，出台任何一项政策或举措都需要考虑各方面的因素，因此，试点改革便成为我们必要举措。选择一些条件较好的地区或单位进行试点，先行先试，总结经验，然后逐步进行推广，这样可以有效防范风险，减少损失，争取更好时机；可以有效缓解地方多样性、市场不确定性所带来的不适应，既保证了全国一盘棋，也使各地方的活力得到充分释放。

试点改革是渐进式的，是科学应对和有效处理好改革、发展、稳定三者关系的不二选择，有利于激发改革活力、降低改革风险和调控改革进程。实现高等教育现代化作为中国特色社会主义事业的重要组成部分，试点改革的方法与经验必然与之密切相关，需要引起足够重视。

新中国成立70年以来，尤其是改革开放40多年以来，多次试点改革都有效地推动了高等教育事业的发展，扮演了高等教育事业发展的先行者角色。《中国教育现代化2035》明确了高等教育现代化的目标、任务和措施，为高等教育现代化

描绘了蓝图。但高等教育现代化是一个漫长的过程，需要我们不断探索，在探索中我们也可能会遇到一些具体问题，而这些具体问题也许没有可借鉴的成功经验，这就需要充分发挥改革试点的“前哨站”“探路者”作用。总之，试点改革需要服从服务于加快高等教育现代化，加快高等教育现代化更需要有针对性的试点改革。

二、试点改革如何才能更为有效地助推高等教育现代化

首先，我们要坚守试点初心。试点目的是探索改革的实现路径和实现形式，为面上改革提供可复制可推广的经验做法。要以高等教育现代化为基本纲领，加强试点顶层设计，明确试点目的，准确把握试点方向，将推动高等教育制度创新作为核心任务，发挥试点对高等教育全局改革的示范、引领、突破和带动作用。

其次，要推进分类试点。高等教育现代化涉及面广、任务多，担子重、过程长，要以高等教育现代化的关键领域或事项为依据，确立试点分类标准，分类谋划，以类定标，因类施策，实现高等教育试点改革由“点”向“面”的突破。

再次，要做好试点评估。评估是检验试点绩效的重要途径，要树立正确的评估价值取向，客观对待试点改革过程中的成功与失败。建立动态化的试点过程评估机制，实现对试点进程的常态化把控，及时调整、补充和完善试点改革方案，发挥评估对试点改革的指导和纠偏作用，适时终止某些试点改革或及时推广试点改革经验。

又次，要建立试点制度保障。试点改革要有制度保障与制度约束，以规范我国高等教育领域试点改革工作。如通过负面清单制度，廓清高等教育试点改革边界，拓展试验空间，激发试点单位创造活力。如施行试点报告制度，督促试点单位重视试点任务、规范试点行为和提升试点效果。

最后，要完善试点体系。横向上完善区域差异化高等教育试点体系，纵向上推动国家、地方、高校间的试点协同工作体系建设，形成基于试点经验的区域、层级多元互动学习机制，并为基层自主试点敞开一条通道，最终形成自上而下与自下而上相结合的高等教育试点改革体系。

席
金子元久

高等教育政策与大学教育

〔日〕金子元久
Motohisa Kaneko

日本高等教育学会原会长
日本文部科学省中央教育审议会委员
筑波大学特命教授、东京大学名誉教授

自20世纪90年代以来，大学教育改革已成为一个国际性的社会问题，并引发了一系列政策的出台。然而，20年后回首反思，就会发现这些政策未必达到了预期目的。那么，到底实施了什么样的政策？产生了什么样的效果？其原因又是什么？本报告以日本和美国为例，对上述问题进行讨论，进一步思考未来大学发展的问题。

一、21世纪的经济社会与高等教育政策

进入21世纪以来，大学教育质量改革问题受到社会普遍关注，这与经济和社会发展变化密切相关。一是面对经济全球化、先进技术和创新的国际竞争，社会对高级知识和专业技能人才的需求不断增长。二是随着各国高等教育升学率的提高，高等教育进入普及化阶段，作为其支撑的社会成本也增加了。三是伴随着上述变化，大学入学者的素质也发生了相应变化，年轻一代未来职业的多样化与流动性也随之加剧，大学生的学习动力普遍下降。

这些情况的变化给大学教育带来了巨大的挑战，主要体现在以下三个方面：第一，必须提高大学教育所传授的知识和技能对社会或个人未来需要的适应性；第二，大学教育必须更加高效，质量更加提升，要推动社会发展；第三，最根本的是，大学要成为真正支持每个学生成长的场所。

从高等教育政策的角度来看，其焦点已从20世纪下半叶的数量扩张转移到21世纪的质量提升。但同时，这也表明，传统高等教育政策手段的财政激励和高等教育体制改革无法取得有效的效果。此外，发达工业化国家由于经济增长放缓和福利支出增加，高等教育政府投资增长的可能性受到限制。

在这种情况下，各国都出台了种种政策。在 20 世纪 80 年代后期，美国政府对公立大学的支出大幅度削减，同时，直接对应大学教育成果的政府拨款决定方式（Performance-Based Funding）开始广泛实施。在欧洲，各国普遍通过给予各大学自由裁量权来鼓励自主改革，并在欧盟框架内推进博洛尼亚进程，这实质上极大地改变了大学教育的方式。

在日本，大学教育的质量问题在 20 世纪 90 年代后期开始引起了社会的极大关注。在这一时期，文部科学省中央教育审议会在一系列的审议答复报告中，针对大学教育质量提出了相当详细的改进意见。与之相应，政府制定了各种政策，特别是将改革实施情况作为衡量指标来决定对各大学的拨款数额，进而对各大学发展建设产生影响。

二、大学教育的变化

进入 21 世纪以来，日本的大学教育发生了怎样的变化呢？我们选取了两个时间节点，对日本大学生和大学教师进行了大规模的调查。

通过调查，可以发现：

1. 2010 年以来日本大学教育发生了重大变化，特别是在授课方法和模式上发生了显著变化，这一点在教师调查和学生调查的结果中均得到证实。在教学上，大学不仅关注对专业知识进行讲解，而且注重提高学生的理解力和学习兴趣。授课方法的变化在第 1 次调查（2007—2008 年）之前已经出现且逐渐增加，并在 2010 年之后得到普及。同时，学生参与式授课，特别是通过小组学习方式进行授课的情况也有明显增加。

2. 学生对授课方法的变化及成效给予肯定性评价。授课方法的变化产生了一定的成效，特别是参与式授课提高了学生课程满意度。通过教育改革也能够提高学生对大学教育意义的理解，且在社会对大学教育投以严厉目光的情况下，学生自己也开始觉得有必要证明自己。可以说，传统的“学习自由”的观念其影响力已经衰退，学生对大学教育的要求越来越高。

3. 能够显示学生自身努力程度的课外学习时间安排，在 21 世纪前 10 年几乎没有变化。这背后隐藏着一个原因，即学生在一年级到三年级之间平均每学期上 13 门课（文部省的大学设置标准规定为 8 门课），而教师针对学生的这种做法，在设计课堂教学时，对学生课外时间投入学习上没有抱太大期望。因此，仅仅通过改进授课方法是难以突破这些问题的，这种情况让教师产生了某种挫折感。

三、几点思考

将上述分析结果置于高等教育长期变化的背景下进行思考的话，可以得出以下几个非常重要的结论：

第一，大学教育过程的实施及效果受到多方面因素综合影响，包括师生互动、学生学习动机、教师教育理念、物质和时间条件及大学和各学院的组织方式等。这些因素形成了目前的教育状态，对其进行客观地把握是至关重要的。

第二，从这样的角度来看，政府即便采取强有力的政策手段，也难以在短时间内改变实际在教学过程中长期存在的问题。然而，大学教师、大学生及社会对大学教育抱有怎样的期望，以及他们对大学教育现状如何评价，这些是无法回避的问题。这就促使过去20年来大学教育方式发生了巨大的变化。但是，这并没有产生使日本大学生更为深入和积极学习的明显效果。

第三，大学变革能力正自发地形成，但如何使其有效发挥作用是一个挑战。这无法通过来自政府的外部压力实现，而需要通过进行实证性和系统化的分析研究寻找解决的途径。高等教育研究不应只是注重理论研究，而必须转向解决教育实际中遇到的各种问题。

新时代的挑战和大学的发展战略

〔韩〕徐昇焕
Seoung Hwan Suh

韩国延世大学校长

本届论坛以“加快大学治理体系和治理能力现代化”为主题非常合乎时宜，在新的时代，各高校应该反思高等教育的价值和方向，制定应对新挑战的发展战略。

作为韩国最早的高等教育机构之一，延世大学自1885年创立以来，在过去的135年间不惧挑战，以奉献和共同体精神为基础，培养追求真理、改变世界的人才，在韩国高等教育发展中发挥了重要的引领作用。此次新冠肺炎疫情暴发，再次证明了世界是一个命运共同体。面对新的时代挑战，延世大学将继续秉持挑战和先导、创意和革新、共存和奉献等核心价值理念，实现对真理和自由的追求。

延世大学组织成立了大学发展特别委员会，分析大学内外部环境。通过收集各种意见、组织部门协商，制定了详细的大学发展规划。具体来说，我们在分析现有财务、教学、科研及产业合作情况的基础上，论证研判了学校的竞争力。在把握大学发展现状的同时，仔细分析造成大学变化的外部影响因素。学校发展规划是在我们收集到的学生、教职员、校友和产业界等意见的基础上进行研制的，不仅关注大学自身发展，还关注大学对区域及韩国的贡献。

除此以外，延世大学还将关注焦点放在解决社会发展问题上，矢志成为解决地球和人类面临问题的全球学习基地。我们的目标不仅是培养世界最优秀的人才，还要指明世界未来的发展方向，并培养能够实现变革的人才。延世大学已经打造了应对教学过程变化和研究的基础设施，将结合第四次产业革命时代所需的数字化力量，通过Y-EdNet来实现新文艺复兴型融合教育。在线授课虽然导致人们对现有教育产生了不安心理，信心也有所下降，但这是为了安全不得已的选择。最终，这种模式将加快大学教育发展的步伐，促进教育模式的转换。作为共享大学资源和智慧的教育空间及社区空间，Y-EdNet将成为新的教育平台，把学生与教职工连接起来，把学校和社会、学校和世界连接起来，引领教育创造持续性价值。

我们生活在一个不确定性激增，组织、地区及社会随时出现跨界现象的超链接时代。技术的发展体现创意，创意思维改变世界，我们可称其为“创新日常化”。延世大学提供的支持并不局限于校园内，还将为延续创新价值的教育与研究提供支持。这种开放型创新模式将激活能够创造世界影响力的融合研究，通过产学合作实现技术产业化。具体来说，学校计划选定人文社会科学的 3 个领域和理工科的 4 个领域，提供 5 年的大规模研究支持，这也就是我们做的“Global Impact3/4/5”项目。延世大学致力于培养出世界高水平的融合研究团队，建设具有代表性的核心研究基地。

在新冠肺炎疫情影响背景下，延世大学为解决区域及国际社会问题，创建了“高等教育创新院（IHEI）工作站”学生实践项目。本项目共有 380 个小组、2 000 名学生。目前已有 1.1 万多名学生在项目开设的 360 门课程中学习了有关解决社会问题的课程，并参与设计了 600 多个项目。

此外，延世大学专注于打造解决社会问题的实验基地。学生和教授们积极参与构建了社会贡献网络，与遍布全世界的 35 万名校友紧密联系。教授们可持续发展和跨学科研究范围正在扩大，研究生课程中围绕解决社会问题的研究也在积极推动。我们将不断加强与社会的沟通，承担起大学责任，共享大学资源，也希望所有高校、企业、市民和政府机关能够相互沟通、共享信息，共同创造改变。我们还建立了社会贡献基金，努力确保社会服务项目平稳运行。

当前，世界上很多大学都面临着财政挑战，延世大学也深知这种现实与困难。延世大学拥有延世医疗院，是韩国最大的综合性大学，也是具有多重功能的高校。学校通过扩大医学 – 生命学研究，与企业合作，实现产学共赢。同时，学校还通过多方面的创收和有效利用资源来应对财政困难。我们积极参与国家大型战略项目，比如我校人工智能研究生院等的项目被选定为核心项目，我校申请的项目还被韩国最大的大学财政支援事业 BK21 FOUR 选定。这一切都证明了延世大学的客观实力。

大学不应只局限于知识的传授，还应在创造新型竞争力中发挥先导作用。为此，我们积极支持教授们技术创业，组建风险投资中心和创业基地，搭建与企业共同研究的基础和平台，融合研究的网络建设正在蓬勃发展。

大学的变化和发展方向不能只靠校长的想法，而应建立在全体成员的共识和积极参与之上。延世大学以学生、教授、校友的服务需求为中心重新构建了学校行政体系。我们将其称为S-Campus2.0，这既体现了教育及行政系统的先进化，也强化了对内对外的沟通。S-Campus2.0是大学发展战略的成果管理系统，既可以完善行政及业务工作流程，也能强化对教育及研究的支援服务，为有能力的学生和教职工提供智能服务的系统支持，这样的良性循环体系将成为学校长期发展的重要基础。大学的变化和发展是大学所有成员的共同课题，需要通过努力实现。

延世大学将继续向真理和自由发起更有力的追求，并以此延续令人自豪的光辉历史。我认为，当今高等教育的价值比任何时候都要重要，也更能够发光发热。大学的伟大转变来自治理的现代化和治理能力的加强，其成果从学生的变化中可见一斑。

海洋类高校人才培养的国际视野

严小军
Yan Xiaojun

浙江海洋大学党委书记

新中国成立后，我国高等教育对外开放政策经历了改革开放前的探索奠基以及改革开放后的逐步创立、形成、规范与完善五个阶段。2020年6月，《教育部等八部门关于加快和扩大新时代教育对外开放的意见》（以下简称《意见》）正式印发。《意见》指出，教育对外开放是教育现代化的鲜明特征和重要推动力，要以习近平新时代中国特色社会主义思想为指导，坚持教育对外开放不动摇。中国高等教育对外开放紧跟改革开放的步伐，与国家共奋进，取得了举世瞩目的成绩。在“世界处于百年未有之大变局”背景下，中国高等教育对外开放已进入高质量、内涵式的快速发展阶段，这既符合高等教育发展的本质规律，也将进一步加速构建“人类高等教育共同体”。海洋教育国际化是经略海洋的“内在要求、基本方略”。面对新的时代特点和实践要求，海洋类高校人才培养工作也迎来了前所未有的挑战，面对这些新挑战高校应从以下四个方面着力。

一、着力把“立德树人”作为根本标准

2018年5月2日，习近平总书记在北京大学师生座谈会上的讲话中提出“要把立德树人的成效作为检验学校一切工作的根本标准，真正做到以文化人、以德育人，不断提高学生思想水平、政治觉悟、道德品质、文化素养，做到明大德、守公德、严私德”。在这一讲话精神指引下，海洋类高校应把“立德树人的成效”作为检验工作的根本标准，以培养热爱海洋、保护海洋、科学利用海洋的人才为目的，培养一批批深耕海洋、守护蓝色海洋梦想的人才。

二、着力建立高水平的教学与管理团队

党的十八大以来，习近平总书记围绕“培养社会主义建设者和接班人”作出一系列重要论述，深刻回答了“培养什么人、怎样培养人、为谁培养人”这一根本性问题。深入落实习近平总书记的这一重要论述精神，首先要着力建立高水平的教育与管理团队，这对教师队伍和管理团队的整体素质提出了更高的要求。“师者，所以传道授业解惑也”，对于今天的教师而言“传道授业解惑”还不够，“师者”要承担更多的责任。每一个师者都是中国梦的践行者，都是中国故事的讲述者。因此，师者一是要敢于把中国责任和担当扛在肩上，具有较高的政治素养；二是要有高尚的道德情怀，胸怀大爱，有一颗甘于奉献的心；三是要有过硬的专业素养和渊博的知识；四是要有国际视野。教师的综合素养可以用 OCEAN 来概括，O 代表 Openness（开放的胸怀），C 代表 Critical Thinking（批判性思维），E 代表 Excellence and Erudition（卓越博学、博采众长），A 代表 Availability（随时随地有时间与学生沟通），N 代表 Norms（德高为师、身正为范的师者准则）。对于管理团队，我个人比较推崇“5Q”原则：Quick Access（快速进入工作角色），Quick Service（迅速为学生提供服务），Quick Response（对存在的问题要及时作出回应），Quick Learner（教师要不断学习），Quick Departure（迅速从教师角色中抽离，成为学生的益友）。

三、着力完善教学模式，提升学生培养质量

教学模式是在一定教学思想或教学理论指导下建立起来的较为稳定的教学活动结构框架和活动程序。随着高等教育的不断发展和向前推进，教学模式引导下的课程模式也应与时俱进，应优化课程设计，改变和打破原来“学习 + 思考”的课堂模式。在“学习 + 思考”的课堂模式下，学生只能被动接受课堂上灌输的知识，而其主观能动性得不到发挥；教与学脱节，教师和学生无法形成合力，达不到教学相长的效果。针对这一问题，一些高校对课程设置进行了改革，比如推出“学习 + 思考 + 实践”课堂模式，这一模式的实施发挥了师生的主观能动性，取得了较好的效果。浙江海洋大学根据自身的实际情况正在打造“学习 + 思考 + 实践 + 研究 + 理论”的模式，重点突出学生的学习和实践能力，强化学生的主体作用。

四、着力秉承“育人为本”“文化育人”原则，讲好中国蓝色海洋故事

“文化是一个国家、一个民族的灵魂。”“文化自信，是更基础、更广泛、更深厚的自信，是更基本、更深沉、更持久的力量”。[①] 习近平总书记强调：“没有高度的文化自信，没有文化的繁荣兴盛，就没有中华民族伟大复兴。”[②] 坚持文化自信尤其需要讲好中国故事，传播“中国好声音”，向世界展现一个真实的、立体的、全面的中国。海洋类高校应秉承“育人为本”“文化育人”的原则，开展中国“国情课”，鼓励学生讲好蓝色海洋故事。开展好中国“国情课”需要分三步走：一是以培养出一大批专业知识扎实、实践能力强，熟悉和热爱海洋文化的海洋人才为目标，聚焦海平面上升、海岸线破坏、排放过量、渔业资源枯竭等热点问题；二是利用“互联网 +”和“融媒体”等平台，线上线下联动，以蓝色海洋文化作为传播主题，内容聚焦中国蓝色海洋梦，突出品牌特色，强化品牌影响力、知名度和美誉度；三是为学生提供机会和平台，让他们在世界舞台上为中国蓝色海洋梦发声，以外国受众“听得到、听得懂、听得进”的途径和方式讲述“中国故事”。

---

① 习近平：《在中国文联十大、中国作协九大开幕式上的讲话》，人民出版社 2016 年版，第 6 页。

② 习近平：《决胜全面建成小康社会　夺取新时代中国特色社会主义伟大胜利——在中国共产党第十九次全国代表大会上的报告》，人民出版社 2017 年版，第 41 页。

20高等教育国际论坛年会
Annual International Forum on Higher Education
快推进大学治理体系和治理能力现代化
celerating Modernization of University Governance Systems & Capacity Building

通识博雅教育对高等教育改革和创新的意义

〔美〕艾尔弗雷德·布鲁姆
Alfred Bloom

昆山杜克大学常务副校长

大家好，非常荣幸能够参加“2020 高等教育国际论坛年会”，也很高兴与大家讨论关于通识博雅教育（Liberal Arts and Sciences Education）的发展演变与改革创新问题。

通识博雅教育起源于美国，其初衷是提供一个比欧洲教育模式更为广泛的本科教育。在欧洲教育模式中，学生大多在中学阶段已经有了人文社科或者自然科学的学科划分，进入大学后，他们将在对应的学科领域继续学习深造。与之不同的是，通识博雅教育不要求学生在中学时期预先专攻某一学科领域，而要求学生在本科阶段的前两年涉足不同的学科领域，包括自然科学、社会科学、人文以及近些年兴起的艺术等领域。直到大学二年级下学期，学生才选定一个或多个专业，并在余下时间里专攻该专业。这种教育模式的理念是为学生提供更为广泛的基础学科学习经历，帮助学生在选择专业时了解更多背景信息。此外，这种教育模式还帮助学生在专业学习之余，从人类文明和多样性思维中汲取真知，发现生活的灵感和乐趣。由于这种教育理念所体现出的价值和作用，通识博雅教育在美国本科教育中逐渐占据了主导地位。

随着全球化与一体化进程的不断推进，通识博雅教育必须关注以下问题：这种结合单一学科专业学习和广博多学科体验的通识博雅教育模式是否已经足够？是否能够让公民和领导人具备充分应对世界全球化的能力？是否能够让学生对于自己所在的社区、国家，乃至整个世界产生一种归属感？是否能够让学生充分理解影响世界全球化的因素，并提前做好应对复杂问题和平衡价值观冲突的准备？是否能够帮助学生在追寻自我价值的同时，在不同文化、不同国家以及多种意识形态共存的环境中寻求并建立合作伙伴关系？是否能让学生认识到人们在认知、语言、情感上的相同点，对安全、友谊和稳定的共同需求，对快乐和美好的追求以及对公平、成就、机遇和意义的一致渴求？是否能够引导学生在认识到这些人类共性的基础上，建立相互理解和信任、追求共同目标的合作关系，以弥合这个世界的分裂？

我相信，高等教育如果要在促进人类历史建设性发展的历程中发挥关键作用，就必须培养学生全球化的视野和能力，建立对人类共性的认知。如果没有高等教育的推动和指引，其他社会机构完成这一历史使命的可能性微乎其微。

但好消息是，高等教育以此为目标，且同时兼具其他方面的功能与作用，是能够胜任这一历史任务的。我曾亲眼见证纽约大学阿布扎比分校的发展，这所由纽约大学和阿布扎比政府共同创建的大学在过去十年的建设过程中，在培养具备全球化视野和能力的人才方面取得了卓越成就。如果你恰好认识该校任何一名毕业生，我相信你也会同意我的观点。

在我看来，昆山杜克大学的情况与之相同，其是由美国杜克大学、中国武汉大学和昆山市政府共同创建的中美合作大学。昆山杜克大学不仅是中美合作的一个重要里程碑，更重要的是，它所倡导和施行的创新型通识教育模式，为培养下一代青年领袖所需的全球意识和胜任力奠定了基础。

我深信，中国与美国在本科教育领域将继续共同致力于增进相互理解，把美国通识博雅教育长期积淀下来的宝贵经验与中国文化、教育等相结合，共同创建一种不仅适应全球化时代，更是全球化时代不可或缺的通识博雅教育。

发言席

高校教师的学术职业生涯表现特征与评价制度改革

阎光才
Yan Guangcai

中国高等教育学会学术委员会委员
华东师范大学高等教育研究所所长、教授

评价是一个日常司空见惯的社会现象，它有个人自我评价、他人评价与制度性的社会（组织）评价等，具体到一个特定对象，上述不同主体评价间往往存在不协调现象，尤其是当个人评价与制度性评价即社会认可之间出现冲突时，因为牵涉物质或精神回报等核心利益，个体往往会产生心理上的不公感，因而形成种种心理与精神压力。制度性的评价是嵌于人的生命历程之中的，它甚至将人的生命历程予以制度化，它既可以为人带来对前景的预期，但又可能因为结果的不确定性而令人茫然。这种不确定性在教师的职业生涯展开过程中一旦频繁发生，它就会与个体的家庭以及社会交往等各方面的事务相互纠葛，因而以一种缓慢长期的压力而引发心理问题乃至产生职业倦怠感等。

对学术职业压力有过长期研究的格梅尔西认为，压力虽然属于一种自然存在，但过高过低都不利于人的创造力，唯有在适中时才有利于提升教师的学术活力。通过对我国“双一流”高校教师的调查数据分析，我们发现，目前我国高校教师的倦怠水平处于中等水平，导致倦怠或者激情衰减的重要因素有两个方面：组织内部包括项目申请、考核评价、职务晋升等竞争性因素，家庭与工作冲突以及组织内部不同角色模糊和冲突因素。我们实证研究结果表明，个人的教学与科研偏好或者称之为自我效能感，在上述压力与倦怠之间不存在调节作用，个人对学术工作的和谐激情具有一定的调节作用。由此表明，目前高校内部各种评价制度以及工作负担等因素，已经多少对高校教师的学术活力表现带来一定的负面影响。

实证数据还显示，虽然在其他职业领域中也存在一种所谓的中年危机现象，即一种存在于人的生命历程中的低谷期，其表现为生活与工作激情衰减与倦怠，但相对而言，我国高校教师职业生涯过程中的这一低谷期有所提前，因而出现一种未盛先衰的现象，对一向以个体内在精神满足与学术创新为鹄的的学术职业而言，这应该足以引起我们的警惕。导致这一现象的主因还在于与评价相关的各种制度设计和组织内部环境存在的问题。为此，针对我国目前学术职业环境与生态，从高校教师的发展以及学术繁荣的角度，有必要对当前与评价相关的制度及政策予以反思，并立足于教师在生命历程展开过程中的相关规律予以调整。

对研究型大学而言，我们认为，成为学者型教师是基本的角色要求。首先，从生命历程的角度而言，学者型教师的成长大致分为三个阶段：对于职业早期尤其处于非升即走阶段的年轻教师，应该注重科研能力的考察与培养，与此同时，关注其作为师者的社会化过程。不宜对该阶段教师强加过多的教学负担，而是在培养其成为学者的同时，逐渐以适量即少而精的本科教学任务来提升其教学的自我效能感，并建构作为师者的认同。对于处于职业中期的教师，应该教学与科研并重，但需要给予职业稳定的保障，并通过一定的物质与精神激励措施来维持与焕发其学术热情与激情。对于处于职业生涯后期的教师，重视其在人才培养包括本科教学以及年轻教师培养中所具有的独特价值。对于处于不同阶段教师的角色选择，既要有基本底线，也要有一定的弹性，需要考虑到个体差异，如科研任务繁重，可以采取如学术休假或赎买等方式给予自主选择的余地。

其次，需要考虑到教师评价的复杂性，这种复杂性源于学术工作中不同角色与学科之间存在的多样性与差异性。目前我国高校教师的分类管理并没有落到实处，譬如如何将教学为主的考核评价能够细化并落到实处，让从事教学工作有获得感？如何让从事技术研发的教师能够得到实质性的回报，不同角色之间都能够各得其所，既有边界又具有一定的相互转换流动的开放性？不同学科之间，因为学科属性存在差异，究竟应该是注重团队评价还是个体评价？是重视理论研究还是应用性成果？是以项目立项还是以成果为评价指标？这些问题都关联到我们对学术工作角色以及学科属性的理解与认识水平。在此仅以人文社会科学为例，无论中外，历史上的卓越学者与集大成者少有人是通过项目与大团队方式脱颖而出的，更多在于他们的个人思想与智慧。基于行政管理的简约化与效率化的一刀切做法，漠视了上述复杂性差异，过于简单粗暴的干预方式，不仅会扭曲人们的行为，而且有损人们的学术信念与学术热情。

各种制度性评价，关联到每位教师的自我发展与成长。就目前的整体态势而言，评价指标要么简单刚性、要么过于精细量化，评价依据关注综合性表现的常模而不是个体独特性，评价结果的过强功利性而疏于精神激励性等等，都是引发教师职业压力进而引发倦怠的主要原因。真正的学术创新与教学卓越还是来自教师内在的自我期许、承诺与激情，它需要有外在压力，但不是源于过多强制性的非正常压力。它需要教师有内在的紧张感，但并非是忙乱与无序，并不断地承受各种精神困扰。

其实，我们认为学术工作评价复杂，但如果有一种对教师生命历程的理解与关照似乎又没那么复杂！譬如，如果把握好入职门槛与考察期，能够遴选出那些真正有志于学术、有优秀的潜质与发展潜能、有教学与科研偏好与激情的人加入教师队伍，不需要太多的外在强制，甚至不需要全过程频繁的考核评价环节，他们也自然会表现出持续的事业追求活力。在整个职业生涯展开过程中，有抱负有追求的教师自有其规划与目标，高校更多应该为其提供规划实施与目标追求的保障而不是过多的干预，让其拥有自我掌控的节奏感而不是在频繁侵扰下的心绪烦乱与心态失衡。简言之，如果能够建构起一种教师基于个人评价而不是其他评价的自我激励，我们的教师队伍建设才会越来越步入正轨，学术的繁荣与人才培养质量的提升才指日可待！

CAHE

1983

CAHE

1983

第四编

推进高等教育治理现代化

20高等教育国际论坛年会
nnual International Forum on Higher Education
快推进大学治理体系和治理能力现代化

全球疫情考验下大学的应变之策与治理之道

吴朝晖
Wu Zhaohui

中国高等教育学会副会长
中国科学院院士
浙江大学校长

众所周知，世界正处于百年未有之大变局，全球的政治力量对比、经济增长方式、文明交流形态和科教发展模式不断变化。当前，以疫情防控常态化为标志的后疫情时代等大事件叠加演进，引发人类经济社会更为急剧快速的变化。在这些变化的背后是创新驱动发展和人才决胜未来的不变法则。作为创新第一动力、人才第一资源和科技第一生产力的天然结合点，大学的重要性更加凸显。面对新形势和新要求，肩负责任与担当的大学，注定要做好坚守和应对，主动适应大变局的演进趋势，更加坚定地扛起实现中华民族伟大复兴的担当。

一、全球疫情考验下大学面临的新形势

在全球疫情考验下，大学发展迎来了一系列挑战与冲击，高等教育在宏观和微观层面将发生重大变化。

在宏观层面，以智能化为特征的第四次工业革命的到来，将助推经济社会实现全方位变革，迫切需要我国大学培养所需要的人才。以扩张与退缩并存为形态的新一轮全球化持续演进，大学与世界的关系正在重塑。

在微观层面，教育教学模式发生深刻变化，日益呈现“黑板”和“屏幕”并重的趋势，线上教育将成为重要渠道。科技创新的范式发生深刻的变革，日益呈现出“实体”和“虚拟”并重的趋势，线上线下相结合的创新结构将成为未来的主要形态之一。开放办学的方式发生深刻变化，日益显现出“本土”和“国际”并重的趋势，“云端访问”成为全球开放发展的新方式。治理体系和治理能力发生深刻变化，日益呈现出“单向”和“互动”并重的趋势，“数治”“智治”成为治理改革的新方向。

二、全球疫情考验下大学的责任担当

面对非常态化和不确定性，中国高水平大学更应肩负起责任与担当，在新形势下做到矢志立德树人、聚力科研创新、坚持开放发展和深化治理改革。

在育人模式上，大学需要以学生为中心，建立与疫情防控常态化相适应、线上线下相结合的新式办学空间，引领广大学子主动拥抱新一轮的学习革命。要强化对新知识、新方法的学习，引导学生在虚实互动的新空间中学会自主学习，在人机协同中“先行、先试、先成”。

在创新范式上，大学需要将交叉前沿和会聚领域作为主攻方向，让大信息、大生命、大物质等学科群形成多向联动、相互促进的循环关系，持续催生“AI+ 物质”“AI+ 生命”“计算 +AI”等方向，不断推动科学研究范式、技术攻关范式和应用推广范式迭代进阶。要打通现实世界与数字信息世界的“最后创新关卡”，助推“互联网 + 创新”“智能 + 创新”等未来形态发展。

在交往方式上，大学需要主动走出校园开展大学和社会的双向赋能。在服务国家战略需求的同时引领社会发展，在“有限的全球化”中优化国际开放合作布局，同时要积极参与国际教育治理，牵头组织成立大学国际联盟和学科性的国际学术联盟，努力把中国打造成全球重要的留学中心和世界杰出青年向往的留学之地。

在治理能力上，大学需要加快以智能化、数字化、网络化为核心的现代化治理之路。要强化治理的协同性，让管理形式和服务方式从“碎片化”走向“整体化”。要拓宽治理体系的辐射面，将触觉延伸到师生工作学习生活的方方面面，形成由点及面、串珠成链的校园大治理体系。

三、全球疫情考验下浙江大学的行动

面对全球疫情考验，浙江大学准确识变、科学应变，于危机中育新机，于变局中开新局，开展了一系列办学新探索。

在教育教学方面，以线上线下联动深化教育教学改革，以“全人”“新人”双目标打造一流的本科生教育，以“学生”“学者”双定位打造卓越的研究生教育，以“学科”“地缘”双优势打造特色的继续教育，如通过推进“网上浙大”“智慧教室”建设，推进线上线下相结合的教育教学实践。

在科研创新方面，以学科、人才、科研一体化打造一流的创新生态系统。从全球、国家、区域“三位一体”出发，培育对标世界前沿的引领性成果，建设承接国家战略的高能级平台，促成服务区域发展的高水平转化，如前瞻布局脑科学与人工智能、量子计算与感知、精准医学等会聚型学科领域，推出了“创新 2030 计划”。

在全球开放方面，以国际化和本土国际化双向互动推进全球开放发展，拓展全球合作网络，推进师生全球交流，打造国际合作教育样板区，如以“一对多”、中西结合方式建设海宁国际校区，分别与伊利诺伊大学厄巴纳－香槟分校和爱丁堡大学成功建设了两个高水平的国际联合学院，为这次疫情期间的新型国际交流提供了优质平台。

在校园治理方面，以理顺内外办学关系推进治理体系现代化，坚持“师生为本”的办学理念，通过深化改革完善大学治理体系，让技术赋能数字校园建设，在管理创新中提升服务保障能力。如浙江大学行政服务办事大厅成功创建了“全国青年文明号”，始终坚持以集中式受理、协同化办理、信息化运行为追求，致力于为广大师生提供便捷、高效、规范的服务。

立足新起点，我国的大学需要继续扎根中国大地，以高标准、严要求推进中国特色世界一流大学建设。面向未来，我国高校应携手共进，共同服务创新发展，应对新时代的挑战，履行大学的办学使命，展现大学的担当作为，以一流建设推进内涵式发展，完成历史性跨越，努力为实现中华民族伟大复兴的中国梦贡献中国高等教育的力量。

CAHE
1983

2020高等教育国际论坛年会
2020 Annual International Forum on Higher Education

使命担当与时代作为

——关于加快推进一流大学治理能力现代化的思考与实践

韩 进
Han Jin

中国高等教育学会原副会长
武汉大学党委书记

党的十九届五中全会为夺取全面建设社会主义现代化国家新胜利提出了纲领指引，为我国未来5年和15年的发展擘画了锦绣蓝图，对高等教育发展提出了“建设高质量教育体系”“提高高等教育质量”等新要求。加快推进大学治理体系和治理能力现代化，把我国制度优势转化为推动高等教育高质量发展的治理效能，是当前大学重要的使命与责任。

一、深刻认识加快推进大学治理现代化的重大意义

一是实现社会主义现代化强国目标的内在要求。“十四五”时期，我国将大力推进社会主义现代化强国建设进程。在党的十九届五中全会公报中，“强国”一词高频出现，吹响了加快建成文化强国、教育强国、人才强国、体育强国、科技强国、制造强国、质量强国的雄伟号角。大学作为高水平科学研究和高素质人才培养的主阵地，是国家现代化建设的重要支撑。大学治理是国家治理的一部分，大学治理现代化本身就是社会主义现代化强国建设的应有之义和重要内容。

二是适应高等教育进入普及化阶段的迫切需要。随着高等教育毛入学率超过50%，当前我国高等教育已由大众化进入普及化发展的新阶段。当大学不再是人人渴求而不可得的稀缺资源，“质量”与“特色”就成了一所大学的独特魅力和核心竞争力所在。受教育者对自身能力素质提升的重视程度将不再用一纸文凭来体现，这就客观上倒逼大学必须重视学生、重视口碑、重视服务，进行高等教育领域的供给侧结构性改革，提升人才培养与科研产出的质量和水平，推动从规模发展向内涵发展转变，从而真正实现高质量的普及化发展。

三是深化高等教育领域综合改革创新的必要途径。改革是教育事业发展的根

本动力。国家先后颁布《关于深化高等教育领域简政放权放管结合优化服务改革的若干意见》《关于深化教育体制机制改革的意见》《中国教育现代化2035》《深化新时代教育评价改革总体方案》等文件，从外部环境、内部结构、考核评价、激励保障等多方面优化高校管理体制，旨在完善高校治理结构，提高高校自主管理能力。当前，我国高等教育改革创新已进入“深水区”，此时更需要进一步优化和完善内部治理体系，加强高校内部的综合性、协同性、系统性改革，打好深化改革创新的“组合拳”。

四是加快建设世界一流大学和一流学科的重要动力。建设一批世界一流大学和一流学科是我国建设社会主义现代化国家的战略选择。实现“两个一百年”的奋斗目标，必须有一批位居世界前列的一流大学和一流学科。而建设世界一流大学，必然要求有一流水准的管理体系，有一流水准的治理能力，以“一流治理”为“一流大学”“一流学科”建设注入强大动能。

二、准确把握大学治理能力现代化建设的基本原则

一是坚持党的全面领导。高校要强化中国特色社会主义大学政治属性，把党对学校的全面领导、坚持社会主义办学方向、落实立德树人根本任务、培养德智体美劳全面发展的社会主义建设者和接班人等要求全面体现在学校章程和各项规章制度中。坚决落实党委领导下的校长负责制，严格执行党委全委会、常委会和校长办公会议事规则，确保党委履行好把方向、管大局、作决策、抓班子、带队伍、保落实的领导职责，为实现高质量发展提供根本保证。

二是坚持以育人为根本。教育的根本任务是立德树人，高校的立身之本在于立德树人。只有培养出一流人才的高校，才能够成为世界一流大学。大学要扭转重知识传授轻人格塑造、重教学科研轻思想教育的认识倾向，促使政策、资源和力量往育人行为上汇聚、评价导向往育人实效上倾斜，实现全员全过程全方位育人。这必将是对学校现有治理体系的改革和重塑，也是理念革新、体制优化、能力提升的发展过程。

三是坚持依法治校。全面依法治国方略的实施，为高等学校加快建立现代大学制度提供了新的机遇。高等学校落实依法治国方略具体而直接的体现就是依法治校，而以大学章程为抓手的现代大学制度，正是建立在法治基础之上的高等教育治理体系。应抓住这一有利时机，以章程实施为契机，进一步推进高等教育治

理体系和治理能力现代化，完善内部治理结构，拓展新的发展及社会合作空间。

四是坚持改革创新。当前，深化高等教育治理能力现代化和治理方式改革创新成为迫切要求，大学必须深化教育改革，加快新常态下高等教育治理方式的转型，在稳定规模、优化结构上下功夫，在发挥优势、彰显特色上下功夫，在创新驱动、内生增长上下功夫，全面建立保障“质量提升、内涵发展”的体制机制，使以质量提升为核心的内涵式发展成为新常态。

三、推进一流大学治理能力现代化建设的实践探索

围绕加快大学治理体系和治理能力现代化建设的重要命题，武汉大学在多年的改革发展中进行了不断的探索与实践。

一是把牢办学正确政治方向。坚持用习近平新时代中国特色社会主义思想武装头脑、指导实践、推动工作。充分发挥党委理论学习中心组示范作用，不断提高领导和驾驭学校全局工作的能力，打造推进“世界一流大学和一流学科”建设的坚强领导班子，积极贯彻党委领导下的校长负责制和民主集中制。健全党委统一领导、党政分工合作、协调运行的工作机制，确保党委充分履行把方向、谋全局、抓大事、保落实的职责。

二是完善学术治理结构。在学术制度的改革与创新上，大学应秉持尊重学者、崇尚学术的办学理念，视学者和学术为大学生存和发展的根基，实行教授治学。学校长期以来致力于形成“崇尚学术、尊重学者、关爱学生、追求卓越”的制度环境，注重完善学校、学部、学院三级学术治理体系，健全以教授为主体行使学校学术权力的体制机制，充分发挥和尊重学术组织在学科建设、学术评价和学风建设等方面的重要作用。

三是深化校院两级管理改革。学校以深化校院两级管理配套改革为突破口，按照减负、规范、放权的原则，加快推进资源配置重点领域的配套改革，强化学院目标管理和周期考核，明晰校院权责，充分保障和优先配置人才培养资源，进一步引导学院聚焦核心竞争力的提升、聚焦人才培养和教学科研业务。进一步科学放权，充分发挥学院和师生在人才培养、科学研究、队伍建设、学科建设等方面的主体作用，为师生“解绊”，不断增强内涵式发展的内生动力。

四是构建导向鲜明的评价制度。学校深刻领会习近平总书记关于教育的重要论述精神，充分认识到深化教育评价改革是提高治理能力和治理水平的应有之

义。学校进一步贯彻落实《深化新时代教育评价改革总体方案》，将“改进评价制度，推动学校治理能力现代化”列为年度重点工作，以破除“五唯”作为切入点，推动全方位、深层次的评价制度改革。

五是畅通全员发力的参与机制。大学是由学科、学术、学者、学生组成的学术共同体。学校以现代大学制度建设为先导，颁布实施《武汉大学章程》，修订学校学术委员会章程，调整学校学术委员会、学部分委员会等组织，健全学校学术权力运行体系；完善学校党委常委会议、校长办公会议等议事规则，提升决策民主化、科学化、法治化水平；充分发挥教职工代表大会、学生代表大会等在民主决策机制中的作用，健全制度，畅通参与渠道。

教育始终要与国家发展和民族振兴同向同行，这是教育发展的规律，也是教育的使命。今天，我们要实现中华民族的伟大复兴，大学既要保持定力与韧性，更要有担当作为的魄力与勇气，以创新的思路和举措推动治理体系和治理能力革新发展，为加快建设中国特色世界一流大学注入新的生机与活力，在实现教育梦的同时，有力助推中华民族伟大复兴的中国梦的实现。

2020高等教育国际论坛年会
2020 Annual International Forum on Higher Education
加快推进大学治理体系和治理能力现代化
Accelerating Modernization of University Governance Systems & Capacity Building

在疫情大考中提升治理能力

曹淑敏
Cao Shumin

北京航空航天大学党委书记

党的十九届四中全会对推进国家治理体系和治理能力现代化进行了全面部署，新冠肺炎疫情防控是对治理体系和治理能力的一次大考，党的十九届五中全会对高校提出了新要求。北京航空航天大学体系化开展各项工作，在疫情大考中快速提升治理能力，加快建设中国特色世界一流大学。

一、加强党对学校的全面领导

党的领导是打赢疫情防控阻击战的坚强政治保证，并在疫情防控中得到全面加强。

一是建立强有力的防控领导和工作体系。在学校层面，成立疫情防控工作领导小组，提出“保护校园，关爱师生”总原则，建立“一办十二组”专班专组工作体系，坚持每天召开专班会、每天形成工作专报，根据中央和上级要求系统制定、及时更新防控措施，在每个重大节点召开全校干部大会部署传达。学院层面，成立书记、院长任组长的领导小组，设置工作专组，细化具体任务。在支部（系所/班级）层面，上传下达、高效运转，做好传达要求、思想引领、关心关爱等各项工作，确保落实到每名师生。

二是构建党政协同、上下贯通的工作机制。模范执行并不断完善党委领导下的校长负责制，学校党委履行管党治党、办学治校主体责任，把方向、管大局、作决策、保落实。在校党委、分党委、党支部三级体系下，完善院系党政联席会议和党组织会议制度，强化党支部政治功能。学校层面建立分党委书记联席会、院长联席会和管理服务联席会三大会议机制，学院层面建立支部书记联席会/系主任联席会机制，进行学习、通报、交流和部署，有效破解“中温下凉”及党建业务

“两张皮”问题，及时传达中央和上级精神，协调推进工作落实。

三是实施覆盖全员、直达一线的“学习日”制度。面向全体师生开展“学习日”活动，学校统筹加强对学习内容的指导，以支部（系所 / 教研室 / 班级）为单位开展，构建了以师生为主体、集“理论学习、业务交流、工作部署、听取意见”为一体的机制，覆盖全部单位、所有支部、全体师生。“学习日”活动每单周三下午开展，上传下达、相互交流、统一思想，真正实现把中央精神和学校部署安排及时传达到每一名师生，凝聚发展合力。

二、完善分级分类的师生思政工作体系

学校坚持以人民为中心的发展思想，把关心关爱、强化思想引领与落实防控要求结合起来，全方位做好师生思政工作。

一是在关心关爱师生中落实防控要求。校领导、各学院班子成员、辅导员分层次全覆盖联系师生，每日掌握健康情况、位置信息。按照中高风险地区、境外、在校等情况，区分确诊、密接、经济困难、心理问题等类别，对重点关注师生实施“一人一组一策”。坚持细致、温馨，做好毕业工作，寄送学位服，举行线上毕业典礼“云端拨穗”，开展 30 小时慢直播、两校区灯光秀等。

二是构建“三横三纵”学生工作体系。将疫情期间关心关爱做法上升为分级分类工作机制，针对存在家庭经济困难、学业问题、心理问题等情况的学生，实施全员摸排、实时更新，分级分类建立台账，落实“一人一策”。细化以校、院、班为“三横”，党、学、团为“三纵”的学生工作体系，实现上下贯通、分级负责，并将这套体系运用到学生就业、心理健康等各项工作，实现思政工作常态化、精准化。

三是建立教师工作体系。压实学院职责，建立“分党委书记第一责任人、责任院领导、系所二级机构负责人”三级教师工作体系，建立信息联络员制度，明确信息摸排、重点关注、思想引导、服务保障等 4 项工作内容。针对涉及心理异常、导学关系、师德失范等情况的教师，分级分类排查，落实“一人一策”。建立分级分类加强对教职工的关心关爱及谈心谈话制度。

三、以信息化全面提升治理能力

学校着力建设“智慧北航”，以信息化带动协同化、服务化、规范化、精细化。“智慧北航”在疫情防控中起到了强有力的支撑作用，并已引领提升学校管理服务能力。

一是全面摸排和实时更新数据。全面排查每名师生情况，全方位统计每个防控单元情况，建立了清晰准确的工作台账。5天时间开发出自动定位的“疫情防控通”小程序，全体师生每日打卡报平安。建立学院上报、“防控通”记录、校门、楼门和校园卡消费数据“五道防线”，各类数据实时更新、交叉比对、相互印证。以精准防控倒逼打通信息壁垒，实现全校数据互联互通。

二是加强校园防控。运用人脸识别测温技术，入校入楼刷脸、刷码、刷卡通行，人员在校情况实时掌握，实现“早发现、早报告、早隔离、早治疗”。根据防控需要，以2天开发一个的频率，上线返京离京、医学隔离、实验室开放等15个小程序。开发“学生出入校”小程序，掌上办理，便捷出行。

三是支撑学校两校区“双核”发展。首次两校区同步互动直播举办开学典礼，1万名本研新生共同参加。全面启动视频会议系统，两校区多会场同步参会，保障各项重大工作顺利推进。建设智慧教室，积极探索开展两校区公选课。全面实现科研业务网上办理。智慧校车预约、学生宿舍线上调配给师生提供极大便利。

四、坚持系统观念谋划推进重大工作

学校在抓好疫情防控的同时，统筹积极推进各项重大工作，努力把疫情影响降到最低，加快“双一流”建设。

一是深化学科交叉。落实“顶尖工科、一流理科、精品文科、优势医工”学科建设方针，推进航空航天、信息、理科、文科、医工交叉五大学科群建设，构建了“学科—机构—平台—空间”四个布局。五大学科群均成立了工作领导小组，疫情期间各学科群共召开31次专题会议，进一步明确定位、聚焦重点、促进交叉，强化空天信融合特色，形成了理工文医交叉的学科体系。

二是强化有组织的科研。聚焦航空发动机、集成电路、人工智能等国家重大领域，深化跨学科机制，打造科研创新特区，强化学校层面的组织、推动、资源配置和校企协同，努力实现从单点创新到体系化创新，打造“大项目、大团队、大平台、大成果”科技创新“北航模式 2.0”。比如，与中国航发联合组建实体化的航空发动机研究院，瞄准“第六代 +”发动机前沿问题，推动校企协同、产教融合，开展前瞻性、战略性、基础性学科交叉研究。

三是加强制度机制建设。将好做法上升为长效制度、机制、体系，才是真正的治理能力提升。及时总结疫情期间相关经验做法，包括以信息化为支撑的多部门协同联动机制、强化学院一级的责任等，制定了突发公共事件总体应急预案和安全稳定工作长效机制等一系列制度。

四是构建共性体系框架。深化“四个体系”（组织体系、任务体系、责任体系、工作体系）和“两个建设”（制度建设、信息化建设）。组织体系即校党委 / 行政、分党委 / 学院、师生支部 / 系所 / 班级三级，任务体系、责任体系、工作体系分别明确“干什么”“谁来干”“怎么干”，实现中央和上级要求在学校落地落实。制度建设贯穿其中，信息化建设支撑引领，整体提升治理能力。

构建一流大学治理体系
实现高质量特色发展

李元元
Li Yuanyuan

中国高等教育学会副会长
中国工程院院士
华中科技大学校长

尊敬的各位嘉宾、女士们、先生们、朋友们：

大家下午好！

感谢中国高等教育学会的邀请，很高兴有机会和大家一起，探讨大学治理体系的一些问题，此次年会选题精准，给了我们极大的启迪和收获。我今天主要讲三个问题：一是全球视野下的大学治理体系；二是大学治理的价值自觉；三是华中科技大学的治理实践。

一、全球视野下的大学治理体系

大学治理有着丰富内涵，也有着悠久历史，从世界范围来看，自中世纪大学诞生起，大学治理就在不断发展演化。

当前，世界主要国家和地区的大学在不同程度地转向法人化治理，倡导多元力量共同参与，这是大学治理发展的新趋势。可以看到，由于国情不同和文化差异，各国政府与大学存在不同关系，但总的趋势是大学法人地位的确立以及大学治理体系的不断完善。中国公立大学在党和政府的领导下，被赋予法人地位，走出了一条具有鲜明中国特色的现代大学治理道路。党的十九届四中全会审议通过了《中共中央关于坚持和完善中国特色社会主义制度、推进国家治理体系和治理能力现代化若干重大问题的决定》。一流大学应着眼长远，转变理念，推动治理体系更加科学民主，促进治理能力更加法治高效，最终实现大学的“善治”。

二、大学治理的价值自觉：坚持正确的办学方向

中国一流大学，要在办学方向上，坚持“四个服务”方针，扎实立稳人民立场，牢牢把握政治属性；在人才培养上，坚持合格“建设者”和可靠“接班人”标准，把立德树人作为办学根本使命，将思想政治工作贯穿育人始终；在科学研究上，坚持“四个面向”方向，在创新驱动国家发展、加快建设科技强国中肩负起历史责任。

当今世界正处于百年未有之大变局。新冠肺炎疫情的发生，使百年未有之大变局加速演变。中国一流大学应该于危机中育新机，于变局中开新局，担负起时代使命，在提升治理能力中追求卓越，在特色发展中实现大学价值。

三、“善治”的实践：建构规范的治理结构

1. 让治理各方“有序”

华中科技大学党委履行管党治党、办学治校主体责任，议大事、谋大事，把方向、管大局、作决策、保落实。学校出台《贯彻党委领导下的校长负责制实施办法》，健全党委统一领导、党政分工合作、协调运行的工作机制。健全院系集体领导、党政分工合作的工作机制。建立健全院系党委（党总支）会议制度，将党委（党总支）会议作为党政联席会议的前置环节。完善院系党政联席会议制度，集体讨论和决定本学院重要事项。

2. 让学术治理“回归”

学校将学术委员会作为学术管理的最高机构，在学校党委领导下，统筹行使学术事务的决策、审议、评定和咨询等职权。凡涉及学术事务，应经校学术委员会审议的议题必须经校学术委员会审议通过后，方可提交校长办公会或党委常委会讨论。学院学术委员会、学位委员会和教学委员会“三足鼎立”，确保学术标准、学位标准、教学标准得以坚守。

3. 让民主管理“落地”

学校发挥校院（系）两级教代会、学代会等组织机构的作用，做到决策前认真酝酿，广泛征求意见；监督中发挥校内力量。学校提出的与教职工利益直接相关的福利、分配方案及聘任、考核、奖惩办法，由教代会讨论通过；学校章程、规章制度和决策的执行，由教代会监督。

4. 让管理重心“下移”

学校赋予院系更多选人用人自主权。对高水平研究团队和国家级研究平台设置进人的“绿色通道”，院系可自主选人定人聘人。明确“学校—部门—院系”权责边界，强化目标导向，压实院系主体责任，签订院系年度目标任务责任书，调整院系岗位设置自主权。下移薪酬分配重心，赋权院系调控杠杆。建立校院绩效津贴分配两级体系。

5. 让办事流程“再造”

学校实施管理服务信息化工程，在线上建设“网上办事大厅”，在线下建设“师生服务中心”，持续优化“一张表”平台。连续开展四届“工作流程设计与再造竞赛”，组织各单位集中梳理优化管理服务事项，统筹推进部门协调联审联办。

四、“善治”的推动力：体制机制改革

学校的体会是，要冲破阻碍发展的思想藩篱，破解制约发展的体制机制，唯有持续深入地推进改革。

1. 行政管理：大部制

学校加快推进行政机构大部制改革，通过理顺职责关系，调整部门组织体系，优化治理结构，加强工作协同。目前，学校正加快构建大教学、大学工、大科研、大总务管理体系，推进行政机构的大部制改革。

2. 人才培养：大教学

组建本科生院，将人才培养与招生工作“一体化”管理，让本科生院与研究生院工作贯通。加强思想引领，推进“新时代党旗领航工程”，提升思想政治工作精准供给能力。创建启明书院，通过寓思政、教育、学习、培养、服务于一体，以文化人。建设高质量研究生培养体系，深化招生改革，优化规模结构，提升质量监督保障。

3. 科研服务：大平台

建立医工、医理、医文交叉和跨校区分析测试平台及“实验动物中心”，作为校级、学科群共享平台。将相关服务平台调整为学校直属机构，在发展经费上设立专项预算。把科研服务做活，面向社会开放共享，积极为地方科研、经济建设服务。

4. 师生服务：大协同

学校正在进一步完善师生服务，积极推进“互联网 + 服务”，完善线上线下一

体和联审联办机制，持续深化“放管服”改革。除主校区建立师生服务中心之外，还跨校区在同济医学院设立医学院师生服务中心。

5. 后勤保障：大总务

学校坚持问题导向，理清边界，统筹全校总务与后勤保障资源，按照“管办分离”的原则，对管理、服务、经营功能进行合理划分和归并，提升总务质量，提高后勤效率，保障学校中心工作。

五、“善治”的成效：三个“满意”

建校68年以来，华中科技大学始终与国家发展同频共振，努力做到让党和国家满意，让人民满意，让师生满意，被誉为“新中国高等教育发展的缩影”。

近年来，学校被中央党的建设工作领导小组秘书组确定为全国高校中仅有的两个党建工作联系点之一。学校的扶贫工作也多次被原国务院扶贫开发领导小组评定为“好”。

在近五年国际排名中，学校每年提升20至30位。学校人才培养成效显著，“学在华中大、学医在同济”的品牌更加响亮。国家研究中心、大科学工程、大科学装置等大平台先后建立，在服务地方经济中作出巨大贡献，连续获得国家科技三大奖一等奖。

新冠肺炎疫情发生以来，学校设立5 000万元专项资金用于科技抗疫，师生员工与病毒搏斗较量，是全国投入最多床位和医护人员的高校，涌现出了以“人民英雄”张定宇为代表的抗疫先锋模范。

女士们、先生们、朋友们！

国家强则教育强，国运兴则校运兴。创建一流大学，必须将强校梦融入强国梦，迎接新挑战，谋划新发展。展望未来，我们的愿景是：“迈向世界一流，建设新时代卓越华中大。”

2020高等教育

构建新阶段、新理念、新格局下农科高等教育治理体系的思考

孙其信
Sun Qixin

中国农业大学校长

非常荣幸受邀参加中国高等教育界的一次盛会，听了众多专家的报告，收获良多。下面我分享一下对高等教育和高等农业教育的思考。在河南这片大地上谈农业是最合适的地方，因为河南是人口大省、经济大省，同时河南也是中国的农业大省。

我简要从三个方面汇报我们对高等农业教育的思考。

一、新发展阶段下农科高等教育的新挑战和新要求

中国进入了新的发展阶段，必然对整个社会各方面产生重大的影响，高等教育也不例外，高等农业教育更不例外。新的发展阶段面临两个大变局，也催生了新发展格局和推动未来可持续发展的战略布局。党中央历来把农业农村工作作为国家实现可持续发展的基础和保障，放在全党工作的重中之重加以安排部署和推动落实。在新阶段构建新发展格局背景下，农业依然是一个必须要完成的重大的任务。虽然农业的 GDP 只占到我国 GDP 总量的 7%，也就是 7 万亿元左右，但是我们应该清楚地认识到，以农业和农产品带动的第二产业和第三产业总产值已经超过了工业的总产值。此外，我们还要完成全面乡村振兴、推进新农村建设等重要任务。2019 年 9 月，习近平总书记给全国涉农高校的书记校长和专家代表回信，充分肯定了高等农林教育取得的成绩，并对新时代高等农林教育发展提出了新要求，就是高等农林教育要以立德树人为根本，以强农兴农为己任。在肯定取得成绩的同时，我们要清醒地面对巨大的挑战。新时代，为了适应新发展格局，高等农业教育必须善于运用创新思维和改革方法，农科高等院校治理需要全面贯彻新发展理念，着力构建新发展格局。

二、农科高等院校的发展历程与新发展理念

自党中央提出建设中国特色、世界一流大学战略部署以来，高等农业教育始终紧跟国家战略步伐不断前行。当今世界正处于百年未有之大变局，社会在变，教育也必须要变，这是我们深化改革、创新发展的根本立足点。如果一味坚持以不变应万变，将很可能被瞬息万变的世界所淘汰。在这种挑战下，高等农业教育必须要识变、思变、应变，更好地适应经济社会发展对人才的需求、科技的需求、文化的需求。从大学治理上来看，涉及学校内部治理的变化以及学校之外治理的变化两方面。内部治理的变化首先是学科体系的重构发展，学科交叉发展是重大的方向。从外部来说，产学研的协同创新是一个必然趋势，必须要考虑国内国际双循环新背景下，新型的大学发展之路也必然是未来需要改革的重大的方向。高等农业教育要在三位一体协同发展格局下谋变，也必须要放在人类命运共同体的国际视野下思变。

三、农科高等院校需要着力构建的新发展格局

首先，要发展一种互为依存、和谐共生的学科生态系统新格局。因为面临的任务在变，所以大学核心骨架、学科体系必须要适应变化。未来的农科建设不是传统意义上的农业，而是第一、二、三产业融合，农业与环境、农业与健康综合交叉不断创新发展的学科体系是未来的发展方向。同时还要建设一套适应国际学科前沿、适应国家发展潮流的新型的学科布局，特别是谋划新型需求的学科布局，这也是构建新发展格局里面要考虑的重大命题。近几年，中国农业大学（以下简称“农大”）围绕国家需求先后成立了一系列的交叉研究院、新型发展研究院，以及构建人类命运共同体全球视野下的农业高等教育和食物、营养、健康的研究平台和发展平台。

其次，要构建一个顶天立地、知识融通的人力资源新格局。高等教育的发展、高等教育的跨越都是依靠人力资源才能实现，在新时代新背景下，推进以顶天立地和知识融通为导向的人力资源发展的战略，是我们必须要完成的重大使命和任务。农大在过去一段时间建立了新型的发展格局和人力资源的评价和发展体系，应该说在新型的人力资源构建方面迈出了坚实的步伐。同时，结合评价体系的改革，建立了破立并举的新型评价体系来适应新时代、新发展格局的要求，提升学

校发展的动能。

再次，要构建独立自主强农兴农的科技创新的新格局。在实现中华民族伟大复兴的征程中，农业农村现代化是我们国家必须要完成的一项伟大历史使命，对科技的强烈需求将会史无前例。大学作为科技创新的主阵地，必须在布局谋划支撑农业现代化的科技上迈出步伐。农大在对标国家重大需求方面主动作为、积极作为，已连续十多年在吉林省梨树县开展了黑土地保护和可持续利用的多学科攻关，建立了梨树模式。2020 年 7 月，习近平总书记在吉林考察时指出，要保护好黑土地这一“耕地中的大熊猫”，梨树模式值得总结和推广。对此，我们深感使命光荣、责任重大。在“双一流”建设中，农大聚集了多学科数十个教授团队开展连续攻关，在黑土地保护和可持续发展方面开创出一条具有农大特色的科学道路。

最后一点，要构建良性互动、合力增效的校院治理新格局。前面各位专家关于内部治理都发表了很好的意见，基本导向是要激发活力、提升效率，这方面农大也进行了一些积极探索。我体会，大力度的改革是必须的，与此同时“小切口”模式的改革可能是更直接的，更能快速见到成效。过去几年，农大陆续推出了 60 余项小切口改革，通过小改革产生了大效益。这种改革模式符合学校发展现状，也符合在相对稳定的宏观体制下深化改革、大胆改革、精准改革的更高要求。改革永远在路上，只有不断改革，才能进一步焕发体制机制的活力。在构建政府、高校、社会三位一体的协同发展新格局方面，很多学校都做得非常好。最近，学校在全国各地积极谋划中国农业大学的系统布局，这也符合新发展治理格局的需要。此外，要构建符合国际化潮流的全球农业人类命运共同体的国际交流新格局，能够发出更多的中国声音，传播中国范式。

2020高等
2020 Annual Interna
加快推进大学

一流大学建设背景下地方大学治理的认识与实践

刘炯天
Liu Jiongtian

中国高等教育学会副会长
河南省政协副主席
郑州大学党委书记、校长

尊敬的各位嘉宾、各位朋友、同志们：

大家上午好！

从党的十八届三中全会到十九届五中全会，国家治理体系和治理能力现代化成为时代最显著的标志之一。大学作为重要的社会组织和知识创新的重要机构，实现治理现代化是自身内涵式发展的本质要求。一流大学建设进程中，应当构建与学校发展实际和长远发展格局相适应的现代大学治理体系。郑州大学立足中原，在一流大学建设中不断深化大学治理的认识与实践，为学校事业发展提供了坚实保障。

一、高质量办学格局的理论追寻

（一）一流大学建设的根本遵循

习近平总书记指出，要努力建设具有中国特色的世界一流大学。这一重要指示，可以说为中国的一流大学建设提供了方向指导和根本遵循，它也是对高等教育本质性的把握，既提出了建设原则目标，也明确了过程方法。一流大学建设的路径遵循"中国特色、世界一流"，就是要落实立德树人根本任务，扎根中国大地办大学，通过价值塑造和知识塑造，培养一流人才。

（二）地方大学的建设逻辑

大学服务地方不仅是社会属性使然，也是大学的一种必然的发展方式。人才培养、科学研究、文化传承与创新是大学的基本职能，也是大学的内涵建设。与此相对应的人才支持、科技支撑和文化引领，呈现的则是大学的外延发展。内涵建设与外延发展二者有机联系、相互作用，共同推动大学循环发展与质量提升，以此形成大学的建设逻辑。地方大学由于需求多元、结构复杂、条件薄弱等办学特点与状态，应当更加聚焦服务国家和区域经济社会发展，以贡献求得生存与发展。

（三）办学定位与场域目标

格局直接影响并决定着治理体系的建构。目前，郑州大学形成了“一流大学建设 + 部省合建”的格局，确立了综合性研究型大学的定位，这是一流大学建设最具本质性的特征。同时，努力构建基于目标定位的治理体系，在推进质量和品牌提升过程中，推进研究型大学的治理改革与学校转型发展。学校以一流大学建设为主线，以协同创新为抓手，加快推进转型发展与内涵建设步伐，全面提高教育教学质量和办学水平。

二、高质量治理体系的构建实践

（一）人才培养体系构建

高等教育的责任是努力培养社会适用的高层次人才，应坚持人才培养的“两论”，即目标论和方法论。目标论是指培养具有多元知识结构、基础扎实、富有进取与创新精神的社会有用之人；方法论是指通过大学定位与文化营造来培养社会有用之人。人才培养结构的改革和建构是郑州大学治理改革的关键要素。学校不断拉高人才培养标杆，提高层次，优化结构，培养创新人才，培养高质量适用人才；努力办好最大规模本科教育，在近四届的两院院士评选中，郑州大学有 8 位校友和教师当选，其中有 5 位本科就读于郑州大学。

（二）学科集成体系构建

对于一流大学建设来讲，学科布局具有长期性，需要基于学术背景、现实社会需要和长期学科积累来构建。为构建支撑长远发展的学科布局，郑州大学强化一流学科群（方向）建设、平台学科群建设，通过布局来推进学科调整与体系建设，完成了综合性大学的学科布局，构建了一批学科平台，有力带动了学科建设。

（三）学术组织体系构建

一流大学建设应把“创新人才培养体系”和“创新驱动发展体系”作为落脚

点，坚持学术引领，在加强知识体系建设的同时完善组织体系构建。在学术组织体系构建方面，郑州大学注重优化办学机制，促进科教融合，推动协同创新。在科教融合方面，与中国农业科学院棉花研究所合作成立郑州大学农学院，推进研究型学院建设；在创新体制机制方面，围绕“中心城市·一流大学”建设目标，同郑州市开展协同创新，形成校地合作新机制，带动学校重大科研团队的构建和重大学术产出的培育。通过强化学术组织体系建设，取得了一系列喜人的成果：学校 8 个学科进入 ESI 全球前 1%，3 个学科逼近 ESI 全球前 1‰；在“卡脖子”技术——ITO 靶材制造、深空面窗制造等方面实现了突破。此外，国家超级计算郑州中心落户郑州大学并通过科技部验收。

（四）治理文化体系构建

文化具有潜移默化、润物细无声的作用，是大学治理的升华。一流大学建设，不仅需要学术提升作引领，还要有文化软实力作支撑。郑州大学凝练了“求是　担当”的校训，弘扬“追求卓越”的郑大（荷球）精神和“勿忘人民”的郑大情怀，塑造郑大人“自信、开放、尊重、坚韧”的品格。校园文化增强了师生认同感和学校凝聚力，影响和塑造着一代又一代郑大人。

三、郑州大学应急管理体系建设

（一）疫情下的大学治理应对

郑州大学坚持疫情防控和教学科研两条主线，做好网上开学、学校运转、学生返校、加长学期（短学期）四个阶段的工作。疫情发生后，学校第一时间启动一级响应，阻击病毒进校园。疫情防控进入常态化后，学校保持高度警惕，做细做实各项工作。学校于 2 月 10 日网上开学，成为国内网上开学时间最早、规模最大的大学。6 月 28 日和 8 月 15 日，学校举行两次毕业典礼，主题分别为“隔绝的方法，开放的逻辑”“学习的选择，人生的态度”，为一万多名毕业生的郑大求学生涯画上圆满句号。10 月 18 日，学校举行开学典礼，勉励同学们珍惜岁月静好，在疫情复杂环境下好好学习。

（二）常态下的防控机制完善

学校不断完善常态化防控机制，通过警惕和预防风险、借助大数据精准防控、优化组织与管理、加强公共场所管控等措施，探索形成疫情防控与公共卫生机制。坚持小单元管理，加强风险管控，提升防控能力和针对性。同时对公共设施按照小单元管理进行改造升级，构建年级—班级—小组管理体系，通过实现宿舍、楼层、楼宇、园区等不同层级的管理，尽量降低“集聚”风险。

（三）应急管理下的治理能力建设

学校通过信息化建设提升治理能力，办成了许多过去想办而没有办成的事情。建设信息中心，消除信息“孤岛”；建立全体师生信息平台；实现网上办公与视频会议，进一步提升行政工作效率；优化升级网上教学，确保教学质量；守好大门，升级门禁系统。疫情背景下的化危为机，使学校应急治理下的能力建设得到加强。

2020 年 11 月 4 日，李克强总理到郑州大学考察并作出指示。我学习体会总理对郑州大学建设的指示主要有两点：一是坚持科技创新，二是努力走在全国的前列。总结一流大学建设第一个周期，郑州大学在办学质量与水平取得显著进步的同时，治理体系与能力也得到显著提升。治理体系建设不仅体现了一流大学建设任务的高标准完成，也为作为地方大学的郑州大学努力走向全国前列奠定了基础。

2020高等教育国际论坛年
2020 Annual International Forum on Higher Edu
加快推进大学治理体系和治理能力现代

大学内部治理体系创新

眭依凡
Sui Yifan

中国高等教育学会学术委员会副主任
浙江大学高等教育研究所所长、教授

当来自大学外部的有利于一流大学建设的政策制度供给和物质资源供给问题得到解决之后，一流大学建设的得与失、成与败就取决于大学内部治理体系的现代化，大学内部治理体系的现代化唯有通过大学内部治理体系的创新才能得以推进。

一、大学内部治理体系创新的理论依据

所谓大学内部治理体系，即大学内部组织及其权责的关系结构和运行程序，是决定大学兴衰成败的核心要素，决定着大学办学治校育人的效率。一流大学能否建成及大学的内涵式发展能否实现最终取决于大学的内部治理体系。

大学内部治理体系创新的组织理论依据。任何社会组织都是有目的的存在，但大学与其他社会组织有着本质的不同，这决定了大学既不同于科层制的行政机构，也有别于企业等其他社会组织。因此，大学内部治理体系的创新是由大学的组织特性决定的。

大学内部治理体系创新的组织生态理论依据。大学作为以学科与专业为基本要素的社会组织，具有鲜明的学术组织特性和高度的理性，大学组织的目的不只是理性选择的结果，而且必须以理性达成其目的、实现其目标。

大学内部治理体系创新的复杂科学理论依据。大学智力劳动的特点使之成为一个智能复杂系统，这一复杂性决定了大学组织结构及其权力结构必须按大学自身规律运行。

大学内部治理体系创新的系统论依据。任何系统都是一个有机的整体而非各个部分的机械组合或简单相加。大学作为学术权力与行政权力、学生与教师等诸

多要素构成的复杂学术组织，其功能不仅取决于大学内部个体要素的基本素质，也取决于这些要素间的相互关联，这决定了大学内部治理结构的复杂性。

二、大学内部治理体系创新的现实诉求

由笔者担任首席专家的教育部哲学社会科学研究重大课题攻关项目“高校内部治理体系创新的理论与实践研究”的调查结果表明，随机选择的来自近百所本科院校（含“双一流”建设高校）的 1 142 名受询者（其中教学与科研人员占 46.67%，校党政职能部门中层以上干部及学院负责人占 53.33%）对大学内部治理体系创新具有强烈的现实诉求。在问卷调查中，受询者对我国高校内部治理的整体现状满意程度总体上不高，满意者仅占总数的 25.3%；认为现行高校内部治理体系有利于高校内部治理目标实现的受询者仅占 22.2%；而认为我国高校现行领导体制有必要进一步完善的受询者占 90.3%；在关于“我国高校内部的组织及其权力构架是否有利于实现有效治理”询问中，仅有不足 1/3 的受询者持“有利于”的态度。基于我国大学内部治理体系或多或少存在这样那样的问题，所以 94% 的受询者认为“高校内部治理体系有必要创新”，其中近 30% 的受询者认为“非常有必要创新”。在对本调查其他诸如关于“高校内部治理体系对‘双一流’建设是否有影响”等 20 多个问项的回答中，均反映出了受询者对大学内部治理体系创新的现实诉求十分强烈。

三、大学内部治理体系创新的选择方向及重点

基于大学内部治理体系创新的理论依据和现实诉求，我们可以从“指导思想”“创新原则”和“重点解决的问题”三个方面提出大学内部治理体系创新的方向及重点选择。当今世界处于百年未有之大变局中，大学应该担负好以知识及人才引领国家创新发展的使命和责任，为此我们需要以大学理性来选择和建构最好的大学内部治理体系——这就是创新。

中国高等教育强国建设进程中的教育质量治理

史静寰
Shi Jinghuan

中国高等教育学会学术委员会委员
清华大学教育研究院教授

1994年，美国著名质量管理专家朱兰博士预言：21世纪，人类将迎来“质量世纪”。在知识经济时代，质量不仅是企业竞争力的关键，也是社会经济发展的战略因素，还是国家科学技术和文化水平的综合反映。质量不仅表现为生产活动的结果，还包括生产过程中的工作质量。

一、质量治理的内涵

“质量治理”的概念进入高等教育特别是人才培养话语范畴是最近二三十年的事。与传统自上而下的由单一主体进行的“管理”和“控制”不同，“治理”是相关利益主体以高等教育质量为中心，表达诉求、协商利益、协调资源、达成共识的决策形成及实施过程。

治理主体包括政府、市场、高校、中介机构、学术专业组织、其他非政府第三方机构。治理手段（途径）包括法律法规、政府政策、专业评价、市场监督、社会问责、文化影响等。

治理特点可以概括为：（1）政府主导、共同参与。在现阶段高等教育治理中，政府通常是主导力量，其他社会主体和利益相关者共同参与。（2）多元向度。治理过程是多向的，既包括自上而下的纵向管控，也包括不同主体间的横向互动以及自下而上的影响。（3）协商共识。治理过程所创造的结构和秩序不通过外部施加，而是通过多元主体之间的互动、博弈和相互作用，往往包含不同利益的表达、协调与融合。

治理目标的达成是利益调和、形成共识的过程，其权力的行使不以支配为特征，而以利益相关者的同意与授权为基础。

二、我国高等教育质量治理

在高等教育领域内，自20世纪90年代末大学扩招及“985工程”建设项目实施以来，质量问题始终是社会及高校关注的热点之一。

2015年，国务院发布的《统筹推进世界一流大学和一流学科建设总体方案》中明确将完善内部治理结构列入“双一流”建设五大改革任务之一，加快高等教育治理体系和治理能力现代化。

当前，我国高等教育正处于实现内涵式发展、建设高等教育强国的关键阶段。增（人才培养）能力，强（人才培养）体系，是高等教育事业发展的重中之重，需要整个社会的支持和参与。正是在这样的背景下，质量治理受到重视。“双一流”建设周期已经过半，建设成效如何？特别是在完善人才培养质量治理体系方面进展如何？我们近期对部分“双一流”建设高校中期自评报告中学校自选特色案例进行分析发现：高校对人才培养问题非常关注，选择以人才培养为主题的案例数量最多。这表明，人才培养作为“双一流”建设的核心内容之一，不但在“双一流”高校建设实践中得到贯彻，而且已经被高校作为展现自身特色和发展质量的主要指标。不少“双一流”建设高校在人才培养案例中提到其质量保障举措。例如，制订一流本科教育质量保障计划；实施大类招生、自主选择专业等保障生源质量的招生举措；对培养过程质量进行评估，不少学校已有课程评价、学生评教等措施，并注重对学生出口的质量把控等。

当然案例分析也发现一些可以进一步改进的问题：第一，虽然已有高校将大学治理作为特色案例列出，也开始在高校层面建设教育质量评价及保障机构和制度，但治理结构还比较单一，院系基层组织在质量治理方面功能比较薄弱。其他利益相关者（大学生、校友、用人单位等）在质量治理上的参与度也明显不足。第二，高校质量治理体系的整体性建设尚不完善。除人才培养外，高校其他功能（如社会服务、文化传承与创新质量等）质量评价保障机制提及较少。第三，高校质量文化建设，质量价值观养成等软性因素仍需加强。不少高校教育质量评价及保障是以项目运作的方式进行，尚未形成稳定的可持续的制度规范和文化氛围支持。

三、国外高等教育质量治理的经验

1. 以法律环境建设为基础。有的国家通过立法方式，明确界定各方主体权责关系。例如，德国《高等教育框架法》规定高校需进行自我评估，接受外部评估，并要求学生参与评估过程；《德国专业认证基金会设立法》等界定政府、高校、认证委员会在认证工作中的权责关系。英国 2017 年颁布《高等教育与科研法案》，发起、统领“教学卓越框架（TEF）”的构建。日本《学校教育法案》推动第三方评价机构发展，规定高校必须定期接受政府认定的评价机构开展的院校认证。

2. 机构、制度与文化建设并举。有的国家以政府政策、专业机构等形式传递质量文化、实施质量治理。例如，英国政府推进“教学卓越框架”，在既有审核评估基础上增加等级评估，提升高校对人才培养工作重视程度，并确立以学生为中心的质量文化。澳大利亚政府成立高等教育质量与标准署（TEQSA），发布“高等教育评价报告”，并统领高等教育质量保障系统改革，明确强调学生产出与学生体验质量。日本政府于 2016 年，在全国学位与大学评价机构（NIAD-UE）基础上新设全国学位与高等教育质量提升机构（NIAD-QE），强调质量保障文化向质量提升文化的转变。法国政府牵头成立高等教育评估委员会（HCERES），统筹法国对于高校、科研单位及教育项目的评估与监管工作，并依据其提供的评价结果、数据分析进行教育决策。

3. 明确高校主体责任。发达国家的高等教育立法都明确高校是人才培养质量保障与提升的第一责任主体，强调发挥高校的主体作用，保障高校自治，给高校建立内部质量治理体系、进行质量提升改革保留充足空间。使高校成为高等教育质量治理体系的落脚点与着力点。高校内部质量治理举措包括：基于高校研究的发展战略规划（高校层面质量治理体系建设）；围绕人才培养质量提升的制度安排与综合改革（课程改革、人事改革、院系结构改革等）；内部人才培养质量评价体系建设（内部教学评估、学生评教、学生学习情况数据收集机制建设等）。

4. 保持商业机构角色，形成市场问责压力。我们可以批评大学排行在某些方面引起了一些误导或者产生了一些负面的影响，但是不可否认它的客观存在，作为一个不同于政府、不同于学校办学主体的声音，它有它独特的功能，在一定程度上发挥了促进作用。如泰晤士高等教育世界大学排名、QS 世界大学排名、软科世界大学学术排名、《美国新闻与世界报道》全球最好大学排名等。社会上还有其他形式的市场问责机制，如学生评教网站等。

知识经济的竞争，归根结底，是人才、人才质量和人才培养能力的竞争。我们需要在全国各高校培育质量意识，形成质量文化，建设质量治理体系。

CAHE
1983

发言席

大学战略管理视角下的目标治理研究

杨 颉
Yang Jie

中国高等教育学会学术委员会委员
上海交通大学教务处处长、研究员

当前，“治理”是研究热点，本次论坛的主题就是“加快推进大学治理体系和治理能力现代化”。党的十九届五中全会明确提出“加快构建以国内大循环为主体、国内国际双循环相互促进的新发展格局，推进国家治理体系和治理能力现代化”，这是宏观的治理。《中国教育现代化 2035》也将“推进教育治理体系和治理能力现代化”列为十大战略任务之一。在大学治理能力和现代大学制度的建设过程中，一个很重要的抓手就是学校的战略管理水平。因此，我们聚焦在学校中微观的层面，关注学校和学院校院两级管理这个领域，分享一些研究结果。

一、大学战略目标研究的演化路径

大学战略目标的研究，经历了从“战略目标”到“目标战略”、从“目标管理”到“目标治理”逐步演化的过程。

从“战略目标”到“目标战略”。战略目标是大学战略规划的组成要素。各个学校都有最宏观的目标，描述起来有同质化的趋势，例如，“整体进入世界一流大学行列”“综合实力居于国内高校前列”“进入国内一流地方高校建设行列”等等。但是目标的推进和规划的落实，需要通过一套内部整体的设计方案来完成。上海交通大学在把学校的发展愿景转化为行动方案的过程中，主要关注两个方面：一个是指标驱动，另一个是资源驱动，也就是通过下指标、配资源来驱动各个院系，使得战略目标得以完成。在上海交通大学，学校给予学院较大的规划制定自主性，可以按照学院发展的实际需求制定目标，同时与学校保持互动。

从“目标管理”到“目标治理”。习近平总书记指出，“治理和管理一字之差”[①]，但“治理”体现出了“系统治理、依法治理、源头治理、综合施策”。我们从战略的整体性治理的视角，对学校和学院的规划目标进行对比分析。以学校的19个实体学院为案例，将各个学院的指标值之和与学校的总体目标进行对比，可以看出，在教学、科研、声誉等方面，很多指标被“放大”了，并且越是跟教师职称评定关系密切的指标，被“放大”得越明显。这里有三重力量的叠加：第一是学校的期望，需要推进整体战略目标；第二是学院利用这些指标，以获取学校更多的资源性投入；第三是教师的默许，因为这些指标跟职称紧密相关。

“整体协调性”和“自主发展性”的均衡。大学的规划基本上是“自上而下”的，而学院的规划更多是“自下而上”的，因为学院是学者的共同体，院系规划体现出对未来的共识。学校基于整体知识的公共事务治理体制，与学院自主治理下的分散式决策，中间一定会有差异，就是在规划研究中经常出现的“衰减”现象。我们将进一步研究衰减的机制。

二、目标治理的影响因素

借鉴鄢一龙等学者对国家五年规划效能评估的框架，我们对19个案例学院的规划效能进行量化分析，计算各个学院的完成率、基本完成率、预期准确率、相对差异系数等等。从结果可以看出，全校的整体预期准确率为23%，也就是说，实际完成率在80%到120%区间的指标，只占全部指标的23%，其他指标要么特别高，要么特别低，说明指标的预测功能并不强，而引导性的功能可能会超过预测功能，这是值得关注的一个方面。

根据规划的偏移度和完成度两个维度，对案例学院进行聚类分析，形成类似于“橄榄形”的区间分布，偏移度低的学院，完成率会比较高；偏移度适中的学院，一般来说完成率也适中。这说明跟学校规划对接比较紧密的学院，能够获取的资源也比较多，有利于指标的完成。

在学校的规划部门进行任务分解的时候，往往有“指标加码”的倾向：对于一些难以完成的指标，就给各个学院多安排一点，促进规划的落实。但是，我们的实证研究表明：越是被放大的指标，其在学校整体的完成度反而越低。这跟教师

① 中共中央文献研究室编：《习近平关于全面建成小康社会论述摘编》，中央文献出版社2016年版，第142页。

的“职业倦怠”或“压力过度”有一定的类似之处，层层放大并不会强化指标的实施发展，反而导致执行的衰减。因此，指标制定的过程应该更加客观，注重对规划内容的认同，比注重指标的结果，更加有利于规划的推进和目标的实现。

通过对不同学院的规划效能指数的分析发现，其影响因素与发展基础并不具有显著的相关性。学院建设学科所属的学科门类，学院的规模大小、历史长短，以及学院所拥有的优质学科的数量等变量，均没有明显的聚集性，因此，规划的执行过程仍然具有决定性的影响。

三、提升目标治理能力的路径

为了提高大学战略管理水平和目标治理能力，我们提出以下三个方面的建议。

激励相容，激发学院的自主发展动力。整合政府的目标、学校的目标、学院的目标和个人的目标，这才是规划实现的关键，而不是通过下指标、定计划，资源驱动或指标驱动简单地完成规划实施过程。

战略控制，其核心是过程控制。完整的战略管理闭环既包括战略目标、控制过程，也包括非控制性输入。在规划调整的过程中，非控制性输入应该更多由学院或者是基层来实现，这样学校的战略管理工作方式，才能实现从“目标管理”到“全程跟进”的转变，进一步促进规划的实施。

责权匹配，学校在推进校院两级管理的过程中，必须面对“非规则化”的问题，就是每个学院都有其发展的特殊性，允许每个学院有一些特殊的政策，才能够使得学院发展得更好。因此，上海交通大学推行“一学院一策”，对不同的学院实施不同的政策，甚至在同一件事情上，不同学院可以采取不同的政策，形成一系列试点学院。

CAHE
1983

2020高等教育

『工字厅不空转』：大学治理的故事与启示

谢维和
Xie Weihe

中国高等教育学会学术委员会副主任
清华大学原副校长、校务委员会副主任

非常高兴能够在这里向大家汇报我在大学治理体系和治理能力现代化建设方面的一些思考。

“工字厅”是清华大学的一处文物保护建筑，是一座气韵内敛的典型中式古典建筑，门前匾额上有清咸丰皇帝亲书的“清华园”三字。它曾经是清朝某皇亲的王府，如今是清华大学党政机关的办公室，是学校决策机构的象征。而所谓的“不空转”，则指的是学校的决策能够有效地得到基层院系的执行与实施，进而带动整个学校的改革发展。“工字厅不空转”则是清华大学多年来学校治理的基本经验之一。

众所周知，大学治理中有一个非常特别且具有普遍性的矛盾，即学校与院系之间的关系，包括它们之间的责权利的划分及相互关系。它既关系到大学建设中的整体性与系统性，也涉及充分发挥不同院系学科自主权与积极性的问题，对一所大学的办学质量与管理水平具有非常重要的影响，因而是大学治理中十分重要和具有高度关联性的问题，也是现代大学制度的基本内容。不同大学与学者对此都有自己的经验与看法，有的主张应该以学校为主，有的认为应该以院系为主，可谓各执一端，见仁见智，他们都从不同角度深化了对这个问题的认识与实践。而“工字厅不空转”则是清华大学在处理这个矛盾中的一点体会。

记得在一次北京市各大学领导的工作会议上，某大学一位熟悉的学校领导半认真半开玩笑地对我说，谢校长，你们清华的校领导可是有职有权，说话算数呀！我当时笑了笑，未作回应。但不能不承认的是，这位外校的领导真是一语中的地说出了清华大学治理中的一个非常重要的特色与优势，即学校运行中学校与院系的协调性，即“工字厅不空转”。在我自己的工作印象中，在清华大学，学校的决策通常都能够很好地在基层院系中得到落实与执行，并产生积极的效果。这种现象背后实际上体现了清华大学治理体系与治理能力建设中一个非常符合大学治理规律与学术机构特点的办学经验，即“基层出政策”。

这里，有一个十分典型的故事。在清华大学迎接2011年百年校庆之际，有一件事让学校领导踌躇不已。根据学校建设世界一流大学“三个九年，分三步走”的规划，2011年既是清华大学百年校庆的日子，也是完成第二个九年阶段性目标“跻身世界一流大学的行列”的时间节点。这里所谓的“跻身”，当然指的是清华大学的某些学科或在某些学术领域进入世界一流大学的行列。如何在这个关键时期动员全校教职员工进行“冲刺”，并且以客观事实证明学校确实已经实现了“跻身”的阶段性目标，成为学校领导筹备百年校庆过程中十分重视的一个问题。此时，有两个院系的实践经验得到了学校领导的关注。

其一是经济管理学院工商管理专业的国际认证。这个学院在老院长朱镕基同志的领导下，一直十分重视国际化建设。从21世纪初开始，经济管理学院就积极认真准备，在中国高等学校工商管理专业领域率先申请进行了国际认证，包括国际商学院协会（AACSB）与欧洲质量发展认证体系（EQUIS）的认证，并且取得了成功，进而得到了国际工商界与工商管理学术领域的认可，同时也极大地带动了学院的整体建设与发展。

其二是工业工程系的国际评估。时任系主任的美籍教授萨文迪先生邀请了国外若干位知名的工程院院士来清华大学，对工业工程系的人才培养、学科建设与科学研究进行现场考察与学科评估。经过非常严格的评估程序，国际的学术权威们给予了高度的肯定，认为工业工程系的办学质量已经达到国际先进水平。同时，他们也非常中肯地指出了该系学科建设中需要进一步努力的方向，进而有效地促进了工业工程系的建设。

这两个基层院系的做法与成功经验给了学校领导一个十分重要的启示：通过国际认证、评估或同行评议等第三方评价的方式，检验清华大学世界一流大学建设的成效，并进一步促进学校的改革发展，何尝不是一个非常有效的办法！于是，学校经过研究决定，从2009年3月开始在有条件的院系进行学科的国际评估。这个决策很快得到了许多院系的响应，包括理工科、医学与文科的院系，甚至是艺术学科，都积极准备，以评促建，开展了不同形式的国际评估。至2010年12月底，全校共有12个学科完成了国际同行专家的现场考察与评估。近百名国外著名学者参与了这个工作，他们非常客观地对清华大学世界一流大学建设的成效给予了高度评价与认可，也对进一步的改革发展提出十分中肯的学术性建议。无疑，这次涉及面非常广泛的国际评估当然是非常客观地证明了清华大学建设世界一流大学的成就，以及部分学科已经“跻身”世界一流的行列。同时，它也进一步说明了大学治理中“基层出政策”的有效性，以及学校与基层院系之间同心协力谋发展的实现机制。

其实，清华大学这种“基层出政策”的治理体系与治理能力已经是清华大学百年办学中的文化传统之一。早年梅贻琦校长掌校期间，就常常邀请有关教授在家里聚会，利用吃饭的机会，听取大家对学校建设的意见与建议，并综合教授们的主意形成学校办学的政策。而他的治校名言之一就是“吾从众”，这也是他能够在清华大学长期担任校长，并得到大家充分认可的重要原因之一。无独有偶，清华大学著名校长蒋南翔也是如此。他在清华大学工作期间，就经常深入基层，从基层中学习和发现经验，提出了很多至今仍然影响清华大学建设发展的宝贵经验与传统。而“基层出政策”则是他非常基本的方法论之一。实际上，这也充分体现了“实践出真知”的道理。后来，尽管蒋南翔已经担任了国家高等教育部的部长，他仍然兼任清华大学的校长，每逢周末便回学校召开会议，了解基层的情况。而这种“基层出政策”的治理机制正是清华大学能够有很高的办学效率的重要原因，是清华大学治理体系与治理能力建设的基本经验之一。

其实，大学治理中学校与院系的协调，并非仅仅是责权利的划分，更重要的是学校的决策能够符合基层院系的实际，代表教职员工的愿望，将学校的发展与院系的利益结合起来，由此真正实现大学治理中的共治、共建、共享。而这正是“基层出政策”的学术价值，是“工字厅不空转”的思想内涵。

CAHE
1983

人类命运共同体与大学责任

——培养具有全球视野和世界眼光的高层次国际化人才

姜 锋
Jiang Feng

上海外国语大学党委书记

各位嘉宾、各位同仁：

我报告的题目是《人类命运共同体与大学责任——培养具有全球视野和世界眼光的高层次国际化人才》。当今世界正面临百年未有之大变局，身处其中的大学要思考世界变局中发展与安全、科技与人文、智能与智慧的关系以及我们的使命与责任。

习近平主席2014年在联合国教科文组织总部演讲中指出："人们希望通过文明交流、平等教育、普及科学，消除隔阂、偏见、仇视，播撒和平理念的种子……要通过跨国界、跨时空、跨文明的教育、科技、文化活动，让和平理念的种子在世界人民心中生根发芽"。推动世界和平、构建人类命运共同体应该成为大学的重要责任之一。联合国教科文组织总部大楼前的石碑上，用多种语言镌刻着一句话："战争起源于人之思想，故务需于人之思想中筑起保卫和平之屏障。"可见，和平之于教育、和平之于思想都有密切联系，大学不仅要在推动科技进步等方面作出贡献，也要通过跨国界、跨时空、跨文明的教育活动在世界人民心中播撒和平理念的种子。

一、新时代急需大批具有全球视野和世界眼光的卓越人才

习近平总书记指出，参与全球治理需要一大批熟悉党和国家方针政策、了解我国国情、具有全球视野、熟练运用外语、通晓国际规则、精通国际谈判的专业人才。① 要加强全球治理人才队伍建设，为我国参与全球治理提供有力人才支撑。2020年教育部等八部门也要求加快和扩大新时代教育对外开放，指出要把培养

① 《习近平谈治国理政》第二卷，外文出版社2017年版，第450页。

具有全球竞争力的人才摆在重要位置，加快培养具有全球视野的高层次国际化人才。可以说，新时代急切需要一大批扎根中国大地、具有全球视野和世界眼光、能参与各领域全球事务的专业人才。

我们理解，全球视野和世界眼光包含以下四个维度：一是从中国看中国，熟悉本国传统、现实、未来；二是从中国看世界，批判地学习世界优秀文明成果；三是从世界看中国，在国际比较中认识中国特色；四是从世界看世界，把握世界大势和时代潮流。

二、全球话语能力是具有全球视野和世界眼光的卓越人才的核心

具有全球视野和世界眼光的卓越人才需要具备全球话语能力。全球话语能力包括全球理解力、全球表达力和跨文化沟通力。

一是全球理解力（听得懂）。要听得懂别人怎么说，是什么。全球理解力就是要能够理解不同国家和民族的文化、习俗和思维方式、行为习惯和表达形式等，同时能找到自己与交往对象共同关注的议题，并在交流中找到对同一议题理解的共通点的能力。

二是全球表达力（说得清）。不仅要听得懂别人在说什么，是什么；还要说得清自己是谁，我们要做什么，中国怎么样。全球表达力包括国际交际中外语、母语之间自如切换的能力，与同行就专业领域的话题进行深入探讨的能力，理解并洞察对方的看法同时能让对方听懂并理解进而接受自己所表达的观点和内容的能力。

三是跨文化沟通力（沟通得了）。听得懂了、说得清了，跨文化之间相互的沟通才能达成。跨文化沟通力是全球话语能力的核心。了解处于异文化环境中的沟通对象感知世界的方式以及据此采取相应的方式有效互动理解越来越成为沟通力的关键要素。

三、上海外国语大学：培养“会语言、通国家、精领域”的“多语种+”和“+多语种”卓越人才

语言是交际的工具，也是知识的工具，是价值和能力养成的载体。从这一认识出发，近年来，上海外国语大学以培养“会语言、通国家、精领域”的“多语种+”和“+多语种”卓越人才为办学使命。

1. **以语言为研究对象，促进语言学科与其他学科交叉。**一是优化学科专业设置。自设二级交叉学科“语言数据科学与应用”，新设语言学专业、数据科学与大数据技术、大数据管理与应用等跨学科本科专业。二是开展前沿交叉研究。先后成立了人工智能与数据科学应用实验室、脑与认知科学实验室和语料库研究院等，高级翻译学院与企业成立联合实验室。

2. **以语言为研究工具，创新国别区域全球知识领域研究。**一是搭建知识创新平台。2018 年 9 月，上海全球治理与区域国别研究院落户上海外国语大学。聚焦中国参与全球治理、聚焦“一带一路”沿线国家的国情、社情和民情研究，推动多学科交叉协同开展区域国别研究，设立二级学科点。二是创新人才培养模式。本科阶段成立卓越学院，采取跨院系、跨专业、跨语种的国内外高校交叉联合培养模式。研究生阶段开设了“特色研究生班系列”，培养能开展原创性国别区域研究的专业人才。

3. **以语言为研究方法和内容，促进全球话语能力提升。**一是讲好中国故事。2017 年 4 月，习近平总书记倡议的、上海外国语大学承办的中阿改革发展研究中心成立。三年多来，共培训超过 20 个阿拉伯国家及阿盟的近 300 名高级官员及政党领导，已成为中阿交流的“思想平台”。2014 年年底，上海外国语大学开设了面向全球招生的“中国学全英语硕士项目”，向世界主动提供关于中国的认知供给。二是增强国际课程供给。“跨文化交际”课程在国际慕课平台 FutureLearn 上线，已经完成 10 轮课程，吸引了来自近 200 个国家和地区的 6 万多名学生注册学习，形成了“全球学习社区”。

当今世界正面临百年未有之大变局，全球化深刻改变了传统的时空观。明天的事和今天的事重叠在一起，明天的未知被挤压进今天的生活形成焦虑。一国一地的危机在全球传播，焦虑和不确定性瞬间蔓延全球，剧烈地影响着人们的感受和行为以及国家关系和世界秩序，成为是否能实现人类社会和平发展的重要因素。在此意义上，全球理解力、全球表达力与跨文化沟通力构成的全球话语能力和就业能力是新时代大学能力培养的重要基础，提升全球话语能力是大学践行和平理念的核心要义，是大学为世界和平与发展、构建人类命运共同体应尽之责。

CAHE

1983

2020高等教育国际论

推进大学治理体系和治理能力现代化 为加快建设高等教育强国而努力奋斗

宋争辉
Song Zhenghui

河南省教育厅党组书记
中共河南省委高校工委副书记
郑州大学原党委书记

初冬绿城，群贤毕至，中原大地，蓬荜生辉。在全国上下深入学习贯彻党的十九届五中全会之际，来自全球的 1 200 余名专家学者齐聚一堂，参加由中国高等教育学会和郑州大学主办，河南省人民政府作为支持单位，联合国教科文组织亚太地区高等教育教席、北京大学教育学院等共同协办的 2020 高等教育国际论坛年会。与会专家将围绕“加快推进大学治理体系和治理能力现代化”这一主题，深入研讨新形势下高等教育变革，共同谋划推动高等教育高质量发展。

这个具有优良传统和国际影响的学术盛会在郑州大学举办，体现了中国高等教育学会对郑州大学的充分信任，体现了省委省政府的大力支持，体现了社会各界的关心和厚爱。在此，我代表郑州大学师生员工向莅临大会的各位领导、专家学者和各界朋友表示热烈的欢迎和衷心的感谢！

“大学治理体系和治理能力现代化”是国家治理现代化的重要组成部分，是中国特色社会主义制度优势在高等教育领域的集中体现，也是高等教育在新时代实现高质量发展和内涵式发展的必然要求。

一、推进大学治理体系和治理能力现代化，要立足中国大地

不同的国家历史和传统不同，大学治理的模式也不同。实践告诉我们，世界一流大学都是在本国的历史传统、现实基础和文化土壤中成长起来的。习近平总书记指出：“人才培养体系必须立足于培养什么人、怎样培养人这个根本问题来建设，可以借鉴国外有益做法，但必须扎根中国大地办大学。”[①]1869 年至 1909 年曾

① 习近平：《在北京大学师生座谈会上的讲话》，人民出版社 2018 年版，第 10 页。

担任哈佛大学校长40年之久的埃利奥特说："一所名副其实的大学必须是发源于本土的种子，而不能在枝繁叶茂、发育成熟之际，从英格兰或德国移植而来。"推进我国大学治理体系和治理能力现代化，必须坚持中国共产党的领导，必须坚持高校马克思主义的鲜亮底色，基于国家战略和区域经济社会发展需要，立足自身的历史和传统，找准自身的发展定位和路径，办出特色和比较优势，在服务国家建设中推动一流大学建设，走出一条契合自身特点的发展之路。

二、推进大学治理体系和治理能力现代化，要更新办学理念

世界一流大学都践行着卓越的办学理念。19世纪英国教育家纽曼认为："大学乃是一切知识和科学、事实和原理、探索和发现、实验和思索的高级保护力量"；柏林大学的创办者洪堡指出："大学肩负双重任务：一是对科学的探究，二是个性与道德的修养。"这些富有历史穿透力的经典理念不仅造就了一大批声名卓著的一流大学，更在普遍意义上明确了大学的功能、奠定了大学的传统、指引了大学的实践。

中国拥有悠久的历史、灿烂的文化。中国大学的治理必须植根于中国的文化、传统和价值观。

三、推进大学治理体系和治理能力现代化，要发挥制度优势

制度优势是治理体系最大的优势，是推进治理现代化的重要依托。长期以来，全球高等教育治理主要存在美国、英国和欧洲大陆三大主导模式。美国模式强调董事会治理，英国模式强调大学自治，而以法国和德国为代表的欧洲大陆模式强调以学科为基础的决策。近年来，随着亚洲高等教育的迅速崛起，大学治理的日本模式和中国模式也开始引起世界的关注。日本模式强调中央控制与机构自治的平衡，中国模式则强调党委领导和政府主导。

党委领导下的校长负责制作为我国高校治理的根本制度，是党对高校实现全面领导的根本保障，是坚持社会主义办学方向的根本保证，在大学治理的"学术权力、行政权力"等方面进行了科学合理的界定，逐渐形成了"党委领导、校长负责、教授治学、民主管理"的制度体系，有力确保了高校的长期稳定和学术活力，有效推动了高等教育的快速发展，是中国大学实践为世界高等教育治理贡献

的独特智慧。

推进大学治理体系和治理能力现代化，要进行系统思考。以辩证思维统筹好基本关系和主要矛盾，推动改革发展稳定的和谐统一，是实现我国大学治理体系和治理能力现代化的关键所在。当今世界大学的活动是多维度的，解决单个维度的问题少有能够取得成功的。如英国华威大学前教务长迈克尔·夏托克所言："大学管理是一个全面的、整合的过程，大学的各种功能和作用密切相关、互相影响。因此，一个弱项会影响大学的其他方面的功能。认识到大学管理的整体性是通向大学成功的关键。"

一是要平衡"两个权力"。大学本质上是学术机构，必须要牢牢坚持学术本位，强化学术权力对学术事务的决策权和资源配置权。同时，也要善于运用行政权力，对重大学术决策进行合理的干预，打破学术封闭和僵化状态，促进学科交叉融合、激发学校发展活力。

二是要变革"两个结构"。要着眼"显性结构"变革，通过顶层设计，构建科学的学术和行政组织架构，提升办学效率和资源配置效益。同时也要着眼"隐性结构"变革，加强质量文化、教学文化、学术文化、创新文化、创业文化建设，增进师生的价值认同，增强大学内部的凝聚力。

推进大学治理体系和治理能力现代化，要创新治理格局。伴随着高等教育大众化和普及化进程，大学已经从象牙塔走向社会的中心，大学被称为人类社会发展的"动力站"和"创新引擎"，成为现代社会中最重要的组织机构之一。作为生产和传播高深知识的机构，大学治理既是知识治理也是创新治理，大学治理不仅对于大学自身而言非常重要，对于经济社会发展而言同样也非常重要。当前伴随着知识经济和知识社会的来临，创新创业正在被管理者和学术界广泛讨论，创新创业型大学已经成为高等教育理论研究的重要范畴，一场以创新创业为中心的大学治理革命正在兴起。

一是要强化大学与政府、企业联动。面对后工业社会的来临和知识经济的兴起，大学需要转变发展范式，从重视知识的生产、传播到更加重视知识向应用转化；顺应经济社会发展规律，积极融入区域经济社会体系，主动服务国家发展战略，以知识创造价值。

二是要在强化国际开放的同时，构建我国高等教育发展的"双循环"体系。一方面要以构建人类命运共同体和实现全球共同利益为目标，打通和拓展国际化发展通道，更好地融入世界，提升在全球整合资源的能力。另一方面面对可能或正在来临的“逆全球化”，也要进一步深化高等教育综合改革，优化内循环发展机制，做好自力更生、艰苦创业、独立应对“卡脖子”问题的知识和制度准备。

三是要强化数据治理，以信息创造价值。伴随着信息化的到来，将数字技术用于改进大学治理正在成为影响全球高等教育发展的大趋势。要充分认识大数据的潜在价值，从数据中把握办学状态；要善于从数据中把握发展趋势，加强数据挖掘和分析，不断提升决策的精细化、精准化、科学化水平，大力推进大学治理的专业化建设。

各位专家、同志们：

大学治理体系和治理能力现代化是所有高校面临的共同课题。郑州大学作为地方大学中首批进入国家世界一流大学建设序列的高校，一个重要的使命就是要为地方高校建设世界一流大学进行路径探索。近年来，郑州大学实施“三步走”的一流大学建设战略，明确到本世纪中叶建成世界一流综合性研究型大学的目标，着力打造国际一流的人才汇聚和培养高地、具有显著影响的自主创新学术中心和支撑国家、区域及若干领域重大战略需求的重要基地。学校坚持以研究型大学治理体系建构与文化建设为抓手，加快推动向研究型大学转型发展，不断提升人才培养质量、服务能力和办学水平，全面高标准完成一流大学建设一期任务，发展根基进一步稳固，发展势头进一步增强，发展能力进一步提升，正在努力奋斗、砥砺前行，迈向一流大学建设的新征程！

作为一个动态过程，治理体系和治理能力现代化伴随大学发展始终，只有进行时，没有完成时，我们将继续与兄弟高校一道，坚持“中国特色、世界一流”，坚持“四个面向”，不断优化治理体系，不断提升治理能力，进一步加快治理现代化步伐，为高等教育强国建设作出积极贡献，为中国以及全球高等教育治理的现代化提供郑大经验。

这次会议在郑州大学召开，也给我们提供了一次难得的学习机会，恳请大家多为我们传经送宝，多给予指导帮助。我们一定珍惜机会，取长补短，努力推动学校事业发展再上新台阶。作为主办单位，我们也一定按照中国高等教育学会的要求，扎实做好各项会务工作，为各位领导和专家提供周到细致的服务，为本次会议的圆满召开做好有力保障。

预祝年会取得圆满成功！祝大家郑州之行、郑大之行一切顺利，祝各位领导、各位专家、各位来宾身体健康、生活愉快！

加快推
法治亻
我国
发言

法治化：我国大学治理体系现代化的重要向度

张应强
Zhang Yingqiang

中国高等教育学会学术委员会委员
浙江大学教育学院教授

2020年11月16日至17日，中央全面依法治国工作会议在北京召开。习近平总书记发表重要讲话时强调，要坚持在法治轨道上推进国家治理体系和治理能力现代化。法治是国家治理体系和治理能力的重要依托。法治政府建设是重点任务和主体工程，要率先突破，用法治给行政权力定规矩、划界限，规范行政决策程序，加快转变政府职能。《中国教育现代化2035》重点部署的面向教育现代化的第十大战略任务是推进教育治理体系和治理能力现代化，提出要“提高教育法治化水平，构建完备的教育法律法规体系，健全学校办学法律支持体系。健全教育法律实施和监管机制”，要“提高学校自主管理能力，完善学校治理结构，继续加强高等学校章程建设”。

目前，我国大学治理法治化主要面临两方面的任务：一是从构建完备的教育法律法规体系来看，需要从加快发展高等教育的新形势、新要求出发，将十八大以来党的重大理论创新成果写入法律，把近年来国家和地方在高等教育改革发展中取得的成熟经验和制度创新上升为法律。二是从提升政府综合运用法律等现代治理手段的能力和水平，建设法治国家和法治政府的要求来看，需要大力推行依法行政、依法办学、依法治校，发挥好法律引领和保障作用。

一、明确大学作为面向社会依法自主办学的法人实体地位

实现大学治理法治化，一是要通过法律分别对政府和大学的治理权利和义务进行界定，厘清和规范政府与高校之间的法律关系；二是明确大学作为独立治理主体的法律地位，培育大学作为独立治理主体的治理能力。大学作为独立的治理主体，必须享有法律规定的法人实体地位，而不只是由政策调节的治理主体地位。

《中华人民共和国高等教育法》第十一条规定：高等学校应当面向社会，依法自主办学，实行民主管理。大学依法办学与自主办学，需要处理好面向社会办学与面向政府办学的关系。目前我国大学的治理主体地位在性质上属于行政性治理主体，在来源上是由政府主管部门通过政策调节赋予的。由于缺乏法律支持，这种来源于政策赋予的治理主体地位并不牢固，其独立性也不强。

推进大学治理法治化，必须把大学建设成为面向社会依法自主办学的法人实体，从而使政府管理部门依法治教，使学校依法治校，在实现大学治理体系法治化方面迈出实质性步伐。只有把大学建设成为面向社会依法自主办学的法人实体，才能明确大学自主权的性质和归属，才能从根本上落实大学自主权。

长期以来，我们一直遵循着政府下放大学自主权的思路来解决大学自主权不足的问题。但这种解决思路产生了两个后果：一是大学自主权陷入“放乱收死”的怪圈之中；二是形成了大学自主权问题上的逻辑悖论：大学自主权是大学依法设立后“与生俱来”的权利，但需要政府主管部门以“正面清单”方式来规定和限制。根本原因在于我们没有从法律上明确大学自主权的性质和归属，使得大学自主权事实上成为由主管部门控制的行政性权力。只有从法律上赋予大学作为面向社会依法自主办学的法人实体地位，才能从根本上解决困扰大学自主权 40 余年的现实问题和逻辑悖论。

二、明确政府与大学之间的法律关系

《国家中长期教育改革和发展规划纲要（2010—2020 年）》提出要建设政府与大学之间的新型关系。什么是政府与大学之间的新型关系？从建设法治国家和法治政府的角度来看，政府与大学的新型关系本质上是一种法律关系。

长期以来，我们一直从行政关系的角度来理解和调整政府与大学的关系。我国实行政府办学和政府管理的高等教育体制，这使得主管部门与高校之间主要是一种行政领导关系，要改变这种状况确属不易。既要根据我国高等教育管理体制的特点来认识政府与大学之间行政关系的现实合理性，又要从我国改革发展大趋势来看建立政府与大学之间法律关系的必然性。

在法律上明确大学是面向社会依法自主办学的法人实体地位，是构建大学与政府之间新型关系的前提。从政府与大学的法律关系来看，政府和大学在国家的大学治理体系中享有同等法律地位。在国家的大学治理体系中，虽然政府和大学的权利和义务是不同的，但两者的法律地位是同等的，不应出现政府部门的法律地位高于大学和大学附属于政府的情况；在国家的大学治理体系中，政府和大学的权利和义务都是法律赋予的，而不是由政府部门赋予的；在国家的大学治理体系中，政府和大学作为享有同等法律地位的治理主体，依法获得相应权利并履行相应的法律义务；在国家的大学治理体系中，政府与大学的关系，首先是两个平等法律主体的关系，然后再来考虑两者之间的行政管理关系。并且这种行政管理关系，需要以两者之间的法律关系为基础。

只有建立政府与大学之间的法律关系，才能实现管办评分离，才能防范自我赋权和扩权行为，才能使大学自主权成为一种法律性授权而不是一种行政性授权，才能建立起大学自主权的法律保护机制。只有建立政府与大学之间的法律关系，才能有利于形成政府依法宏观管理、大学依法自主办学、社会依法参与的法治化大学治理体系。

三、提高大学章程的法律地位

大学章程有三方面关键内容：一是界定大学与外部相关主体的权利与义务关系；二是划定政府权力边界和大学自主权范围；三是规范大学内部的权力边界和运行规则。大学章程是政府依法治教和大学依法治校的直接法律依据，在实现大学治理法治化中有着举足轻重的地位。但目前的大学章程还有一些深层次问题亟须解决，需要从实现大学治理法治化的高度来认识和解决。

第一，要确立大学章程的法律地位。目前，我国大学的章程还没有实现法律化，一方面无法作为大学治理的法律依据，另一方面还不具备法律效力。大学章程要获取法律效力，必须经过立法程序，提交给有立法权的机关审议、通过和公布，转化成地方性法规或行政规章；或赋予部分重点大学行政规章制定权，使其制定的大学章程取得行政规章地位。只有实现法律化，大学章程才能真正成为保障高校办学自主权和解决法律纠纷的法律依据。

第二，大学章程需要明确大学的法律地位。目前，我国的大学章程还没有对大学的法律地位进行明确，只是依托“办学自主权”对大学的办学权利予以规定。这不利于保障大学的办学自主权。只有当大学的法律地位与大学章程的法律法规性质相匹配之后，才能发挥大学章程的作用。

第三，要全面认识大学章程的作用。大学章程的约束对象包括大学、政府部门、社会机构等，大学章程不只是大学“宪法”，既要约束大学严格按大学章程办学，也要约束政府部门的大学管理行为，甚至要约束所有与大学打交道的法律主体。

大学治理现代化的价值逻辑

李立国
Li Liguo

中国高等教育学会学术委员会委员
中国人民大学教育学院副院长、教授

促进和实现大学治理现代化既是国家治理现代化的有机组成部分，也是实现高等教育现代化、建设高等教育强国的制度保障。实现大学治理现代化，必须遵循正确合理的价值逻辑，既要坚持中国特色社会主义发展道路，又要遵循大学之道的基本原理和高校办学规律，按照时代要求探索中国特色的大学治理现代化。具体来讲，就是要遵循合法性、合理性、合规律性、合目的性和能力性相统一的原则。

一、合法性

合法性即大学治理要遵守法律法规，服从和服务于国家治理的总目标。大学治理现代化要服从和服务于国家治理现代化的总目标，是国家治理改革的一部分，要以国家治理现代化的目标、方向、战略为指导。大学治理是国家治理体系的一个组成部分，与国家政治经济和法律制度密切相关，随着国家制度的发展而调整、改革、完善。历史地看，无论新中国成立之初的社会主义高等教育制度建设，还是 20 世纪 80 年代开启的体制改革和制度完善、21 世纪初提出的建设中国特色现代大学制度，大学治理都是国家制度建设和治理体系的一个有机组成部分，是与国家政治经济和法律制度密不可分的。站在国家制度建设和治理体系的高度来理解和认识大学治理体系和治理能力现代化，才能真正领悟大学治理的真谛，才能使大学治理现代化遵循正确的价值逻辑。

二、合理性

合理性即正当性，是指大学之治要符合大学之道，治理现代化要遵循大学学术组织特性和知识创新与传播规律，以大学治理守护好大学之道。经历了千年发展，大学已经成为现代社会最重要的组织机构之一，并且其重要价值与日俱增。知识的发现、创新、保存、传播与应用，人才的培养与培育，科学的发展与技术的更新，社会的变革与进步，文化的传承与创新及不同文明间的交流与合作等，无不依赖大学作为基础。正如习近平总书记指出：高等教育是一个国家发展水平和发展潜力的重要标志。[①]今天，党和国家事业发展对高等教育的需要，对科学知识和优秀人才的需要，比以往任何时候都更为迫切。如何来保障大学组织的发展与学术的创新，如何来守护大学之道，需要符合大学之道的大学之治，以大学之道指引大学之治，以大学之治守护大学之道。

三、合规律性

合规律性，就是治理要遵循大学组织特性和办学规律，在内外部力量之间、外部的市场与政府之间、内部不同治理主体之间平衡运行。大学组织是在外部环境与内部自主之间治理前行的，世界各国、各地区大学也由此形成了不同的治理模式。有的是以外部主导的治理方式为主，比如政府主导的大学治理，市场力量影响主导的大学治理；有的是以内部学术力量主导的大学治理。那么，在大学治理中究竟有无规律可以探索，有无价值可以依循？大学治理需要保持内部自主与外部环境之间的平衡，外部政府、市场与社会力量的平衡和大学内部不同力量之间的平衡，在各种力量平衡中运行是大学治理的规律性体现，是大学治理现代化的本质要求。就大学治理的内部力量而言，学术与行政、不同利益主体之间也要保持适度平衡。学术权力与行政权力，教师、学生与管理团队之间在治理中建立互信机制，形成良性大学文化，由过去的分权、制衡、分治到合作、共治，由相互制约的“张力”变革为相互合作的“合力”。

四、合目的性

合目的性，即要从高校的办学定位、发展理念和文化传统出发探索适合高校办学目的的治理特色。从国际经验看，应该根据高校办学层次、类型、规模、办学

① 习近平：《在北京大学师生座谈会上的讲话》，人民出版社 2018 年版，第 4 页。

传统，探讨不同的治理结构与方式。不存在统一的、完全一致的高校治理结构与治理模式，不同高校的治理结构依循学校办学目标、办学传统而设计。如美国研究型大学都有类似于我国学术委员会的学术评议会，由于不同学校的学术委员会发挥作用与扮演角色有较大差异，其组成人员与运行机制也可以在具体治理实践中探索不同特点的组织方式。大致有四种模式。第一种模式是管理负责人参与但无表决权。例如，斯坦福大学评议会包括了校长、教务长、秘书长、七大学院院长等重要管理者，但是这些人在评议会中没有表决权。第二种模式是管理负责人参与且有表决权。例如，哥伦比亚大学评议会包含了校长、教务长、研究生院院长、本科生院院长以及校长指派的核心管理者，在评议会中，这些管理负责人拥有表决权。第三种模式是管理负责人参与且构成评议会全部成员，如麻省理工学院评议会。这种模式的前提是全校教授会的体系非常健全。第四种模式是管理负责人不参与，如密歇根大学。这些模式符合高校办学目的的治理特色。

五、能力性

所谓能力性，就是要提高治理效能，形成有效的治理模式。大学制度转化为治理实践，必须要依靠治理体系的完善，依靠制度的依规有效运行，依靠科学合理的评价引导制度完善和治理运行。应该说，大学治理既是体系，又包含能力建设，而治理体系和治理能力是互为支撑的，治理体系的作用发挥有赖于能力建设，能力发挥要在治理体系的范畴之内，以治理体系为依托。治理体系和治理能力，两者相辅相成，但并不是说体系完善，治理能力就强。治理的制度先进与体系完善，还要落实转化为治理能力强。在治理实践中，应努力找到理论与实践的逻辑连接点，进行理论整合和实践探索，增强解释力和实践功用。其逻辑连接点就是大学治理需要遵循一定的价值理念，达成一定的治理效果。把治理的价值理念与治理效果结合起来，既不能只考虑达到治理效果而采用不符合规则的治理手段，也不能固守僵化的价值理念而不考虑治理的有效性，正确的做法应该是在共识理念指导下，结合实践创新治理方式，提高治理的有效性和效率效能。

CAHE

1983

大学领导力提升：推进大学治理能力现代化的实践路径

眭依凡
Sui Yifan

中国高等教育学会学术委员会副主任
浙江大学高等教育研究所所长、教授

党的十八届三中全会后，国家治理体系的现代化和治理能力的提高成为国家意志。党的十九届四中全会审议通过的《中共中央关于坚持和完善中国特色社会主义制度、推进国家治理体系和治理能力现代化若干重大问题的决定》提出“坚持和完善中国特色社会主义制度”“推进国家治理体系和治理能力现代化”的总目标：到2035年，基本实现国家治理体系和治理能力现代化；到新中国成立一百年时，全面实现国家治理体系和治理能力现代化。

一、大学治理能力现代化何以如此重要

首先需厘清两对关系：其一，治理体系与治理能力的关系。治理体系是关于组织结构及其权力结构和制度结构的概念，具有相对静态性；治理能力是关于治理结构诸要素在治理过程中的效能体现，尤其是反映治理者能否充分发挥治理结构诸要素效能的概念，具有动态性。据组织理论及治理理论，一个组织的治理体系包括治理结构与治理过程两个相互联系的要件。治理结构是组织有效治理的框架性基础，但治理结构的作用在很大程度上受制于决定治理过程效率的治理能力。由于治理能力是治理过程中与治理主体高度关联且对治理效率具有决定性的要素，因此组织的治理能力对组织治理成效的影响与组织治理结构同样重要。其二，国家治理体系现代化与大学治理体系现代化的关系。当今世界已进入知识经济及智能时代，由于大学之于高新知识生产及创新型人才培养具有垄断性，由此决定了在国家现代化进程中的最大挑战是高等教育的率先现代化，在国与国的竞争中高等教育现代化具有优先布局和抢占先机的极端重要性。因此，国家治理体系现代化必须以高等教育治理体系现代化为动力，高等教育治理体系的现代化必

须以大学治理体系现代化为依托。

大学（内部）治理体系现代化是大学从以控制为手段的传统管理向以高效率为目的现代治理变革和转型的过程，是按大学应有规律办学治校育人的，以人才培养及知识创新的高质量、高水平、高效率为目标追求的，富有国际竞争力的大学治理模式，包括治理理念现代化、治理结构现代化和治理能力现代化。大学治理能力现代化是大学治理水平和治理效率的最强态，是大学向富有国际竞争力的治理能力整体提升的努力方向、价值目标和实践过程。由于大学治理体系现代化的关键是提高大学治理有效性，所以大学治理体系现代化一方面必须以大学治理能力提升为目标，另一方面必须以大学治理能力提升为基础。

二、大学领导力与大学治理能力的关系

“领导”是指在合法权力的赋予下，领导者在观念理性支配下，运用领导资源、发挥个性特质、通过愿景规划、组织设计、制度安排、文化引导及人格魅力等多种手段，对组织及其成员施以有目的的系统影响以有效实现组织与其目标的过程。“领导力”是领导者根据组织环境，运用个人特质及其合法职权和组织资源为实现组织目标对大学组织及其成员实施的影响力。治理能力是关于治理结构要素在治理过程中的效能，尤其是治理者能否充分发挥治理结构中要素效能的概念，治理能力是在治理过程中与治理主体高度关联且对治理效率具有决定性的要素。因此，领导者是组织治理中起决定性作用的治理主体，其领导力是最不可忽视的治理能力要素，大学亦然。“大学领导力”是大学领导者根据组织环境、运用个人特质及其合法职权组织资源为实现大学组织目标对大学组织及其成员实施的综合影响力。大学领导者要扮演不同的角色，包括确定办学特色、明确大学的目标定位、寻求充足的办学资源、有效的组织管理和追求学术卓越，所有这一切都需要大学领导者拥有合法的领导权和相应的资源，否则其将失去合法性和资源基础。

因此，大学治理能力的现代化必须根据大学之学术组织和复杂组织的基本属性和特殊规律，用更高标准的德才素质能力体系遴选大学领导者及管理者并不断加强高素质大学领导队伍的建设以提升大学领导者及管理者的领导力水平。

三、大学领导力提升的实践路径

大学领导力不只是大学领导者个人影响力的反映，很多时候是一个组织影响力的反映。大学领导力包括以下基本要素。第一，思想力，即理念治校。大学是个复杂组织，大学领导力首先在于领导者如何看大学，能否掌握大学的属性和规律，以此形成治校理念并运用到治校实践中。第二，决策力。大学很多决策需要专业知识和专业人才参与其中以保证大学改革发展的正确方式。第三，组织力。大学是个复杂的生态组织，若不能用科学的方法把组织中的各要素有机结合，那这个组织是低效的。第四，制度力。制度力表现在依法治校。大学既要给予其成员一定的学术自由，但同时也需用制度约束、规范组织及其成员。第五，资源力。没有资源支撑的大学组织是没有竞争力的。我国的大学尤其是一流大学拥有相当多的资源，但能否把资源优势转化为竞争优势需要对资源进行科学配置。第六，文化力。大学治理仅靠外力是不够的，大学是一个文化组织，文化是无形之手，无时无刻不在影响整个大学。第七，校长力（包括大学党政领导班子所有成员）。大学领导者的个人特质、素质之于大学的改革发展至关重要，一所成功的大学其背后无不是数代继往开来的德才兼备的大学领导人积极作为的结果。

大学领导力提升是推进大学治理能力现代化的必然选择；在大学治理能力现代化进程中，必须遵循大学作为学术生态组织和复杂系统组织的基本属性和特殊规律；大学尤其一流大学建设必须依靠一流德才品质和有治理能力的领导者和管理者的思想引领和治理的高效率；中国大学富有国际竞争力的未来希望寄托于大学治理体系和治理能力的现代化及大学领导力的提升。

CAHE

西部地方综合性大学推进治理体系和治理能力现代化的实践与思考

代 斌
Dai Bin

石河子大学校长

近年来，随着“双一流”建设的实施和深化高等教育领域简政放权、放管结合、优化服务等重大改革措施落地，高校推进治理体系和治理能力现代化的大幕徐徐拉开。石河子大学深入贯彻新时代党的教育方针政策，坚持聚焦新疆工作总目标，秉承“以兵团精神育人，为维稳戍边服务”的办学特色，立足在西部非省会城市的办学实际，把“服务新时代党的治疆方略”作为推进治理体系和治理能力现代化根本导向，把“加强党对学校工作的全面领导”作为基本原则，把“激发内生动力”作为主要任务，协调处理政治权力、行政权力、学术权力和民主权利，不断提升依法治校水平，探索出西部地方综合性大学推进治理体系和治理能力现代化的特色之路。

一、坚持服务新时代党的治疆方略

石河子大学作为兵团高校，是依法治疆、团结稳疆、文化润疆、富民兴疆、长期建疆的参与者、贡献者。学校把落实新时代党的治疆方略摆在首要位置，持续优化办学布局、学科专业和招生就业结构，在办学导向上始终与新时代党的治疆方略保持高度一致。一是提升培养质量。围绕新疆经济发展需求，加大理工农医学科和师范类专业招生规模，新增葡萄与葡萄酒工程、数据科学与大数据技术、网络空间安全等急需本科专业，积极申报硕士、博士学位授权点，使人才供给更加契合区域发展需求。二是优化办学布局。在南疆建设石河子大学医学院（塔里木大学）分院，帮助塔里木大学孵化医学本科教育。将现有的科技学院迁往南疆图木舒克市转设办学，有效推动了南疆高等教育发展。三是强化“教育戍边”优势。推行本科专业大类招生培养和师范类“2+2”培养，扩大“订单式”招生规模，落实大学期间不断线的兵团精神教育，设立定向就业奖学金，切实提升了内地毕业生留在新疆建功立业的能力和热情。目前，学校64%的内地生源毕业后选择留在新疆建功立业。

二、坚持加强党对学校工作的全面领导

学校坚持落实党对学校工作的全面领导，确保正确办学方向。一是坚决落实党委领导下的校长负责制。在校、院全面落实党委领导下的校（院）长负责制，切实将加强党的领导落到实处。二是强化对行政、学术工作的政治把关，确保意识形态领域安全。落实落细意识形态责任制，压实了各级各部门在教学、科研、学术交流等方面的审查、监管责任。三是规范党对学校工作全面领导的程序。全面梳理议事协调机构，精简“议事协调机构”50余个，并根据工作需要成立党委财经、审计、安全、本科招生等委员会和人才、学科等工作小组等。各委员会和领导小组充分发挥党的领导优势，在党委、行政、学术权力决策前提出建议，为各项决策指引方向。

三、深化综合改革，不断激发内生动力

学校作为西部地方综合性大学之一，发展中存在学科发展不平衡、引人聚才困难、办学资金资源相对匮乏等问题，推进治理体系和治理能力现代化必须破除这些问题，激发内生动力，实现高质量发展。

（一）改革学科建设机制，优化资源配置

建立“学校统一管理、学院分头实施、学科职责到人”三级管理、分级负责的建设和管理模式，构建了“学校为主导、学院为主体、学科为基础、师生为主角，多层次、网络化、全方位推进的一流学科建设大格局”。实行目标管理、分类评价、动态考核，推行“学科战略—经费预算—建设绩效”资源配置的联动机制。实行年度考核与学科四级体系层次升降管理制。构建了基于信息数据平台的学位与研究生教育和一流学科建设支撑保障为一体的信息化平台。

（二）探索学院考核评价机制，激发学院办学主体活力

将学院分为研究型、教学研究型和教学型三类，从坚持正确的办学方向、学科建设、人才培养、师资队伍、科学研究等7项一级指标和337项二级指标对学院进行全面考评，把考评结果作为学院年度绩效定等和资源配置、主要领导干部任免的重要参考，促进学院特色发展、持续发展。

（三）推进“引育用留”人事制度改革，有效稳定师资队伍

为抓好人才队伍稳定工作，学校全面提高基础性绩效发放标准，兑现各类人才待遇。改善学校高层次人才和在岗博士人员待遇，稳定人才队伍“基本盘”。加大人才招聘力度，大幅提高高层次人才薪酬待遇，采取“一人一议”“特事特办”和争取驻地（石河子市）政府配套支持等灵活机制，着力汇聚高端人才。坚持引育并举，借助“对口支援”优势，拓宽师资培养渠道。改革职称评审办法，把参与社会服务、指导竞赛等纳入职称评聘体系，多途径推动教师成长。

（四）探索科研管理机制改革，营造科研创新环境

建立以创新、质量和贡献为导向的科研绩效分类评价体系，深入推进“三评”改革。完善学校科技成果转化制度，推进科技成果使用权、处置权、收益权激励政策落地。将科研项目预算调整权和审批权充分下放至项目负责人，对横向课题项目实施受托制管理。推进科研管理信息化建设，与学校财务管理系统、数字化校园平台无缝对接，为师生提供便捷的科研管理服务。

（五）扎实推进“教授治学”，充分发挥“民主管理”效能

学校在部分学院试点成立了教授委员会，不断健全以校院两级学术委员会为核心的学术治理体系和管理运行机制，做实学院学术分委员会及各专门委员会，充分发挥校院两级学术委员会在学科建设、学术发展中的核心作用。深入落实校院两级教（职）代会、团代会、学代会制度，定期组织校领导与学生代表恳谈会、校长书记与师生面对面活动等，建立了教（职）代会、学代会、民主党派等参与学校管理和重大事项决策的工作机制。

西部地方综合性大学在推动治理体系与治理能力现代化进程中客观上存在一些困难与挑战，还需要深刻领会落实立德树人根本任务、加强党对学校工作的全面领导以及构建现代高校治理体系的理论逻辑、实践逻辑和历史逻辑，推动高质

量发展，实现高质量贡献。“十四五”期间，石河子大学将把健全立德树人落实机制作为首要目标，以深化教育教学评价和落实“放管服”作为基本路径，持续释放和激发师生创造力，不断增强人才吸引力，提升办学竞争力。坚持优化办学布局，聚焦新疆丝绸之路经济带核心区定位，探索建立区域研究院，提升产教、科教水平。推动兵团、师市共建石河子大学，扩大社会参与度，争取更多的办学资源，为书写新时代石河子大学“奋进之笔”凝聚磅礴力量。

2020高等教育国际论坛
2020 Annual International Forum on Higher
加快推进大学治理体系和治理能力现
Accelerating Modernization of University Governance Systems & Capacity

地方高校治理的探索与思考

谢树华
Xie Shuhua

温州大学党委书记

各位领导、各位同仁：

党的十九届五中全会作出“建设高质量教育体系”的重要部署，为新发展阶段高等教育改革指明了方向。地方高校作为我国高等教育的主体部分，要准确把握高质量发展的时代主题，努力在建设高质量教育体系中彰显担当作为。

温州大学具有 87 年办学历史，是浙南闽北赣东唯一的综合性大学。习近平总书记主政浙江期间，曾语重心长地指出：“要高度重视教育和人才工作，特别要办好温州大学等高等院校。”[①] 近年来，温州大学围绕“一个定位明方向、三大目标聚人心、三项改革促发展、四大建设强内涵”的工作思路，着力提升治理水平、增强内涵建设，形成了欣欣向荣的发展态势，取得了办学治校的丰硕成果。

一、明确办学定位，统领发展方向

办学定位是指高校根据办学历史和现状，结合未来发展需要，确定学校在高等教育系统中的位置，其实质是对“建设一所什么样的大学”的基本回答。办学定位确定以后，学校的办学理念、目标、战略、举措乃至机构设置等都要围绕办学定位展开。

2019 年，温州大学从学校历史、办学现状、发展前景、所处方位等因素进行综合考量，进一步明确了“特色鲜明的高水平教学研究型大学”的办学定位。这是基于学校自身实力的科学判断，是学校实现高质量发展的内在需求，也是区域高

① 习近平：《干在实处　走在前列——推进浙江新发展的思考与实践》，中共中央党校出版社 2006 年版，第 490 页。

等教育谋篇布局的现实需要。

二、锚定奋斗目标，凝聚发展共识

目标管理是以目标为导向、以人为中心、以成果为标准，即确定目标并围绕目标的实现开展管理活动的管理方法。高校实施目标管理，具有指向、凝聚、整合、检验、激励的重要作用。围绕办学定位，温州大学提出了“三大目标”。

一是创建浙江省重点高校，致力于将学校“做优”，这事关办学地位。建设高质量教育体系，高等教育发展不平衡不充分的突出问题要率先突破，重点是聚焦两个方面。一方面是优化布局，致力于解决高等教育发展不平衡问题；另一方面是分类发展，致力于解决高等教育发展不充分问题。因此，我们建议，高等教育资源应该向高等教育比较薄弱的区域中心城市倾斜。同样的项目，给高教资源“富裕区”是“锦上添花”，而给高教资源“薄弱区”，则是“雪中送炭”，甚至还能起到“星星之火”的作用。浙江省高度重视高校的分类发展，实施了省重点建设高校计划。2019年年底，温州大学以“省市共建”的方式迈进了浙江省重点建设高校行列。

二是增列博士学位授予单位，致力于把学校“做强”，这事关办学层次。浙江省绝大部分博士学位授权单位都集中在浙北。浙南地区，除了一所医学高校拥有博士点外，其他皆为空白。温州大学是该区域最具综合实力的高校，增列为博士学位授予单位，对学校自身发展意义重大，对浙南经济社会发展意义重大，对破解区域高等教育发展不平衡不充分问题意义重大，且符合本次国务院学位委员会提出的“在推荐新增单位时充分考虑省内布局”的政策导向。

三是创建以侨为特色的高校，致力于把学校“做特”，这事关办学特色。改革开放以来，我国华侨华人数量增长了2倍，高校数量增长了4倍，普通本专科在校生数增长了30倍，但以侨为特色的高校几乎没有增加。涉侨高校数量远不能适应侨务事业的发展，远不能满足侨胞对涉侨教育的需求。在构建人类命运共同体的宏伟愿景下，加强涉侨高等教育是党政所望、战略所需、侨界所盼。浙江是侨务大省，温州是著名侨乡。温州大学因侨而生，侨教育历史悠久，侨研究成果丰硕，侨文化氛围浓厚，是浙江省乃至长三角地区最有条件创建以侨为特色的高校。

尽管三大目标都有难度，但我们的工作体会是：脚步走不到、目光要看到，目光看不到、梦想要达到。学校的未来取决于我们的目标，以及为实现目标而付出的努力！

三、实施综合改革，激发发展动力

改革是高校高质量发展的根本动力。温州大学遵循“结构决定功能、人事决定动能、制度决定效能”的理念实施综合改革，重点在机构、人事、制度三个方面下功夫。

一是机构改革优功能。学校运用归纳研究法，选取50所教学研究型大学作为研究对象，对原有学院和部门进行优化重组，构建起系统科学、运行高效的教学科研和行政管理组织体系。

二是人事改革强动能。学校坚持“政治强、业务强、管理强”的标准选拔干部，“在好人中选能人”配强党务干部，“在能人中选好人”配强业务干部。科学实施任期目标责任制、年度目标考核制，将“责任制、考核制、奖惩制”落到实处，有效激发干部队伍活力。

三是制度改革提效能。学校坚持“调研开路”，实施34个课题调研，涵盖办学治校的方方面面。每个课题都转化为制度成果，学校层面出台123项配套制度，学院层面按照“规定 + 自选”形成“25+X”制度样板，系统推进学校治理体系流程再造和机制重塑，有效将制度优势转化为治理效能。

四、强化内涵建设，推动高质量发展

着力内涵建设，坚持特色发展，是地方大学高质量发展的必然选择。温州大学始终坚持党的全面领导，坚持立德树人根本任务，以学科建设和人才队伍建设为主要抓手，以服务社会为重要职责，积极探索具有地方高校特色的发展道路。

一是坚持“学生就是大学”，始终把立德树人作为根本任务。学生是大学之所以为大学的根本，教育要回归育人本真，高校要回归育人主业。无论学校走得多远、发展得多好，立德树人的初心不能忘，为党育人、为国育才的使命不能丢。温州大学把立德树人作为检验学校一切工作的根本标准，树立“人人发展、全面发展、个性发展、终身发展”的育人观念，推动建立具有“时代特征、中国特色、温州特点、温大特质”的育人体系，努力培养德智体美劳全面发展的社会主义建设者和接班人。

二是坚持“学科彰显特色”，始终把人才队伍作为第一资源。学科是高校的核心竞争力，人才是高校的第一资源。学科建设和人才发展必须有机结合。温州大学致力于打造契合办学定位、支撑特色发展的学科体系，遵循“学科为主体、学院为主责、学校为主导”的人才引育原则，高度重视人才的团队建设，推动“钓鱼式个体”向“捕鱼式团队”转型，努力打造高素质专业化创新型人才队伍。

三是坚持“有为才能有位”，始终把服务社会作为重要担当。大学因城市而兴，城市因大学而盛。现代大学不仅是人才培养和科学研究的“主阵地”，也是经济社会发展的“主战场”。做好服务社会工作，既是经济社会发展所需，也是推进学校发展、提升办学地位的必由之路。温州大学要求各个学院按照“3 个 1”机制，建立“1 个展示平台 +1 个新型校地研究院 +1 个校企联盟”，畅通渠道、提高效率，促进社会“需求侧”和学校“供给侧”的紧密对接，取得了明显的社会效益和经济效益。

四是坚持“党建引领发展”，始终把党的全面领导作为坚强保证。治理结构上，构建“党委领导、校长负责、教授治学、民主管理”的内部治理结构，着力提升党委“把方向、管大局、作决策、抓班子、带队伍、保落实”的能力水平。组织体系上，横向明确分工、密切配合，纵向分层管理、各司其职，形成高效协同的运行体系。工作理念上，树立“没有不满就没有长进”的问题意识，“天黑赶路、天亮进城”的赶超意识，“一级带着一级干、一级干给一级看”的示范意识。

通过近几年的治理实践，温州大学在人才培养、科学研究、社会服务、文化传承创新、国际交流合作等方面取得了诸多突破，综合实力显著提升。在 2019 年度浙江省高校考核中，温州大学综合绩效考核列全省 30 所高校第 2 名。

最后，用一句话与大家共勉：大学治理是一门科学，科学需要求真；大学治理也是一门艺术，艺术需要不断创新。

2020高等教育国际论
2020 Annual International Forum on Hi
加快推进大学治理体系和治理能
Accelerating Modernization of University Governance Systems

重视『关键少数』用好『稀缺资源』

龚 放
Gong Fang

中国高等教育学会学术委员会委员
南京大学教育研究院教授

一

无论是现代大学治理体系的建设，还是现代大学治理能力的提升，都需要重视“关键少数”的培养与使用。

这里所说的“关键少数”，就是指那些真正称得上“教育家办学”的大学党委书记和校长（以下简称“书记校长”）。教育改革进入深水区，无论是提高我国高等教育治理能力，还是完善高等教育治理体系，不仅取决于科学而准确的目标定位和顶层设计，而且依赖于大学书记校长因校制宜的变革与创造性探索。

建设高等教育强国的“顶层设计”如何落地？发挥大学书记校长的作用十分关键。因为他们既“顶天”，又“立地”，既识大局，又接地气，因而具备了丰富、完善、细化、落实“顶层设计”的可能性。人们期望他们既敢于担纲、勇于实践，又善于思考，能够使得国家战略构想和顶层设计实现由虚到实、由宏观到具象、由理想到现实的转换。

另一方面，高校院系和教师、学生的基层创新，也需要大学书记校长的发现、认可与总结推广，方能持续、推广，开花结果，最后转化为制度安排、政策革新。

二

基于现代大学治理的复杂性、特殊性和专业性，尽管现在走上高校领导岗位的都是术有专攻、学有造诣的专家学者，但他们要成为“教育家型书记校长”，也非一蹴而就之事，必须经历从“称职”到“卓越”，再到“堪称教育家的大学书记校长”多个阶段，需要一个学习、转型、历练、提升的过程。我们应为他们的转型和提升创造条件，提供可能，注入动力。

其一，必须要求步入大学领导岗位的学科专家确立“以治校为志业”的决心，即把书记校长工作作为一种职业、一种使命，全身心地扑在治校理政上，而不是三心二意、半心半意，更不是“打酱油”、走过场，这是成为一个卓越大学书记校长乃至高等教育家的必要前提。

其二，要求大学书记校长必须全职工作，专注于大学治理的学习和创新。一旦走上领导岗位，一般情况下就不再承担科研任务，也不再授课带博士，目的是让他们全力以赴学习高校领导艺术，专注于大学的治理，应对当前社会期待并规划长远的发展愿景。同时也是为他们“减负”“减压”，避免一心多用，疲于奔命。

大学治理要“去行政化”，大学校长要走“职业化”“专业化”道路，实现“教育家办学”等等，已经逐步成为国人的共识，成为付诸实施的国策新政。2010 年颁布的《国家中长期教育改革和发展规划纲要（2010—2020 年）》强调完善中国特色现代大学制度，“完善大学校长选拔任用办法”，“创造有利条件……造就一批教育家，倡导教育家办学。”2014 年《中共教育部党组关于进一步加强直属高等学校领导班子建设的若干意见》出台，明确要求大学党委书记和校长“在工作时间不能从事个人学术活动和与学校发展无关的社会活动”“一般不担任科研项目主要负责人”。

其三，大学书记校长的选拔、聘任制度也要为培养和造就“教育家型”大学书记校长做相应的调整与变革。现代大学治理复杂多变，日趋专业化。即便是出类拔萃的学科专家，要转换角色、胜任大学治理工作，也需要一个较长的过程。现行的“任职一般不超过两届”的规定应适当允许有所突破。

三

卓越的大学书记校长，特别是堪称“教育家型”大学书记校长是党和国家的宝贵财富，是“稀缺资源”，理当珍惜、用好！应综合考虑大学治理的特殊性、专业性，充分发挥资深大学书记校长这一稀缺资源的特殊效用。据统计，美国哈佛大学建校以来平均每位校长的任期约为 14 年，其中艾略特担任校长 40 年。耶鲁大学校长的平均任期达 14 年，最长任期达 29 年；普林斯顿大学校长的平均任期达 14 年，最长任期达 31 年。这些世界一流大学的做法，是否能对我们有所启发呢？

在大学书记校长聘任和评价制度变革上要进一步解放思想，形成能者上、平者让、庸者下的用人机制和用人导向。对那些在大学治理上有心得、有作为、有创新的书记校长，是不是可以考虑连任三届、四届，以保持延续性和稳定性，进而成就一番伟业呢？

我们倡导并加快大学“去行政化”进程，我们希望造就更多的教育家以办好大学，是否应该在大学书记校长的选拔、任用制度与机制的变革方面也进行适当尝试？这是我们面临的一个挑战，更是研讨中国大学治理新思维、新常态和新趋势不可回避的课题。

1938年10月14日，毛泽东同志在中共六届六中全会所作政治报告《论新阶段》中指出：“在担负主要领导责任的观点上说，如果我们党有一百个至二百个系统地而不是零碎地、实际地而不是空洞地学会了马克思列宁主义的同志，就会大大地提高我们党的战斗力量。”

疾风知劲草，板荡思良将。在中国抗日战争进入艰苦卓绝的相持阶段，毛泽东同志盼望着更多懂得马克思主义又能带领人民群众奋斗取胜的共产主义战士的成长。八十多年后的今天，在实现中华民族伟大复兴的新阶段，在努力建设高等教育强国的进程中，我们需要一百个至二百个乃至更多既懂得国家战略和人民群众需要，又切实掌握现代大学治理之道，即真正懂得人才培养和学术发展规律的教育家来办大学、治理大学，才能如习近平总书记所期望的那样，真正扎根中国大地，办好“第一个北大、清华、浙大、复旦、南大等中国著名学府”①，创建世界一流大学和一流学科，让中国真正成为跻身国际一流的高等教育强国。

① 习近平：《青年要自觉践行社会主义核心价值观——在北京大学师生座谈会上的讲话》，人民出版社2014年版，第13页。

CAHE
1983

组织与制度视野下的大学治理

李立国
Li Liguo

中国高等教育学会学术委员会委员
中国人民大学教育学院副院长、教授

一、大学组织与制度是大学治理的基石

1. 大学组织具有二重性，既有理性组织属性，也具有政治组织属性。从韦伯的官僚主义理论来看，组织是“为实现既定目标而合理安排的工具”。官僚主义被认为是日常生活中的固有部分，几乎所有的学院和大学都至少部分地按照官僚路线组织。尽管许多人谴责官僚主义的烦琐和不灵活，但是科层制已经成为现代组织中不可或缺的行政运作模式。中世纪大学作为学术行会组织，并不实施科层制。在现代大学中，等级、头衔和雇佣方式都具有形式化，通过规章制度对行为进行约束和规范。作为最常见的组织设计，尽管高校由学术专家和行政管理人员组成，但科层制原则可以视为从根本上指导了几乎所有机构的设计。

2. 政治组织属性是把大学作为“博弈丛林”。与理性科层制结构——“机械工厂”严格的制度和结构相比，大学作为“政治丛林”更加强调组织成员之间的冲突和利益的博弈。“这个地方（高等教育组织）更像一个政治丛林，充满生机和喧嚣；而不是一个僵化、安静的官僚机构。”社会学家鲍德里奇在其 1971 年出版的《大学中的权力与冲突》一书中，以 20 世纪 60 年代末纽约大学的一场冲突为例，提出可以把负责的组织看作是政治制度。他强调组织过程、机构子群体的活动，内部利益、联盟建立和讨价还价。这些活动是在多元化的决策环境中进行的，在这种环境中，行政领导人作为边界管理人员、主要行动者，在内部和外部利益相关者之间进行调解和治理。在其后续的研究中，鲍德里奇还提出了“修正的政治模式”：一种环境－心理和结构主义方法。在高等教育决策过程中，修订后的模式更多地关注外部环境、内部议程控制、利益集团和合法权利。

大学制度与大学治理现代化存在着密不可分的内在逻辑关系。从大学制度

的视角审视和研究治理问题，不仅是深化治理研究的重要路径，也是大学治理现代化的本质需求。现代大学的复杂性和不确定性、不同治理主体之间利益和价值的多元性和冲突性、决策者理性的有限性，都决定了制度的重要性。无论是经济学中的新制度主义，还是政治学中的新制度主义，都把制度放在突出位置、优先位置。从制度逻辑看待现代大学治理，突出制度在大学治理中的重要性，是认为在制度逻辑中制度比人重要可靠，但同时并不认为有放之四海而皆准的最好的制度，制度也不是个别人主观设计的，而是强调制度是环境与人共同作用的结果，是在实践中通过制度认知、制度实践、制度认同不断发展完善的过程。

大学制度环境、技术环境与大学不同管理方式组合而形成了各具特点的大学治理形态与模式（见图 1）。

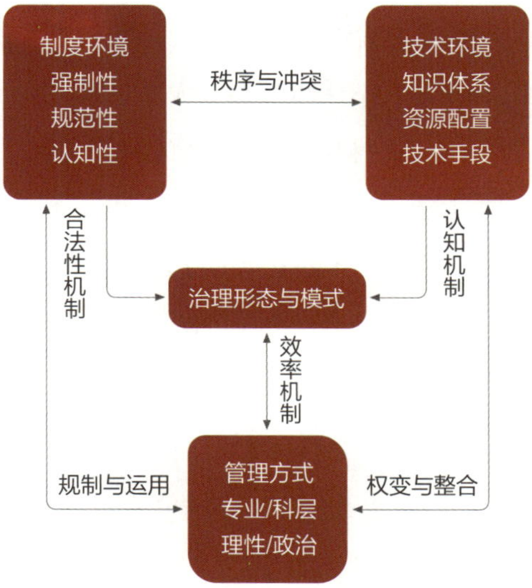

图 1　大学治理形态与模式

二、重视人作为治理主体的重要地位

1. 既强调制度的重要性，又要看到作为行动者的治理主体的作用与价值。制度是由人建立的，也是由人施行的，制度与人之间有着十分密切的关系。制度是死的，人是活的。制度再好，如果没有执行和彻底地实施，那么制度就像一张白纸。在这个展开过程中，可能会把很好的制度做坏了。制度逻辑不是就制度谈制度，就制度谈治理，而是在制度建立、完善过程中看到人的作用，看到制度执行过程中人的变通，大学治理的制度逻辑就是在制度与行动者的人之间架起桥梁，促进制度优势转化为治理效能。目前人们普遍认识到了制度的重要性，产生了一种以“制度缺位造成治理混乱”为核心的“制度建构主义”思路，试图以“制度缺位－制度建构”的思路，将大学治理的方方面面全都纳入制度范畴之内，建构一个无所不包的大学制度体系。这种观点值得商榷：一是大学制度是在长期的历史过程中形成的，并不是短时期内主观构建的；二是大学制度是治理主体与制度互动的过程，制度是在治理实践中不断丰富完善发展的，要始终重视人的因素；三是制度既包括正式规则，也包括非正式规则和习惯等。所以，制度逻辑不是要主观建构制度，而是在制度认知、制度构成、制度运行与制度行为、制度评价的互动中形成大学治理体系和治理能力现代化。

2. 大学治理研究要从“组织”“制度”到“人”。大学治理研究目前从单一的、线性的制度、结构、模式等的研究转变为对非正式人际关系和人的治理能力的研究。首先，非正式人际关系对于治理主体间的沟通协商起重要作用。大学内部利益相关者的互动和博弈影响着大学治理成效，大学内部治理是否有效的核心取决于权力主体间的互动合作。其次，利益相关者间的良性人际关系有助于有效决策。从理论到实践，优化治理过程，应当促进正式关系和非正式关系的协同发展。最后，制度建设是大学治理的基础，而动态能力建设是保证治理有效性的关键。

3. 大学有效治理需要良好的制度供给与良好的治理能力的有机结合。制度供给和治理能力之间并不是一个完全对应的关系，即制度供给好并不代表治理能力强，治理能力强也不代表制度供给好。只有好的制度供给与强有力的治理能力相结合，大学治理才能达到最佳状态。因此，制度本身要设计好，要科学合理；同时，大学治理和运行也要科学有效。但现实中，制度供给和治理能力并不总都是好的，恰恰相反，坏的制度供给和弱的治理能力却十分常见，由此也就形成了不同的治理形态（见图 2）。

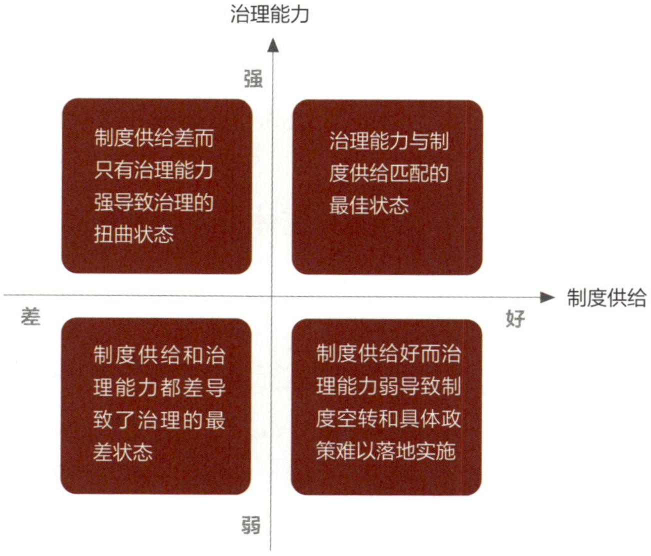

图 2　制度供给与治理能力的组合关系

重视治理实践与效能。大学治理的路径应从治理主体的辨析转向治理规则、治理实践的研究，由探讨“谁在治理”转向研究“如何治理”“怎样治理”，由探讨以主体为中心的“表层结构”转向以实践为中心的“深层结构”，揭示大学治理的系统性、复杂性、多维性。大学治理应从观念导向的理想主义治理路径转向实践和问题导向的现实主义路径，即从大学治理的实然状态走向应然状态。反映到我国的大学治理来说，既要看到机构、组织在制度与治理中的作用，更要看到“人”在大学治理中的主体性，就是要从“求变”到“求治”，从治理变革走向治理建设，从治理体系转向治理能力，从治理目标转向治理效能。

本科教育质量治理：工程学科的视角

宣 勇

Xuan Yong

中国高等教育学会学术委员会委员

浙江外国语学院党委书记

一、对本科教学改革的认识

（一）本科教学改革的困境

一是教与学的两个主体未能有效调动起来。一些政策包括顶层设计都没有很好地落实，没能改变教师的教学行为和学生的学习行为。相对于现代医学上的“靶向治疗”，很多教育教学改革出现了“梗阻”，不够精准。

二是教学改革的碎片化，改革成效的整体性呈现不足。从全国来看，各种各样的教改课题、教改项目、教改成果涉及教学改革的方方面面，但是具体到某一个学校的某一个专业，就会发现教学改革的碎片化现象，缺少系统的集成。

三是重点建设专业导致学校资源发生集聚。在重点专业建设时，如何践行“一切为了学生，为了学生一切，为了一切学生”的教育理念，是一个值得研究的问题。

四是教育教学研究的成果推广应用少，低水平重复多。现在许多教育教学改革遵循经验主义，处于低水平的重复状态。美国学者博克介绍的美国情况也是一样：“有一项调查表明，仅有 8% 的教师在备课过程中关注过有关教与学的研究成果，而且即便在这 8% 的教师中，许多人也只是翻阅了一些过时的教学理论和研究成果而已。”因此，我们搞教学理论研究的，切记要避免自娱自乐。

（二）本科教学改革的着力点

2019 年 9 月，习近平总书记在中央全面深化改革委员会第十次会议上强调：“落实党的十八届三中全会以来中央确定的各项改革任务，前期重点是夯基垒台、立柱架梁，中期重点在全面推进、积厚成势，现在要把着力点放到加强系统集成、协同高效上来，巩固和深化这些年来我们在解决体制性障碍、机制性梗阻、政策性创新方面取得的改革成果，推动各方面制度更加成熟更加定型。”这段话对于教育教学质量治理的改革同样具有指导意义，未来教育教学质量治理改革的着力点可用三句话概括：第一是系统集成，第二是协同高效，第三要精准施策。

二、专业建设中的系统集成

人才培养体系是一个需要集成的系统。下面我以工程科学为例，仅从教学体系角度探讨专业建设中的系统集成。以化学工程为例，生产过程大致可归结为四个部分：一是产品设计，二是原料配方，三是工艺流程，四是过程控制。依次可以类比专业建设中的培养目标设计、课程体系组成、培养模式选择、质量监控实施。所以，可以用系统集成的思想贯穿专业建设的全过程。

（一）“产品设计”就是培养目标设计

培养目标怎么来设计，我认为需要考虑三个因素：首先是学校的定位与战略；其次是面向行业的需求；最后是学生对成长成才的期待。教育部印发的《关于深化本科教育教学改革　全面提高人才培养质量的意见》提到：坚决淘汰不能适应社会需求变化的专业。这就是讲专业建设要关注社会需求，关注行业需求。

（二）“原料配方”就是课程体系组成

在课程体系建设过程中，存在的最大问题是课程设置主要体现“教师中心”，较少体现“学生中心”。老师能开什么课就开什么课的现象比较普遍。其实，美国也出现过类似的情形，博克讲道：在判断大学应该传授哪些技能时，教授们主要是从自己的专业兴趣出发，并没有认真思考过学生需要什么。这是由“教师中心”转向“学生中心”的关键所在。

（三）“工艺流程”就是人才培养模式的选择与协同高效

人才培养模式，即“五育”如何并举，知识—能力—素质协调发展怎么实现。目前的问题主要是第一、二、三、四课堂设计衔接上协同不够，在设计过程中忘记了初心，达成度不足。在人才培养过程中我国高校最大的一个特色，就是贯通其中的思想政治工作体系，这体现了扎根中国大地办大学的要求。在人才培养过程中，要做到“三全育人”，即全员、全程、全方位；在行为影响方面，倡导教书育人、管理育人、服务育人。因此，人才培养体系类似工艺流程，需要系统集成和协同高效。

（四）“过程控制”就是质量监控，就是在质量治理过程中各利益相关方的精准施策

三、质量治理中的精准施策

（一）学校层面

学校层面要明晰战略定位。一个学校的价值特色、功能内涵是什么，专业学科布局怎么做，质量标准是什么，资金投入多少，这些都需要学校明确规划出来。

（二）学院层面

学院是学校战略响应的主体，是学科、专业建设的主体。这里很重要的是专业定位、特色优势，特别是“配方”，即课程组合，而不能够把“配方”交给教学秘书，课程体系是怎么确定的，必须是学院层面来管。

（三）基层学术组织层面

基层学术组织很重要的职责就是课程建设、教材建设，建立有效的知识体系，以及教学实施与学习成效评价。

（四）教师层面

教师是课堂的第一责任人，课堂上高效的知识传递是最重要的，决定学生知识的接受与掌握效率，课堂相当于工程科学中的关键设备，相当于合成氨过程中的合成塔。合成氨生产的得率如何，最终取决于合成塔的合成效率。人才培养质量高不高，课堂教学效果特别重要。教师要关注课堂效率，教学方法与教学手段的改革就显得非常重要，当下我们需要进行“课堂革命”。

（五）学生层面

要强调学生在教育教学改革中的作用，学生是学习的主体，是教学过程的重要参与者。当下存在的一个问题是过多关注知识点，缺少对学生知识建构能力的培养。那么学生如何学会学习，如何从被动学习转为主动学习，是值得研究的问题。

（本文根据 2019 年高等教育国际论坛年会报告稿摘编而成）

多元化、全球互联世界的大学治理

〔美〕**斯蒂芬·马尔**
Stephen D. Mull

弗吉尼亚大学全球事务副教务长
美国国务院前次卿

〔美〕**欧君廷**
Justin O'Jack

弗吉尼亚大学中国代表处首席代表

斯蒂芬·马尔

尊敬的各位嘉宾：

我在弗吉尼亚州夏洛茨维尔市，向大家致以热烈问候。

我非常荣幸地代表弗吉尼亚大学校长吉姆·瑞安先生，诚挚感谢中国高等教育学会邀请我校参加“2020 高等教育国际论坛年会”。在弗吉尼亚大学与中国高等教育学会签署学术合作与交流协议一周年之际，我们再次会晤，我感到非常高兴。虽然仅过去了一年，但我们的生活却发生了如此大的变化，当前中国和美国乃至全世界一起，都在与一个世纪以来最严峻的公共卫生危机作斗争。

这场疫情给我们这些高等教育领域的工作者们带来了诸多挑战。由于签证发放减少、航班数量缩减和移民政策普遍收紧，国际留学生面临重大困境。而且令人遗憾的是，中美关系作为世界上最重要的双边关系，似乎正在经历更大的挑战。

弗吉尼亚大学珍视与中国高校、学者和学生间的特殊关系，我相信这种关系既非常符合我们两国的利益，也是我们所致力追求的。

对于本次大会，没有比“加快推进大学治理体系和治理能力现代化”更好的主题了，这也是近年来弗吉尼亚大学重点关注的话题。美国第三任总统托马斯·杰斐逊先生创办了弗吉尼亚大学，并将其作为终生事业。在此之前他经历了一系列非凡且影响深远的职业生涯，曾担任外交官、律师、建筑师、自由民主的政治学家和美国的开国元勋等重要角色。杰斐逊先生曾领导了使美国教育发生革命性变化的诸多变革和教育机构，包括州公共教育体系、民主自治的理想、一所独立于宗教组织的大学和一所师生共住的寄宿学院。他提出的弗吉尼亚大学战略构想是：我们将追求真理，不论其最终导向何处。经过多年的发展，弗吉尼亚大学成了一所综合、多样化的大学，培育了来自135个国家的学生。2020年秋季，学校43%以上的学生是有色人种学生，本科生中56%以上为女性。尽管已有这些重要的变化，我们仍在努力确保全体成员从托马斯·杰斐逊的民主和平等的愿景中受益。同时，这种多元化、复杂性也给大学治理带来了极大的挑战，这些挑战每天都在考验大学管理者的应变能力和创造力，即如何确保每个人都有权在尊重和宽容的氛围中表达自己的观点，如何管理多元化群体不可避免的文化张力，以及如何确保所有的学生都拥有平等的成功机会。

2018年，学校对过去两百年的历史进行了反省，持续推进现代化，进一步提升学校治理水平。当时校长发布了一项政策，进一步引导整个大学能够更好地应对多元化群体的挑战，同时继续努力，矢志建成一所学术研究成就卓越、道德引领成效杰出的大学。

疫情后可以跨国旅行时，我非常希望和大家面对面交流，进一步推进中美两国关系发展与教育合作。

欧君廷

弗吉尼亚大学建校之初的构想具有与众不同的特色，它富有远见且具有革命意义，并随着历史的前行而不断发展完善。为了保持我们创新的核心传统，我们的目标是打造一所不同于其他现有大学的学府。预计十年后人们评判大学的标准将与现在大不相同。我们应深思在高等教育中什么才是真正重要的，并力求在这些领域中的每一个方面都出类拔萃。我们应当不单追求学术成就卓越和排名领先，也应努力成为一个使世界因我们而受益的大学。为了达到这一目标，我们将要实现一个更具体的目标：到2030年，我们将成为美国顶尖的公立大学，而且是最好的大学之一，无论公立还是私立。而我们的最终目标，则是通过无穷无尽、无所畏惧地探求真理，通过我们的教学、研究和医疗护理为公众服务。我校围绕四个战略目标制定了十年大学治理规划及更细化的子目标，这些目标共同代表了我们对成为一所传承卓越、兼济天下的大学的具体设想。为此，还确定了十项有助于实现这些目标的关键举措，其中许多举措推进了多项目标。

弗吉尼亚大学《2030年战略规划》的四大战略目标：

第一个战略目标是加强我们的基础。这意味着吸引和支持才华横溢、各具特色、以服务为导向的学生，无论他们的经济状况怎样；意味着招聘和留住出色的、多元化的师资力量以及富有才华和奉献精神的员工，认识到我们的成功取决于我们成员的素质。

第二个战略目标是培养高等教育领域最具活力的群体。目的是把我们的学生培养成为多元化、全球互联世界中的服务型领导者。培养学生成为富有责任感的领导者——致力于为他人服务——是我们创建之初的使命的一部分，并一直是我们工作的核心。培养学生的学习、领导和服务能力。

第三个战略目标是助力促成更多丰富和改善生活的科研成果。为了在研究领域处于领先地位，我们必须改善我们的研究基础设施，创造必要的激励和机会，以帮助教师和学生更易于跨部门、跨学院、跨学科工作，并将特别关注聚焦于解决世界上一些最关键的挑战。

第四个战略目标是让弗吉尼亚大学成为服务的代名词。正如我校创建之初的核心理念——弗吉尼亚大学的存在是为公众服务的，为了打造我们的未来，我们应不忘初心，重新致力于公立大学最初的、充满活力的目标，那就是：服务于大众。

CAHE
1983

中外合作大学治理的热点问题

〔俄〕谢尔盖·沙赫赖
Sergey Shakhray

深圳北理莫斯科大学学术委员会主席、第一副校长感谢大会给我这个机会，在“2020 高等教育国际论坛年会”上发言。没有现代化的管理，就不可能提高现代大学的竞争力和能力，这对于所有深圳的大学来说都非常紧迫。近期，中共中央办公厅、国务院办公厅共同发布了《深圳建设中国特色社会主义先行示范区综合改革试点实施方案（2020—2025 年）》（以下简称《实施方案》），这一重要文件对深圳扩大高等学校办学自主权、引进境外优质教育资源及中外合作办学等方面提出了要求。

我感到特别自豪的是，中俄第一所合作大学——深圳北理莫斯科大学正是在深圳建立的，它也是迄今为止唯一一所中俄合作大学，自 2017 年以来一直顺利运作。《实施方案》的支持和要求对我们来说是推动管理现代化的又一强大动力。

一、中外合作大学的治理与自主性

自主性既是一种迅速应对外部挑战的能力，也是快速发生内在变化的工具，更是一份沉甸甸的责任。当今世界，谁善于迅速作出改变，谁就会赢。发展是在一个多维的空间中进行的，在这个空间中，一些有效的、经过深思熟虑的和确定的标准有可能在一天之内过时，成为发展的障碍。

因此，大学需要获得进行教育实验的权力，获得采用新的、突破性的教学技术和教学大纲的自由。《实施方案》中关于提高深圳高校办学自主性的决定极为及时和紧迫。

二、增强一流大学办学自主性的六个建议

第一，允许高校根据自己制定的教学标准和教学大纲开展教学。这些标准和大纲应高于中国大学的普遍标准，且总体与之相匹配。

第二，允许深圳高校自主设置硕士学位授权点。允许高校在不迟于第一批本科生毕业时间内设立硕士学位授权点，而不必等到建校7年后。推行本硕连读（4+2）并在第一批硕士生毕业时获得硕士学位授予权。

第三，为学校的可持续发展提供更多生源。比如说，可以取消本科生录取的省份配额限制。在现行规则下一些省份多人竞争一个名额，而另一些省份招生不足。在实验的基础上，可根据实际情况扩大重新分配名额的灵活性，这将有助于提升学生平等接受教育的机会。

第四，迅速灵活应对不同的紧急情况。例如，在新冠肺炎疫情大流行与美国及其盟友对中国进行的包括经贸、科技、教育方面限制的情况下，可以授权深圳的一流大学委托培养或通过考试选拔录取那些本应前往欧美国家留学的优秀学生。这将使那些因受限制而无法前往美国或欧洲学习的考生能够进入中国的大学进行本科阶段的学习。

允许在中学学习俄语的考生通过单独的竞赛或不经过高考进入深圳北理莫斯科大学。这意味着以俄语为外语的优秀中学生能够通过自主招生的形式成为深圳北理莫斯科大学的正式本科生。目前对俄语零基础的学生来说，要掌握俄罗斯教学大纲要求的知识，时间是完全不够的。因为教学计划安排的课程非常多，学生负担很重。如果采取以上办法，那么学生进入大学后就能马上转入专业课程教学，这将减少学生的课业负担。解决这一问题的另一办法是授权深圳北理莫斯科大学举办全国俄语竞赛，该竞赛的优胜者可优先获得大学的录取资格。

第五，扩大在科研合作中的自主性。中外合作办学在中国取得了很大的成效，但科学研究领域的合作还要加强。鉴于深圳各大学所面临的特殊挑战，建议在深圳市人民政府内部设立一个由本地著名学者、社会活动家和其他各界代表组成的科学委员会，通过在最具突破性的科学前沿领域组建一些科研团队，合理研制科研项目资助计划，把深圳市及广东省的科研力量集中到重要方向上。该科学委员会负责确定关键课题和优先事项，可选定深圳高校作为基地来实施课题研究。当然，为完成研究计划也可组建一个国际科学团队，但这个团队只能在深圳相关的高校基地工作。

第六，实施国家奖学金项目。对于参加奖学金项目的中国学生，可以为他们提供中国政府奖学金。对于参加这类项目的国际学生，可增加他们在深圳一流大学学习的机会。

毫无疑问，要实现上述一系列措施需要立法支持。但是，如果在每一个问题上“缝补”现行立法都需要持续很长时间，那么为实现这些目标而制订的五年计划或许早已结束。因此，建议在深圳进行为期五年的全面实验，由政府自己做出一切必要的决定，进一步扩大一流大学的自主性。

最后，我要强调，我提的所有建议是设计出来的，是我在参与筹备深圳北理莫斯科大学七年的时间及三年多的实际运行工作的基础上思考得来的。时不我待！大学发展管理体制应该变得灵活而富有活力，并应把所有参与中外教育合作的国家的最佳经验都结合起来。

CAHE

大学治理角度下日本私立大学与日本私立大学联盟的作用

〔日〕晔道佳明
Yoshiaki Terumichi

日本私立大学联盟副会长
日本上智大学校长

今天我与大家交流的内容是日本私立大学联盟在日本高等教育中的作用以及开展的各项活动。

一、日本私立大学的转型与特点

大约在 160 年前的 19 世纪中叶，日本私立大学的原型“私塾”开始出现。当时，日本只有针对武士阶层的“藩校”，于是有人筹资办“私学”以满足希望接受教育者的要求，这成了现在私立大学的基础。在 60 年前的 20 世纪中期，日本人口快速增长，高等教育规模急剧膨胀，日本进入了高速发展阶段。私立大学的存在为日本的高速发展奠定了基础。

从 1960—2017 年日本高校招生人数来看，私立大学在为女性提供高等教育机会方面发挥了极其重要的作用。在本科教育阶段，私立大学比重高达 80% 左右，但在硕士、博士研究生阶段，国立、公立大学所占比例过半，这主要是由于研究生阶段国家在学费等方面有重点扶持。

二、日本私立大学的财务状况

日本私立大学享有按照《私立学校法》所赋予的独立办学和按照自身创办原则独立发展的权利。2006 年全新修订的《教育基本法》指出，国家和地方政府应在尊重学校自主权的前提下，通过补贴和其他适当手段支持私立学校发展。此外，国会通过了附属决议，提出在颁布《私立学校补助法》时，尽快提高私立大学普通费用补助比例，这是政府向私立大学提供公共财政支出的依据。但是，当前的补贴比例还不到10%。

针对“独立性”问题,《学校教育法》规定，由文部科学省大臣认证的机构每7年对私立大学教学和研究总体情况进行一次评估。根据这一规定，设立了日本大学基准协会、大学改革支持和学位授予机构及日本高等教育评估机构等评估组织。这三家具有代表性的评估认证机构倡导尊重各高校“独立自主”，同时“尊重、支持和促进个性化发展”，并开展以“获得社会的理解和支持”为目标的评估认证工作。

日本政府所承担的国立、公立大学和私立大学生均经费分别是194万日元和15万日元，大约相差13倍。基于这一差距，国立、公立大学的家庭年教育费用负担为54万日元，私立大学为120万日元，大约相差2.2倍。目前，国立、公立大学所有学术领域的年学费为54万日元，私立大学人文社科类为99万日元，医学类为520万日元。在日本，国立、公立大学学生家庭年均收入一般高于私立大学学生家庭年均收入。

2020年新出台的“无偿高等教育政策”是一项具有划时代意义的制度，该政策规定必须将部分消费税的财政收入投到教育中，这可能导致国立、公立大学与私立大学之间的差距被固化，学生资助的公平性差距拉大。同时，政府对中等收入群体的扶持也随着新制度的确立而取消。日本私立大学80%的收入来源于学生缴纳的各种费用，50%的支出用于人事支出，包括教职工工资。在过去30年里，由于高等教育的复杂性和分散性，生均教育经费增加了2.6倍，且由于管理的改善，学生缴费收入和人事支出压缩了1.5倍，但政府补助金额却没有增加。“未来大学管理所需资金将由谁承担，如何承担？”一直是个大问题。

三、与私立大学相关的一些问题

与其他国家相比，日本存在的问题是人均生产率低，以国内生产总值（GDP）为代表的国民经济增长率低。据估计，2060年劳动适龄人口约为当前人口的一半，劳动力人口正在逐步下降。从其他国家的趋势来看，很明显，公共教育支出与GDP之比和劳动生产率之间存在正相关关系。而日本公共教育支出占GDP的比例低于其他国家，这造成了人均及每小时劳动生产率低下。

关于高等教育和国家政策方面，全球新冠肺炎疫情极大地改变了大学的作用与角色。通过面授教育与线上教育相结合的方式，可以为学生提供更多的学习选择，同时，新的线上教育方式可以创造更多的国际合作以及跨区域大学合作机会。当然，这些活动需要依照国家对线上教育的财政支持和法规来推进。另外，东京 23 区大学生人数限制和 2018 年开始实施的严格的招生限制政策，对位于大都市地区的大型高校发展产生了重大影响。

四、日本私立大学联盟的活动

日本私立大学联盟于 1951 年由 24 所私立大学组建成立，现有会员包括 111 个学校法人及 125 所高等院校，其使命是确保每个成员高校的独特性和私立大学的多样性。作为私立大学的领导机构，为了提升影响力，我们在与成员高校开展合作研究的基础上，向政府提出政策建议，并与成员高校共享信息。

为应对新冠肺炎疫情挑战，日本私立大学联盟提出了各种政策，以维持和促进私立大学的各项教育和研究活动。2020 年 6 月，我们分别从“教学保障和学生支持”“研究和医疗体系支持”“推动全球化和成人职业教育的措施”“解制问题”四个方面制定了一揽子应对措施，包括 12 个紧急对策和 6 个中长期计划。我们每年都为私立大学编制政府预算申请书，并通过向议会成员和文部科学省等政府部门请愿，推动落实预算拨款。此外，过去几年，我们将学生能力管理、就业（招聘）、信息披露、治理准则和区域振兴领域等列入智库研究职能范围。为推动会员间信息沟通与分享，我们为大学教职员工提供了 9 个培训项目，为大学高管举行了 5 次会议，包括“主席会议”和“校长会议”。

在后疫情时代，我们将围绕教职员工切身利益等方面，敦促文部科学省等部门落实相关政策。在数字化转型和可持续发展目标背景下，高等教育的作用是至关重要的，需要进一步增强高等教育的功能。在日本，大学和行业界一致认为，有能力的人才应在逻辑思维和规范判断的基础上构建社会制度。大学需要继续培养“不仅对当今时代作出贡献，而且有能力造福于人类、社会和环境的人才，这些人才要懂得不断思考，适应变化，并通过展现创造力追求目标”。

面对存在的问题，日本应采取的高等教育政策概括起来主要有以下三点：第一，通过减少学生的学习费用，减轻家庭负担；第二，改善和提高私立大学的治理水平；第三，保障和促进各项教育和研究活动。同时，我们坚信以下两点是必不可少的：第一，私立大学必须可持续地提供多样化的教育内容；第二，私立大学的自主性、公共性、信赖性、透明度和持续性得到保障。

CAHE

美国大学内部治理的逻辑特征及内涵意义

〔美〕常桐善
Tongshan Chang

美国加州大学校长办公室院校研究与学术规划主任

今天的交流报告主要是基于我在加州大学的工作经历，阐述美国大学内部治理的特征和内涵意义，并对中国高校提升内部治理成效提一些参考建议。

一、美国大学内部治理的逻辑特征

第一个特征是权力分散。在治理中，为了控制别人或者是决策过程，领导常常希望权力集中化，但领导人由于过分控制权力而毁了组织的案例很多。在大学这样一个复杂的组织中，领导的权力分散十分重要，至少要与教师分享学术权力，共同治理学术发展。我在加州大学工作的体会是，在大学治理中，每个人都要有自己特定的地位，通过不同的途径享有大学治理的权利，并履行相应的义务和职责，权力分散是提升治理效能的必经之路。

第二个特征是高校"外行"董事会是大学治理的最高权力机构。在美国大学内部治理体制中，"外行"董事会享有大学治理的最高权力。之所以说是"外行"董事会，主要是很多董事会成员在担任董事会成员之前，没有直接从事高校治理的经验。但他们有其存在的价值和独特的优势：一是没有薪酬和级别，不存在个人利益冲突，有利于公平开展工作；二是拥有多元化社会背景，在大学与社会之间沟通中能发挥桥梁作用；三是任期长，有利于治理理念和实践工作的传承和持续性。吸收社会人士参与治理有利于大学摆脱其脱离社会现实的问题。

第三个特征是"共治"模式中专业化与职业化的优势互补。大学"共治"模式有很多值得思考的价值，其中之一便是学术委员会与行政机构在大学治理中充分发挥其专业与职业经验的互补作用。从决策过程来说，这样的结合有利于优势互补，是大学有效治理的关键。我常参加加州大学学术委员会的会议，他们讨论学术治理问题的视角常常让我耳目一新。

第四个特征是民主化与科学化程度高。美国大学治理的民主化程度比较高。学术委员会以及董事会的决策都是投票制，而且对大多数的决策来说，商议和投票都是公开的，也会通过视频向外界公布。另外，大学决策的科学化程度也很高。我从事院校研究工作，深深体会到院校研究在美国大学治理中发挥的作用非常大。如果离开了院校研究，很多治理工作都会难以开展。

第五个特征是大学与政府、社会团体之间的良好关系。在大学治理方面，美国的公立大学与中国的大学有很多相似之处，也需要处理好大学与政府、社会团体之间的关系，这点很重要。以加州大学为例，由于相当一部分教育经费来自州政府拨款和社会团体捐款，因此州政府和社会团体会通过不同渠道影响大学治理。大学如果没有经费，何谈治理！当然，好的大学治理也可能会吸引更多的投资。

第六个特征是大学利益团体之间互相对抗。各界人员在参与大学内部治理中，会形成利益团体。为了各自的利益，这些团体会努力影响决策过程，导致大学在决策中常常难以达成共识，甚至是产生对抗。这是个棘手的问题，要完全解决这个问题几乎是不可能的。只有当各利益团体能够从大局出发，争取把对抗降到最低时，才有可能最大限度地解决这个棘手问题。

大学治理的逻辑特征可能还有很多，由于时间关系和我个人认识的局限性，就谈这六个方面的特征。

二、"共治"模式的内涵意义

马丁·特罗将加州大学"共治"模式的内涵意义总结为两个方面："大学自治的最大化"和"追求卓越"。这也是我过去10多年在加州大学工作的体会。我将其总结为三个方面：

一是"共做主"（Shared Ownership）。大学各界人员必须作为大学办学的主人，为大学治理和发展做主。只有这样，才能避免大学治理中利益团体对抗的问题，才能实现治理和决策效益最大化。这也是实现大学自治最大化的必备条件。我非常钦佩加州大学教师参与学术治理的精神。我一直思考一个问题，是什么激励他们对这些不计工作量的工作付出如此之多的时间和精力。我想主人翁精神一定是原因之一。

 二是"共履职"（Shared Responsibilities）。大学各界人员在大学治理中必须要共同履行各自的职责，找到自己的位置，承担大学治理和发展的重任。当然，我所说的履职也包括参与大学治理的工作。

三是“同担责”(Shared Accountability)。大学治理不仅仅是领导层的责任，大学各界人员都应该有承担大学办学责任的义务、信心和实际行动。当然，大学必须要构建和维护一个有利于人人参与治理的文化氛围。只有当大学各界人员有机会参与治理时，从法理的角度来说，他们也才有义务为治理担责。

三、对中国大学内部治理的四点建议

一是处理好“行政化”与大学治理之间的关系。“行政”本身也是大学治理的重要组成部分。中国的“行政化”有其独特性，尽管行政级别、政府管理程度等都受到了很多争议，但是这些都不是削弱大学内部治理效果的主要因素。关键问题是大学领导要正确对待自己的岗位职责，必须按照大学治理的规律、任务以及相关法律来履行职责。如果大学领导这样做了，现在遇到的很多内部治理问题自然也会消失。反之，即便是取消领导的行政级别，大学享有完全自治的权力，“行政化”问题仍然会存在，大学治理效果也很难提高。

二是努力提升大学各界人员参与大学治理的程度。中国高校人员参与治理的积极性还不高。当然，可能很多人会埋怨参与治理相关制度设计的问题，确实有这方面的原因。同时，也需要反思一下，我们是否有参与大学治理的愿望，是否在寻求机会参与治理。

三是加强学术领导力在大学治理中的作用。中国大学在过去几年已经在这方面做了很多的努力，有很多学校的学术委员会已经承担了学术治理的重要工作。但从总体上来说，学术领导力在大学治理中还没有充分发挥作用。大学领导要把学术治理权交给教师，是需要很大的勇气的。但必须这样做，他们的学术经验是大学治理的宝贵财富。事实上，中国也有大学在这方面积累了成功经验，值得了解和学习。

四是给学生提供更多的参与大学治理的机会。美国很多大学的董事会以及学术委员会设置了学生席位，为学生提供了参与大学治理的机会。除此之外，也通过各种途径收集学生的“声音”。这些“声音”在学校治理中发挥了巨大的作用。中国高校，特别是在高等教育普及化阶段，应该给学生提供更多的参与治理的机会，倾听他们的“声音”，发挥他们在治理中的作用。

CAHE
1983

发言席

日本大学教学治理与院校研究（IR）的政策及现状分析

刘文君
Liu Wenjun

日本高等教育学会院校研究项目委员
日本东洋大学教授

一、日本推进教学治理与院校研究（IR）的背景和政策

伴随着日本高等教育的普及化，大学生的综合素质和学习能力也日趋多样化，加之高等教育全球化带来的激烈国际竞争影响，日本高等教育面临着如何提高教育质量和效率的问题。在20世纪90年代后期，日本文部科学省的专家咨询机构中央教育审议会出台了一系列宏观政策性报告。这些报告指出，为了提升日本高等教育的质量和国际竞争力，大学应加强自主性建设和个性化发展，不断提高自身的治理能力。

日本高校在普及化的进程中，大学的功能急剧分化，同时，无论是大学数量还是在校生人数，私立大学所占比例都超过了80%，因此，整齐划一的政策目标和改革措施是难以奏效的，需要各个大学根据自身的实际状况，强化治理能力，提高办学效率和教育质量。推动院校研究正是在这样的背景下应运而生的。中央教育审议会报告中指出，“教学治理”是高校为实现其教育目标而管理运营的重要内容，也与高校内部质量保障的确立密切相关。而院校研究是实现“教学治理”的重要手段，包括对有关大学组织、教育研究等信息进行收集分析，对内部决策和改进活动提供支持，对外部履行问责职能。

二、日本的院校研究发展状况

为推动高校建立院校研究机构，开展院校研究活动，文部科学省在拨款项目，特别是竞争性拨款的项目（如《私立学校综合改革支持项目（2013年—）》《加速大学教育振兴计划（2014年—）》《超级国际化大学计划（2014年—）》）

中，将是否设有院校研究机构、配置专职教师和行政人员列为增减分数的条件。同时，文部省每年都对院校研究的实施状况进行问卷调查，并公布结果。

在一系列政策的推动下，日本的院校研究实现了迅速发展。在2011年至2018年不到十年的时间里，设立院校研究机构的大学，由不足10%提升到40%以上。此外，设立全校院校委员会的大学也由约10%提升到25%以上。在专职人员配置上也有了大幅度的提高。

此外，在院校研究机构所发挥的职能方面也出现显著的变化。各职能比例都显示出较快增长，这说明随着机构的设置和专职人员的充实，院校研究机构所发挥的职能得到了全面优化。不仅如此，职能重点也发生了显著变化。2011年占比最高的是有关大学评估的项目，而在2018年，排在前两位的是对学生学习成果和学习时间等数据的分析。另外，有关师生的数据分析，也在对校内决策提供服务方面有很大提升。

众所周知，院校研究在强化本校研究的同时还需要与他校进行对比分析，即“知己知彼”。为此，在日本文部科学省的倡议下，2014年日本在设立各大学信息综合网站（Japanese College and University Portrait）促进各大学信息公开化的同时，还开展了全国性的大学生调查。2007年、2018年，以东京大学金子元久教授为负责人的科研团队率先实施了全国大学生调查。2019年文部科学省开始实施了新一轮的全国大学生调查。

日本的院校研究在实现迅速发展的同时，也还有很多问题亟待解决。如上所述，院校研究的开展在很大程度上借助于政策性的推动，虽然各大学也有实际的内在需求，但是各校决策者在认识上尚有差距。如何发挥院校研究在大学决策方面的作用，还需要各大学深入理解院校研究的必要性，并取得大学有关部门的配合和协助。

三、中日比较与启示

中日两国都在推进教学治理与院校研究的发展，但教学治理与院校研究的功能主要是对教育质量的支持，而在校内决策支持方面所发挥的作用还不够充分。这与已有半个世纪以上发展历史的美国大学的教学治理与院校研究相比，还处于“发展中”阶段，因此可以通过相互借鉴，探索形成适合各自高等教育实际的院校研究模式。

2007 年，中国高等教育学会院校研究分会成立，其在推动院校研究发展方面取得了显著的成绩。目前，各高校院校研究工作，主要是由高等教育部门（研究所、院、中心）、教学评估中心、发展规划处、教师发展中心等承担。建议将分布于大学不同部门的院校研究职能“化零为整”，整合为一，协调发挥更大的作用。同时，加大力度培养院校研究专业人员，进一步完善数据库并做好信息公开。作为高等教育研究部门，应充分发挥应有的作用，不仅在高等教育理论研究方面有所建树，同时在解决高等教育实际问题中多多献计献策。

CAHE
1983

2020高等教育国
2020 Annual International

人才培养、科学研究、社会服务一体化办学机制探索

潘一山
Pan Yishan

辽宁大学校长

2020年10月13日，中共中央、国务院印发了《深化新时代教育评价改革总体方案》，强调要坚持问题导向"破五唯"，扭转教学、科研、社会服务脱节的现状，对今后教育评价深化改革、科学转型具有重要的引领指导作用。

近年来，我国的高等教育综合改革不断深化，但是发展不平衡、不充分的矛盾依然没有从根本上得以解决，主要表现在"三个脱节"。一是人才培养与科学研究相脱节。在原有的教育评价体系中，科研人员相对教学人员职称评聘较为容易，导致部分高校出现重科研轻教学的情况，影响了教学人员的积极性；专业结构和课程设置不能适应经济社会发展的实际需要。二是科学研究与成果转化相脱节。科研人员产出"职称"成果较多，与经济社会发展和企事业单位实际需求相差较大，导致科研成果转化缺乏实效性，转化率低下，直接解决经济社会发展真实问题能力尚有欠缺。三是人才培养科研工作与服务国家战略相脱节。教学、科研脱离社会实际的问题依然存在，弱化了高等教育"四个服务"的实际效果，高校服务经济社会发展的职能相对弱化。

辽宁大学作为地处东北地区的省属综合性大学和"世界一流学科"建设高校，坚决落实习近平总书记"问题是创新的起点，也是创新的动力源"① 指示，面对上述问题，在《深化新时代教育评价改革总体方案》出台之前，就针对教学、科研、社会服务脱节的问题，探索构建真实问题导向下人才培养、科学研究、社会服务一体化办学机制，进行了有益探索与尝试。

① 习近平：《在哲学社会科学工作座谈会上的讲话》，人民出版社2016年版，第14页。

一、树立问题导向的新办学理念

我们的总体建设理念是：改革传统教学、科研、社会服务相互独立的模式，按照"世界一流"的标准，主打"区域牌""地方牌"，全力服务东北振兴和东北亚区域合作，努力为推动东北地区实现全面振兴全方位振兴、促进东北亚区域合作发展提供理论支撑、"辽大方案"和标杆示范，建立起真实问题导向下人才培养、科学研究、社会服务相互贯通的一体化新机制。

二、坚持问题导向，成立真实问题研究中心

为促进产教供需双向对接，挖掘更多教学、科研成果服务东北经济建设，辽宁大学坚持"问题导向"，成立"真实问题研究中心"，建设真实问题网站"砍瓜网"，面向东北地区的行业、企业、事业单位等机构不断搜集生产经营中的真实问题。截至目前，学校已搜集相关问题2万余个，涵盖太子河水生态环境改造、矿山动力灾害监测预警、新药研发、稀散元素提纯等企业遇到的"卡脖子"问题。

三、创新真实问题导向的人才培养 PBE 模式

在汇聚的真实问题中甄选典型案例，搭建跨学院实践平台，专业覆盖率达到100%，引导学生围绕解决真实问题自主学习，构建解决问题需要的知识体系，自觉培养解决问题需要的技能。这种 Problem-Based Education 育人模式，简称 PBE 模式。全力支持学生把真实问题作为毕业设计和创新创业大赛的选题。目前，辽宁大学的学生毕业论文、毕业设计、创新大赛的选题有 80% 来自真实问题。随着人才培养模式改革不断深入，学生培养质量显著提升，专业布局和结构不断优化，创新创业教育持续深化，学生发展提升度明显。近五年，辽宁大学毕业生年均就业率达96.4%，升学率达33%。在校生获国际刑事法院中文模拟法庭比赛（ICC 中文赛）一等奖等国际、国内大学生竞赛奖 203 项，获奖数量、质量大幅度提升。留学生招生规模逐年扩大，生源国别覆盖五大洲。

四、创新真实问题导向的科学研究模式

鼓励教师积极围绕真实问题开展科研立项和申报科研课题。先后与辽宁省营口市、丹东市等地政府部门、多家企事业单位共建校地校企研究院45个。城市研究院采取市场化运作模式，发挥辽宁大学的省内辐射作用，推动产业技术升级和自主创新，促进地区经济发展和科技创新。科研人员深入企业一线，依托真实问题联合攻克关键核心和共性技术，解决行业企业技术难题。近5年，累计获得国家社会科学基金重大和委托项目、教育部哲学社会科学研究重大课题攻关项目、教育部后期资助重大项目26项，获国家自然科学基金重点项目2项。其中，国家社会科学基金重大项目9项，总数并列全国第35位、一流学科建设高校第11位。省级以上科研平台数量达到24个，125项科研成果获省部级以上奖励。

五、创新真实问题导向的社会服务模式

以真实问题导向创新社会服务模式，使真实问题成为辽宁地区产教融合、高端智库建设、科技成果转化的源头活水。牵头成立辽宁省第一个校企联盟——辽宁法律服务业联盟，加入校企联盟25个。发挥学校智力优势，着力打造人大代表智库服务平台等新型高端智库7个、省级智库5个、教育部国别和区域研究中心4个、国家民委“一带一路”国别和区域研究中心1个、民政部政策理论研究基地1个、省部级基地7个、省级创新平台9个，为技术咨询和科学决策提供了智力支持。在服务国家战略和辽宁全面振兴中发挥示范作用，在解决问题中实现创新，促进产教供需双向对接，真正把解决问题的办法、研究问题的成果落实到东北大地上来。共签订横向课题764项，新申请专利共计1 043件，新授权专利401件，一批国家发明专利成功转化。

六、创新真实问题导向的长效制度建设

加强教学、科研、学生竞赛、研究院等制度建设，出台《辽宁大学本科教育高质量发展若干意见》《辽宁大学本科专业结构优化调整实施方案（2018—2022年）》《辽宁大学加强哲学社会科学学科咨政工作的若干办法》《辽宁大学横向科研项目管理办法》《辽宁大学科技成果转化管理办法》《辽宁大学城市研究院副院

长聘任管理办法》《辽宁大学专利工作管理办法补充细则》《辽宁大学重大科技成果培育计划实施方案》《辽宁大学理工科振兴计划》《辽宁大学促进学科交叉融合指导意见》等10余个系列文件，通过建立科学的制度，确保人才培养、科学研究、社会服务一体化机制发挥长效作用。

经过多年的探索实践，辽宁大学形成了真实问题导向下人才培养、科学研究、社会服务相互贯通的一体化新机制，以"国家急需、世界一流"为根本出发点，瞄准国家和地方重大战略需求，聚焦关键领域的"卡脖子"问题，实现核心技术突破。同时又以重大问题的解决产出一流成果、培养一流人才，实现人才培养、科学研究和社会服务一体化推进，进而推动学校建设，服务东北全面振兴全方位振兴。

CAHE

1983

第五编

面向世界的高等教育

适时将疫情后的高等教育治理结构纳入联合国可持续发展目标

〔澳〕**杰伊·杰斯瓦**
Jay Jethwa

联合国协会世界联合会（WFUNA）执行委员会委员

我们被迫离开舒适区，迎接一种从未想过的“新常态”。新冠肺炎疫情给全球教育体系带来了前所未有的冲击，它对 190 多个国家的近 16 亿学子的学习造成了影响。不幸的是，这一史无前例、突如其来的疫情发生在《2030 年可持续发展议程》（又称联合国可持续发展目标）得到有效推动，许多国家在执行这些目标方面取得了良好进展之际。目前的形势为全球教育体系改革提供了前所未有的机会，我认为，把握住这次机会，积极总结教训，将有利于我们更快地恢复并实现可持续发展。

一、联合国可持续发展目标

《2030 年可持续发展议程》由 17 项远大目标组成（图 1），其中“可持续发展目标 4”致力于“保障包容、公平、优质的教育，推动所有人获得终身学习的机会”。这些目标是国际社会为 2030 年消除贫困向全球做出的承诺。所有 17 项可持续发展目标是不可分割的，涵盖了可持续发展的三个方面：经济、社会和环境，显示了全球议程的规模和远大目标。

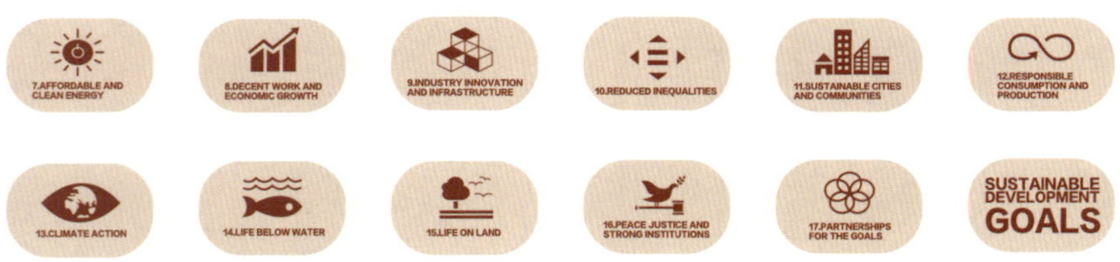

图 1　联合国可持续发展目标

所有目标均由5个关键因素构成:(1)人民——结束贫困和饥饿;(2)地球——保护地球免受退化;(3)繁荣——确保所有人都能享受繁荣和充实的生活;(4)和平——促进和平、公正和包容的社会;(5)伙伴关系——通过唤醒全球伙伴关系或重启可持续发展,调动执行本议程所需的各项资源。

关于优质教育的"可持续发展目标4"是一个独立的目标,但它以某种方式与几乎所有其他可持续发展目标相联系。

教育对于减少贫困、改善健康、减少不平等和不公正、降低战争风险以及提高政治参与度至关重要。虽然此次疫情严重破坏了"可持续发展目标4"的实现前景,但重要的是,疫情正在对所有其他可持续发展目标产生直接并深远的影响。教育系统对疫情的反应不能与其他可持续发展目标的行动脱钩。所有会员国、整个联合国系统、专家和民间组织、商业界以及来自世界各地的民众,都致力于这一全面议程,解决全球共同关注的问题,促进共同发展。

二、完善治理结构与可持续发展之间的联系

后疫情时期,高等教育部门完善治理结构要注意构建快速反应机制、问责机制和透明机制,还应扩大相关人员(包括教师、学生和行政人员)的参与度;要与政府的教育部门积极沟通,出台并实施能影响高等教育发展的政策。完善治理结构有利于推动后疫情时代所需价值观的形成及知识技能的提升,有助于刺激经济的增长,进一步消除贫困和饥饿。

面对重大灾难如何防患于未然。对此,没有唯一"药到病除"的答案,但是,将联合国可持续发展目标具体纳入高等教育的治理和决策体系是一种解决途径。应对重大灾难,我们需要更透明的领导、适当的技能和处理紧急情况的能力。

三、高等教育机构在实现可持续发展目标中的作用

教育是少数能够支持、促进和实现可持续发展目标的领域之一。可持续发展目标涉及一系列复杂的社会、经济和环境问题,解决这些问题需要在顺应规律的基础上,改变社会和经济运行方式。高校对于实现可持续发展目标至关重要,因为高校可以使下一代学生掌握应对可持续发展挑战和机遇的技能,拥有一定的知识基础和理解能力,并推动可持续发展议程的研究。可以说,没有教育部门的积

极参与，任何可持续发展目标都无法实现。此外，大学生还可以利用自己的专业知识、研究能力和领导能力，影响所有相关者（包括学生、教师、管理者和政府教育部门），推动制定并实施更具可持续性的措施。除此之外，高校还可利用最新技术，如人工智能，帮助教师和学生获得最佳的教育体验。

为了确保取得好的成效，高校必须充分致力于支持和实施《2030年可持续发展议程》，在制定发展战略、决策和管理实践过程中，充分体现可持续性。通过参与可持续发展目标，各高校将进一步明确目标、拓展新的全球伙伴关系、形成新的筹资渠道。

四、将可持续发展目标纳入治理结构

将可持续发展目标转化为一个综合的运作系统，是一项重大任务，这涉及改变高校的领导方式和态度，明确责任界定等。以下是将可持续发展目标纳入治理结构的步骤：

1. **明确相关问题**。高校应明确哪些目标与其核心业务、服务和实践直接相关，并可能对其发展模式产生何种影响。

2. **确定价值创造**。高校应该明确所发现的问题对其来说是风险还是机遇，分析这些问题可能对其整体业务和各利益群体产生何种影响。

3. **构建包含可持续发展目标的发展战略**。高校应科学制定发展战略，该战略应包含支持可持续发展目标的子目标和实现方法。

4. **思考全球伙伴关系**。可持续发展目标呼吁国际合作、伙伴关系和团结协作。考虑到区域差异，高校应加强与其他高等院校的交流合作。

5. **报告成果**。高校应充分说明学校为实现整体可持续发展所作的贡献，以及对学院及其相关者产生的积极影响，包括这些贡献在短期、中期和长期将创造的价值，提升所有相关者的责任感与参与度。

CAHE

1983

调整以适应变化

——国际高等教育面临的五大挑战

〔澳〕**大卫·古德曼**
David Goodman

西交利物浦大学学术事务副校长

大家好！我叫大卫·古德曼，是西交利物浦大学副校长，也是研究中国问题的教授。50 年前，当我开始在大学教书的时候，国际化的高等教育实际上只是与世界上其他国家的大学同仁进行互访、开展研究或参加会议。但这一切在 30 年前开始改变，变化的原因主要是我们所说的经济全球化。

随着经济全球化的发展，发展中国家的学生开始出国留学。从 1995 年到 2019 年，国际学生数量逐步增长至每年约 600 万人，且流动性非常大。在新冠肺炎疫情之前，美国、英国、澳大利亚和新西兰等英语国家的大学非常依赖这些留学生，因为这些国家的政府意识到可以通过向其他国家的学生收取更多的学费来为高等教育提供资金。与此同时，一些大学开始发展海外合作，比如在中国我们有合作办学高校，西交利物浦大学就是其中之一。

新冠肺炎疫情对国际高等教育造成了多种影响，学校关闭了校园，不得不进行线上教学。通过这种教学方式，我们把教育带到了网上。今后如果继续采用线上教学，我们必须建立新的工作方式和教学方式，要改革课程评估体系，改变教学方法，并更新教学设备。新冠肺炎疫情给国际学生和教职工的流动造成了极大影响，例如中国向海外输送了大量留学生，但他们大多数无法前往海外上学。教职工也面临同样的问题——他们被困在家里，无法到校教学。

我认为未来国际高等教育将面临五大挑战：

第一个挑战是国际旅行。新冠肺炎疫情下全球航空公司受到了极大冲击，仅 2020 年上半年就亏损了 1 600 亿美元。这意味着，即使有了新冠肺炎病毒疫苗，生活恢复正常，但不断增长的负债仍然可能造成航空公司无法恢复正常运营。国际航空运输协会表示，国际旅行至少需要 4 至 5 年才能恢复正常状态。目前人员便捷流动的可能性很低。这是国际高等教育面临的第一个挑战。

第二个挑战是经济危机。大学正面临经济危机。一方面，由于国际学生无法正常入学，美国、英国、澳大利亚、新西兰等国家的一些依赖国际学生学费收入的大学将失去一大笔资金。2020 年，由于留学生数量减少，澳大利亚高校的收入下降了约 13%，2021 年可能下降得更多。另一方面，家庭经济危机也导致无法负担大学费用。由于承担不了学费，2020 学年美国国内本土学生数量已下降了 16%。这些问题导致高校收入锐减，后果就是员工被裁、研究项目被取消。

第三个挑战是逆全球化。近些年，全球化问题的吸引力被社会公平、环保主义和可持续发展等问题所取代，并且逆全球化抬头，都造成国际化不再是一些政府议程上的优先事项。这将影响国际高等教育的发展。

第四个挑战是世界影响力。中国向海外，特别是英语国家输送了大量留学生，但其实不需要这么做。美国已经向世界证明，它虽然是世界上第一大经济体，但无法解决世界抛给它的问题。而与此同时，中国和其他国家的技术正在迅速赶超美国。比如，中国在电池、电动汽车和自动驾驶汽车制造这三方面的产量遥遥领先，美国、欧洲和澳大利亚的有关人士都承认中国的这些技术更好。这说明英语世界对中国（留学生）的吸引力有限。

第五个挑战是数字技术。对于需要到海外上学的留学生和在海外做研究、交流、教学的教师来讲，在线教育扩大了获取知识的途径，很多教育资源可以通过网络获得或分享。

对于国际高等教育未来的发展，我有以下三个建议：一是发展数字技术，即推动在线教育与交流，用数字技术来代替空间移动；二是建立与海外大学合办的国际性大学，例如西交利物浦大学，学生在中国也可以学到国外大学的国际课程；三是以用户思维办大学，例如学校负责学位管理，但学生可以自主选择上哪些课，以及怎样上课，通过多种方式获得学分。

考虑到我们所面临的挑战，现在是自我反省做出改变的好时机。“国内和国际是相互排斥的”这个观点是错误的，国际和国内可以相辅相成。国际高等教育不是一个可以买卖的现成的东西，但如果我们走近彼此、一起努力，完全可以创造它、塑造它。因此，我想引用鲁迅的一句话：“希望是本无所谓有，无所谓无的。这正如地上的路；其实地上本没有路，走的人多了，也便成了路。”只要我们认真谋划、务实工作，一切皆有可能。

2020高等
2020 Annual Intern

后疫情时代的高等教育

——澳大利亚的经验分享和未来展望

〔澳〕贺蓉歌
Brooke Hartigan

澳大利亚驻华大使馆教育与研究公使衔参赞

非常荣幸来到美丽的郑州参加“2020 高等教育国际论坛年会”，我将以澳大利亚为例，讨论我们在应对疫情中所学到的经验及未来发展趋势。

一、新冠肺炎疫情对全球教育体系的影响

2020 年是非同寻常的一年。在这一年中，面对新冠肺炎疫情的影响，为使重要服务部门继续运作并保障民众的基本生活，澳大利亚各行各业不得不努力适应并做出重大调整，教育部门也不例外。

新冠肺炎疫情从一开始就促使各经济体在某种程度上将教育体系转移到在线平台，采用创新的技术和方式，以确保不同教育阶段、不同地区的教育延续性。基于过往经验，许多经济体在考虑是否有可能或应该将这些变化作为教育体系的永久“进步”和“变革”因素吸纳进来。

有人认为新冠肺炎疫情带来了契机，得以重新审视我们的教育模式，让我们关注学生应该学什么和怎么学才能满足 21 世纪对人才的需求并为之做好准备。疫情还促使我们更认真地审视我们的数字化教学，确保其质量。

二、澳大利亚高等教育部门应对新冠肺炎疫情的措施

1. 澳大利亚高校大多采用混合教学模式，调整教育方式以更好地满足学生需求。新冠肺炎疫情来临时，澳大利亚受益于自身在在线和远程学习领域积累的丰富经验。伴随着网络时代的兴起，特别是在过去 10 到 15 年中，在线教育在澳大利亚蓬勃发展；新冠肺炎疫情暴发前，“多模式”学习（模式）或“混合式”学习

模式（即线上线下混合模式）已呈上升趋势。新冠肺炎疫情以来，澳大利亚高等教育行业显现出三大趋势。第一，以数字化教学为主、以面对面教学为支撑的混合式学习模式重要性凸显；第二，“以人为本”，学生个体、学术和职业发展越来越受到关注；第三，学习变得更加模块化、灵活多变且个性化。随着人类寿命和工作年限不断延长，人们更多地参与到终身学习和全方位学习中，也越来越关注微学习。因此，继续教育和专业教育在大学中的受重视程度将逐渐与授予文凭的教育持平，学习将会变得更加取决于需求。

2. 制订新的规章制度，保障大学正常运转。2020 年 6 月，所有澳大利亚大学都致力于建立一个整体框架，力争恢复面授教学。实践类课程和实验项目成为优先恢复对象，随后是恢复常规学习。澳大利亚大学协会（Universities Australia) 发布了《降低新冠病毒大学传播潜在风险的原则和行为准则》，该规定对大学的各个方面，包括教学、研究、在校师生、学生宿舍、社区访问和活动等都提出了有关要求和规范。根据此框架，各大学制订了各自的返校计划。

3. 加强与国家监管机构合作，保障在线教学质量。在澳大利亚，我们对在线教学和面授教学的质量有相同的期望。疫情确实带来了改变，教育质量保障和监管机构宣布，教育机构在新冠肺炎疫情期间授课可以更灵活。这包括:（1）放宽对在线授课数量的限制。此前，在线授课通常只能在一些特定课程中使用。（2）灵活制定对学生的出勤要求（适用于国际学生）。（3）放宽特定信息的报告时限。

澳大利亚教育质量保障和监管机构与教育部门通力合作，制作并分享了大量在线资源，为在线和远程学习提供支持，同时强调了保证教学质量、学生学习成果和学业进度的重要性。学校自身也做出诸多改变帮助受疫情影响的学生，包括：调整学业测试方式、调整成绩记录方式和流程，以及提供电脑设备的租赁服务等。现在，各级教育部门和大、中、小学都已经积累了许多实践经验，用于改进澳大利亚的在线教学并保障教学质量。

三、澳大利亚在新冠肺炎疫情期间对国际学生的支持

1. 支持在澳国际学生。疫情期间，身在澳大利亚的国际学生可以在各自学校继续完成学业，学习方式可根据其所在地区具体情况酌情决定。部分国际学生已经采取在线学习或远程学习方式。在此期间，如果某些国际学生因为远离家乡或者无法获得常规的支持帮助，澳大利亚各级政府部门会与学校通力协作，向这些

国际学生提供一系列支持。首先，联邦政府层面的支持包括：来澳已超过 12 个月且面临经济困难的国际学生可根据需要提前支取其澳大利亚退休金（Australian Superannuation）账户里的储蓄；在某些岗位工作的国际学生可以延长工作时间；向为困难群体提供服务的慈善机构提供额外资助，这些资助也同样惠及国际学生。其次，州和地区政府也为国际学生提供了大量援助，包括食品、社区援助包、国际学生咨询服务等。再次，在疫情期间对经济困难的学生群体放宽房屋租赁合同限制。最后，各高校也为国际学生提供了资金、学业和个人福祉等方面的帮助。

新冠肺炎疫情期间，无论是国际还是国内学生的福祉和心理健康都是各级教育行政部门和学校关注的重点。学生和教职员工可通过在线工具和资源、电话或者面对面的形式（条件允许的情况下），获得持续不断的资源和支持服务。

2. 为澳大利亚境外的国际学生提供支持。对于新冠肺炎疫情期间无法返澳的国际学生，各高校通过在线方式确保学生们继续学业。据统计，约有 8.5 万名中国留学生受疫情影响无法赴澳，澳高校引导这些学生通过在线方式继续完成学业。澳高校为在线学习提供了大量支持，包括处理网络连接问题，安排身在中国的学长和导师为中国留学生提供支持和帮助，以及提供职业咨询和就业方面的协助。

澳大利亚教育界对国际学生表达了惦念之情。我们期待国际学生平安返澳，也将与国际学生同舟共济，共克时艰。澳高校在这段困难时期竭尽全力保持与学生的沟通联系，创造包容的氛围。澳大利亚多所大学还在华设立了中国学习中心，为学生提供面对面交流的场所，以便在疫情期间支持中国留学生的学习并保障其福祉。

澳大利亚政府致力于在安全的情况下尽快让国际学生返澳，并正在慎重考虑返澳的时间和方式。各州和地区政府也正在与学校合作，组织小规模的返澳试点项目，在符合澳大利亚公共卫生建议的前提下，迎接国际学生返澳。首个国际学生返澳试点项目已在北部地区成功实施，澳大利亚政府也已开始重新发放学生签证。

四、经验总结及后疫情时代展望

1. 经验总结。在新冠肺炎疫情期间大规模过渡到在线或远程学习的过程中，我们积累了很多宝贵经验，对未来有很好的指导意义：

（1）迅速转变为在线及其他非面授教学的过程本身就影响深远。教育者需要有巨大动力，迅速将课堂、讲座和辅导转换到在线环境，或者是线上线下相结合的环境，并确保对学生产生尽可能小的干扰。

（2）凡事各有利弊，我们需要思考如何在远程学习环境中提供以下重要支持，包括社会联系、身体和情感上的支持，以及为残疾学生或特殊群体提供额外支持。

（3）一些专业和课外活动难以通过在线教学实现，例如一些理科科目需要学生使用实验室的资源和材料，这是居家环境无法提供的。

（4）即使各国在新冠肺炎疫情期间已经积累了大量的在线教学经验，但仍有些人对在线教学质量和效果担忧甚至持负面看法。这些负面看法可能会阻碍国际学生在疫情期间开始或继续其学业。

2. 后疫情时代的展望。新冠肺炎疫情促使人们尝试灵活办公和学习，更有规律、更灵活地运用技术，进行再培训或提升技能，承接新任务，创新工作方式并创造新事物等。这些变化带来的结果或许将超乎人们的想象，有许多人认为我们不太可能回到从前。

随着人们对终身学习需求的不断增长，教育行业可能也会做出改变，通过提升教育的可获得性、更快速的响应、提供更多的支持来灵活地顺应这种变化。大学的传统模式正在或将要发生更多改变，对高学历的追求正在转变为一种对实际应用能力的需求。全球各地的雇主在招聘时都在关注学历以外的一些特质，希望雇员能够兼具社会技能、情商、团队工作能力、沟通能力、时间管理能力以及国际视野。

在澳大利亚，我们期待：通过数字、在线或远程方式提供的教育在疫情后将会继续发展壮大。高校将致力于更好地培养学生，为“未来工作岗位”做好准备，将着重于让学生做好准备迎接复杂的世界，并根据需要迅速做出转变和进行调整；创新性地解决问题；精通信息通信技术；熟练处理和应用信息、数据和媒体。通过将实习纳入课程内容，把实习经验与课堂所学相结合。微证书将成为澳大利亚高等教育体系的长期组成部分，为澳高校提供机会，使其成为开发和提供新型教育模式的全球领导者，从而开拓新兴市场，增加收入来源。

后疫情时代世界高等教育趋势

〔英〕菲尔·巴蒂
Phil Baty

《泰晤士高等教育》首席知识官

《泰晤士高等教育》(*Times Higher Education*，简称 THE)，于 2020 年 4 月下旬至 5 月对六大洲 53 个国家的 200 位大学校长进行了调查，了解他们对新冠病毒大流行影响的看法，收集了一些有趣的观点。令人印象深刻的是不同国家对高等教育未来的乐观程度截然不同。

问题："您认为新冠病毒会在多大程度上降低政府未来五年内投资高等教育的意愿？"

在美国，有 44% 的人认为政府将减少对研究的投资，英国是 28%，但在中国只有 8%。更为显著的是，有 92% 的美国大学领导者相信他们会看到大学破产，市场化系统将有市场失灵的现象。而在中国，没有人认为中国高等教育系统中会出现破产的情况。因此，美国和英国的大学遭受的经济痛苦将比中国和其他东亚国家的大学高得多，因为它们不只失去了来自学生的收入，也失去了政府在研究领域基础设施投资的意愿和能力。

问题："在后疫情时代，对于您所在国家的政府来说，研究是否会成为更高的优先事项？"

中国大学的反馈是新冠病毒大流行将推动对研究投入的增加，因为科研是知识经济的驱动力。然而美国大学的热情则要低得多，只有 56% 的大学领导者有这样的信心。

问题："在后疫情时代，来自公共和慈善机构的科学研究预算会在多大程度上增加？"

关于这个问题，我们再次看到中国对未来十分乐观。在中国，这一大流行病促使政府集中精力投入支持科学研究和高等教育。在美国和英国，持悲观态度的人较多，乐观态度的人较少。总的来说，自 2016 年以来，我们已经看到中国的崛起、东亚的崛起以及美国、英国和西欧的相对衰落。我相信，新冠病毒大流行确实可以加速这一趋势。而且，地缘政治力量平衡将会改变，并将朝着向有利于以中国为首的东亚国家的方向发展。

一些大学领导者在调查中也是这么评论的。从某种意义上说，人们对不同国家应对疫情大流行的看法不同。在美国和英国，对疫情大流行的处理还不够好，存在公共卫生问题。我们仍在遭受挑战，病毒的高发病率导致这些国家作为目的地将不那么受欢迎。在西方某些国家，种族主义和仇外心理有抬头的迹象，它们将因此失去传统上来自东亚的人才。

最引起我注意的是一位大学领导者的评论，他说："我认为世界的领导地位从西方转移到东方的可能性将会继续。全球南部也将崛起并在国际舞台上占据一席之地。"这是对疫情大流行导致这种地缘政治力量转移的真实预测。我认为整个全球高等教育格局也将有一些变化。

问题："所在机构向在线教学过渡的成功程度如何？"

在世界范围内，尤其是大洋洲、欧洲国家，都表示过渡非常顺利。在中国和日本，成功过渡的信心不足。但是，当谈到"在线教学是否能保持教育质量"这个问题时，中国大学认为教育质量有良好的保证，而在大洋洲国家则存在无法保证教育质量的问题。在许多情况下，人们担心在线教学会导致教育质量下降、学生学习体验变差。

但是在东亚国家，我们看到截然不同的意见。清华大学校长邱勇在最近一次的《泰晤士高等教育》活动中告诉我们，他们的研究表明，通过在线教学，学生的参与度和学生互动实际上得到了改善。他说："我们相信屏幕并不是互动的障碍，而是教师与学生之间的新桥梁。"这是非常正面的评价。此外，接受调查的日本大学校长也说过类似的话："它打破了沟通障碍，消除了羞怯感，学生的参与感很强。"

基于本次调查结果，我有一些思考与大家分享。

首先，人们认为，传统的大学模式和传统的大学提供者将受到新的教育模式、新教育提供者的挑战，甚至将撼动传统教育机构的地位。一位受访者说，一些公司开发更灵活的教育模式，将成为大学的真正竞争对手。例如，谷歌公司提供了更多的教育课程，这些课程得到了雇主的认可，其他大型科技公司也参与其中。来自一些大学领导者的评论显示，他们相信实力较弱的大学将会消失，未来这些较弱的大学可能将被迫合并形成大型大学、大型的联合体和新的合作伙伴关系。

我们会看到今后学生将拥有更多权利、更多选择、更多机会。有评论说，未来学生将毕业于至少五所不同大学，他们可通过远程学习、学分转移、终身学习和学分累积等方式完成课程学习。大学可以为个人提供真正的清晰的、数据驱动的响应式的个性化教育，从而带来更大的灵活性、更多的空间和更多的混合环境，学生可以按照自己的节奏去安排学习活动。

还有评论说课程的交付将发生变化。在学费很高的高度市场化系统中，教育成本可能会承受巨大压力，或许会出现学费下降的情况，并且大学将面临更大的财务压力。

人们还认为，大学品牌可能会被挑战。比如，那些传统名校，如果由于疫情原因，导致学校提供的在线学习体验较差，或者社交互动和校园环境的作用减弱，以及大学社交体验下降，学生会质疑他们要付出的学费是否值得。

我们也需要重新思考学生所学到的技能。有评论说，新冠肺炎疫情使人们意识到不仅在教与学中，而且在日常生活中，沟通的力量是根本的，同情和尊重他人非常重要。

此外，在文化和文明概念方面，价值观将发生范式转变。教学和学习的交互将应用到这种转变中，迫使人们重新考虑教学内容的设计、学生价值观的引导，培养学生成为合格的公民和未来的领导者。

新冠病毒大流行动摇了一些传统观念。在后疫情时代，我们将看到很多颠覆和变化，现有的模式将受到挑战，大学的品牌和声誉将受到更多来自高等教育行业外部和内部的各种挑战。

CAHE

1983

疫情下的隔离与高等教育创新的开启

〔南非〕特斯利兹·马瓦拉
Tshilidzi Marwala

南非约翰内斯堡大学校长

各位嘉宾：

大家好！

2020年全球的巨变给高等教育带来了变革。在新冠肺炎疫情的影响下，各行各业都发生了变化，高等教育的各个环节也被重新梳理，约翰内斯堡大学也未能例外。我们在2020年初就密切注意到新冠肺炎疫情在全球蔓延。2020年3月，疫情袭击南非，全国进入灾难状态。当时我校的学术课程仅开课两个月，我们必须做出艰难的决定，在一周内重构教学流程，并在全校范围内，紧急开展与应对疫情相关的教学评审计划，积极响应全国隔离政策，迅速遏制校园内新冠病毒传播风险。即使是在我们这样一所不断重新构想未来，并以此为豪的大学，应对突如其来的疫情，也是一个巨大的挑战。我们不再谈论教学和学习方式的潜在转变，也不再想象如何适应日益数字化的时代，我们身处其中，考虑的是我今天的演讲主题：疫情下的隔离与高等教育创新的开启。

一、面对疫情，教育学生为下一人生阶段做好准备是我们的使命

疫情的肆虐给经济带来了重创，造成了大规模的失业和金融不确定性，未来将被彻底改写。高等教育也面临如下选择：大学是要以教育学生获取财富为价值导向，还是要教育学生面对不断变化的现实，并迅速做出应对。

高等教育机构常被指责缺乏快速应变能力。我们深知大学管理、教学内容和教学方式等，必须与时俱进。正如著名作家阿兰达蒂·洛伊所说，历史上，大规模流行病迫使人类与过去决裂，重新开启世界。目前的新冠肺炎疫情也是如此，它是通向另一个世界的门户。

非常有趣的是，当2018年我加入约翰内斯堡大学的时候，就计划聚焦第四次工业革命，关注人工智能、物联网、区块链和机器人等技术。如历次工业革命一样，人们期望第四次工业革命也能改变社会的方方面面，从互动方式到产业运作方式。对于大学来说，教育学生为下一人生阶段做好准备是我们的使命。因此，无论他们选择继续深造还是参加工作，都应聚焦于不断变化的外部环境。

根据麦肯锡的报告，到2030年，将有7 500万至3.75亿人，占全球劳动力总数3%到14%的工人会在其一生中更换一次以上的职业，以适应不断发展的机械技术。世界经济论坛在2018年的一份报告中预测，第四次工业革命将造成大范围的失业，但同时也将创造出新的职业，尤其在科技工程、基础数学、数据分析、计算机科学工程等领域，并预测最大的需求将是融合数学、科技、工程、技术与传统学科知识的专业人员。不仅如此，还需关注人文和社会科学学科，这些学科提供了迎接第四次工业革命所需的认知能力。

二、疫情下的隔离与高等教育创新的开启

正如弗诺·文奇所言，我们正站在变革的边缘，而这次变革将和人类的出现一般意义重大。如果这是我们的学生要面对的未来，我们将如何支持并帮助他们为此做好准备？

1. 创新学习方法。利用科技实现实时互动，全面监控学生的学习进度。在某些教学模块中，我们提供教师的播客，供学生反复播放学习。2017年我们发布了在线校园应用，现在已经实现10个专业资格课程的线上授课。我们还推出了一系列短期学习课程供财务等专业人士在线学习。尽管并非所有教学模块都实现了线上教学，但我们庆幸有个强大的学习管理系统。在第一学期全国隔离的情况下，实现了超过1 500个教学模块的在线教学。

2. 重新定位学科领域。第四次工业革命留给我们的时间愈加紧迫，我们没有反复试错的机会，必须做尽可能有效的决定。这需要对所有学科领域进行重新定位，以确保通过多种方式为教工和学生提供有效帮助，例如图书馆在线应用为所有人提供了线上培训课程。这是一个创新的时代，在使用3D打印技术成功生产个人防护设备和呼吸机4周之内，我们中标了一个3 050万兰特的呼吸机项目，这只是学校确保在这场疫情斗争中处于科技前沿的一个例子。我们还发布了一款应用程序，该程序的用户可以从中提取所有与COVID-19相关的研究信息。此外约

翰内斯堡大学于 2020 年 10 月推出了在线出版社，出版期刊和文献，并提供相关主题的外部文献资料链接及其他大家所需要的信息。该计划已酝酿良久，正符合当下需要。虽然多数人会优先想到传统的新闻出版模式，但数字化出版社能不受大学校园的局限提供更广泛的知识。

3. 依靠科技，建立公正有序的世界。当下，我们看到争取社会正义的斗争发生了根本性的转变。社会发出了要求在性别界限、种族界限和阶层划分之间实现更大平等的呼吁。我坚信，技术的使用能帮助人类更加关注社会正义的问题，最终建立一个公正的社会。在过去的几个月中，我们在众多学者身上看到了巨大的创造力，他们通过制作短视频，召开视频会议，利用 WhatsApp 等方式与学生交流，发现了能够给学生提供实习机会的新方法，例如法律和健康科学专业的学生模拟线上咨询服务。

4. 改善南非的数字化技术条件。当然，我们还要正视南非的数字化差距，约翰内斯堡大学就是社会环境的缩影。数据流量不足限制了对信息资源的访问。基于大学的教育责任，我们给学生发放了电子设备，并与电信公司签订了免费提供数据流量的协议。然而这只是短期应对措施，并不完善。我校的官方网站并不涉及免费数据使用，我们的学习管理系统尚未被添加到电信公司分配的大数据流量使用范围内，而是夜间数据包，只能在午夜和凌晨 5 点之间使用。电子设备和数据流量方面的困难亟待国家解决。学校在利用移动技术支持教学上的努力是值得的，当然许多同学的学习积极性也有待提高。这是一场国家层面的危机，我们必须考虑采取更大的干预措施，向政府提出相关的需求。

在创新的同时，我们 2020 学年的教学任务也即将按计划完成，这在 8 个月前看来几乎是不可能完成的任务。因此，当我们反思这一年时，还是有很多值得骄傲的地方：到目前为止，我们的毕业通过率高于去年同期；学生出勤率与往年持平；教职员工通过新技术掌握了新的教学方法而更加勤劳地工作；我们目前使用的许多系统未来将继续助力于提升教学。

5. 做好长期应对新冠肺炎疫情的准备，保持高等教育领域持续创新。如今新冠病毒已暴发一年，但造成的破坏似乎并没有那么令人生畏，更像是给我们时间来反思当前的体系，思考如何应对模式的转变。正如电视节目主持人及作家丹尼尔·平克提到的：“普通教育，尤其是高等教育正面临巨大的挑战，我们一度认为已解决的两个重要问题如今重新摆在眼前：年轻人应该学习什么？他们应该获得什么样的资质来证明他们为将来的工作做好了准备？”这也正是我们当下应该探讨的问题。正如约翰内斯堡大学两位同事穆塔拉和梅农之前讨论的："新冠病毒是全球范围的流行病，目前看不到结束的迹象，随之而来的冲击仍在继续，并且在可预见的将来还将更加严重。"我想进一步强调疫情造成的不确定性。目前看来，不论生活是否能回归正常，这种状态都会长时间延续。作为教育机构，我们不仅有责任为学生做好应对这些转变的准备，而且有责任呼吁建立更具包容性的体系。正如我校副校长柏德教授和塞纳教授在《每日特立独行》发表的一篇文章中所写的："与新冠肺炎疫情长期共存是一种可能，但是不管什么情况下，新冠病毒已经使技术和现实更具适应性，并重新表达了我们对成功的定义。"高等教育领域的不断创新，是我们免于面对全球健康恐慌的关键所在。

世界大变局下美国高等教育质量保障体系研究

〔美〕陈肖纯
Shawn Chen

世界大学校长联合会财务长及候任主席
亚太大学联合会顾问委员会主席
郑州西亚斯学院创办人兼理事长

非常荣幸有这么一个机会与大家在目前最具挑战的环境下，探讨怎样做好教育质量保障工作。

一、新冠肺炎疫情下全球教育领域的颠覆与变革

2020 年新冠肺炎疫情的出现，打破了当今世界在多种力量相互作用下的“平衡”，包括经济、政治、教育和国际合作等各个方面。各行业关于“颠覆与变革”的讨论成为一种被加速后的新常态，世界进入了百年未遇之大变局。在科技与教育发展的每一个阶段，有关颠覆与变革的讨论一直没有停止过。进入 21 世纪，颠覆性科技成为新一次信息技术革命的主力军，如今的互联网技术突破了我们时间和空间上的局限，让我们的教育进入到信息化时代。不远的将来，量子计算机与人工智能、大脑芯片等科技的融合很可能成为重要的教育科学技术。

纵观历史，每一次社会、政治和世界格局颠覆与变革的背后都有一只无形的推手，如战争、地缘政治以及疾病等。2003 年的非典疫情后，网络教育进入了实质性的飞速发展阶段，Facebook、YouTube、Khan Academy 等网络巨擘和各大在线教育平台随之出现。17 年后的 2020 年，新冠肺炎疫情也成为重要的无形推手。新冠肺炎疫情已对全球超过 200 个国家和地区的 16 亿学生产生了直接影响，受影响比例高达 99%。而我们所熟悉的传统教育模式也面临着在极短时间内从线下到线上的全面调整。

2020 年 3 月，新冠确诊病例开始在美国各州出现急速增长，超过 90% 的各级教育机构在春季假期后的一周之内选择了转为网络授课。美国各高校教学更是在 6 周之内完成了从线下到线上的转变，比例高达 99%，涉及学生人数达到 1 984

万。而在疫情之前，美国高校学生每学期至少修一门网络课程的人数只有589万，占所有学生比例的31%。这种高效的转变是值得肯定的，与美国高等教育机构多年在信息化发展的投入密不可分。但同时，对于高等教育管理者来讲，首先要考虑的问题则是如何保证大规模网络教学的质量。

二、新冠肺炎疫情下美国高等教育质量保障体系的重大转变

美国高等教育质量保障体系的结构是多层次的，没有统一管理高等教育质量的全国性机构，联邦政府、州政府、认证机构和大众媒体等在各自职责范围内开展工作，积极发挥各自作用，互相协调。其中，美国联邦教育部（USDE）和高等教育认证委员会（CHEA）分别是美国高等教育质量保证体系的监管者和协调者。民间的高等教育认证机构是由美国高校和专业协会自发组成，根据评估对象不同，分为机构认证组织和专业认证组织。全美18个机构认证组织和67个专业认证组织分别对7 896所被认证高校及42 686个被认证专业进行具体的认证工作。

为应对此次新冠肺炎疫情，美国联邦教育部2020年3月27日发布第89号文件，强调疫情期间高等教育质量保障的核心为“形式灵活、标准不变”。同日，美国高等教育认证委员会（以下简称“认证委员会”）发布通知，确保全美各认证机构以“灵活和自治”为原则开展临时的线上教学项目认证和审核。4月7日，认证委员会发布线上教学项目质量自查标准框架。4月27日，针对网络教学质量和重开校园开展全国问卷调查，每个接受认证的高校都必须提交一个自查表。通过该自查，认证委员会了解各高校的办学情况，同时也形成一双无形的手推进线上教学质量提升。6月12日，认证委员会宣布正在联合开发综合信息平台，委托约翰·霍普金斯大学和第三方软件咨询公司将收集到的数据发布到一个监测平台，用于对教学工作进行指导和监督，并通过一些生成的工具帮助高校制定决策，诸如何时重开校园，以何种方式复课等。7月1日，OpenSmartEDU.org正式投入使用。该综合平台供全美高等教育机构在疫情期间使用，是以保障教学秩序为前提，集质量自检、认证自测和指导安全重开校园为一体的综合性信息平台，主要包含三方面的内容：一是疫情期间用于保障高等教育机构教学秩序和教学质量的指导手册；二是约翰·霍普金斯大学重新开放校园风险评测系统；三是高校重新开放校园计划生成平台。其中，OpenSmartEDU指导手册涵盖了包括安全措施、政策制定、教学质量保障、财务统筹和日常管理5大方面、16大项，共62小项的内容，

为美国各高校在疫情期间的管理和运行提供了详尽的指导。指导手册最大的亮点在于美国高等教育认证委员会的直接参与编制，并将教学质量保障方面的具体措施融入了高等院校运营的各个方面。这一措施可以认为是美国高等教育认证委员会长期寻求角色转换的一种集中体现，实现了从监督者到直接的参与者，从自上而下的协调与指导到自下而上的全程参与，从对单一标准的认证到与高等教育的日常管理融为一体的三方面转变。

三、美国高等教育质量保障体系存在的缺失

尽管美国高等教育质量保障体系在疫情期间进行了重大转变，也发挥了显著作用，但仍存在一些缺失。首先，该体系主要依托联邦政府推动，缺少州政府的参与。州政府作为公立院校的主要财政支持者，其在公立高等教育中的作用却被弱化。因而，应适当调整质量保障体系，确保州政府参与度。只有校地结合，才能精准对接人才需求。其次，目前管理过程的评价体系中，以结果和绩效为导向的评估模式仍占据主导地位，这种传统模式使得认证评估往往流于形式而无助于实际教学质量的提升。因而，应根据高校自身特点制定基于管理的评价标准和执行方案，保证定制化的精确认证，促进教育教学创新。最后，虽然美国质量保障体系在做积极尝试，但仍缺少在更广、更深层面上的科技融合。只有信息化、智能化的认证体系才能更好地服务于未来教育的质量保障。未来，网络课程、智慧课堂的广泛使用必将产生海量的评价数据，可利用人工智能强大的运算能力对评价大数据进行采集和分析，并通过机器深度学习的能力对现有评价标准进行优化和实时调整。

截至 2020 年 11 月，超过 92% 的美国高校已确认 2021 年春季学期将继续进行网络教学。我们将继续关注美国高等教育质量保障体系的具体应对措施，进行下一步研究。

CAHE
1983

日本研究生院扩招政策的影响

〔日〕吉田文
Aya Yoshida

日本教育社会学会会长
早稻田大学教育与综合科学学院教育系教授

一、日本研究生院扩招政策

20世纪90年代，与西方国家相比，日本研究生教育规模相对较小，各领域高学历、专业人才在国际竞争中缺乏竞争力。因此，日本文部省决定实施研究生扩招，相继推出了《关于提升研究生教育制度弹性化》（1988年12月）、《关于研究生教育的改进和提高》（1991年5月）、《关于研究生数量的提高》（1991年11月）等文件。

扩招政策旨在鼓励人文社科领域扩招，生源以在职人员为主。政策规定在职人员获得高学历后，不一定要从事研究工作，更希望毕业生成为劳动力市场的高技能专家或专业人士。为了方便在职人员学习，日本文部省调整了有关研究生教育制度。例如，入学考试注重研究计划或面试，而不是笔试；在晚上或周末开设课程；学生可以在研究生院注册两年以上的硕士课程，或三年以上的博士课程，不收取额外学费；为社会人员提供远程授课等弹性安排。

二、扩招政策的影响

顺应文部省扩招政策，一些大学开设了研究生院，研究生规模开始扩大，在2011年达到招生规模的高峰，自2012年开始，研究生总人数开始减少。

2011年硕士研究生招生规模是1991年的2.6倍，博士研究生招生规模是1991年的2.5倍，职业院校招生规模是1991年的33.8倍。总体上，研究生规模的扩大主要是在职研究生层面。应届研究生的入学率从1991年至今处于急剧下降状态，人文学科的应届研究生入学率从1991年的35%下降到2016年的18%，社会科学应届研究生入学率也从同期的24%下降到10%。自1991年至今，在职研究生数仍在继续增加，并且一直保持增长趋势，特别是博士研究生和职业院校的研究生规模。博士层次，从1987年至2016年，在职人员攻读数一直有所增加，2016年在职博士生数量占比超过了40%，达到史上最高比例。2011年职业院校在职研究生占研究生总数的38%，2016年占50%。2016年，商学院的在职研究生比例是90%，公共卫生学院的在职研究生比例是85%。可以说，从在职研究生层面，研究生院的扩招政策是成功的，攻读博士研究生和职业院校的在职人员越来越多。

研究生院的扩招政策也有不成功的地方，自2012年，研究生总体规模开始缩小，特别是职业院校研究生人数明显减少；根据扩招政策，人文社会科学研究生规模应该明显扩大，但是实际结果是人文社会科学并没有受到年轻一代的青睐，人文社会科学领域的应届研究生入学率没有增加。

已有的研究认为，劳动力市场方面，私营企业的雇主不愿意雇用人文社会科学的研究生；生源方面，人文社会科学领域的在职人员不愿意攻读研究生，因为他们担心由于读研而失去已有的工作机会。如果只增加研究生数量，而没有满足劳动力市场的需求，那么扩招政策的效果是有限的。

泰晤士高等教育教学质量评估：立足本国，放眼全球

〔新加坡〕**沈靖淳**
Kenneth Sim

泰晤士高等教育高级咨询顾问

众所周知，泰晤士高等教育世界大学排名以科研为侧重点。大学的使命是多元的，除了科研以外，还有教学和服务国家及地区的使命，因此，近年来泰晤士高等教育针对教学使命推出了大学教学排名。

2017 年，泰晤士高等教育推出了美国大学教学排名，有 801 所大学参与。同年，推出了日本大学教学排名，有 260 所大学参与。2018 年推出了欧洲大学教学排名，有 241 所大学参与。

美国、日本和欧洲大学教学排名的评估体系包括教学资源、学生参与度、教学成果和教学环境四个维度：一是教学资源，主要考察大学是否有足够资源从事教学工作；二是学生参与度，主要考察学生学习积极性，以及学生能否充分参与教师和研究人员的工作；三是教学成果，主要考察大学毕业生的工作前景；四是教学环境，主要考察大学是否为学生提供了必要的学习环境。图 1 是泰晤士高等教育教学排名的评估标准和框架。

美国、日本和欧洲大学教学排名的评估体系尽管维度相同，但是在不同区域使用了不同的二级指标，评估的方法做到了本地化。例如，在学生参与度维度中，美国大学教学排名考察了学科的广度，在日本则使用了高中升学顾问调查；在教学资源维度中，欧洲大学教学排名考察了服务质量，在美国和日本则没用这个指标。

泰晤士高等教育在上述三个教学排名中还使用了一些常见的卓越教学指标。例如，在学生参与度维度中，都采用了学生问卷调查，包括学生与同伴和导师的互动程度、是否愿意把自己的学校推荐给别人就读等；在教学成果维度中，都采用了学术声誉调查指标，但在美国和欧洲排名中有毕业率这个指标，在日本却没有。美国有大学毕业文凭对工资的增值度和负债率的评估，这是在美国进行本地化的定制设计。由于欧洲强调的是全科能力，所以在欧洲设立了技能发展指标。总体而言，在进行教学评估的过程中，泰晤士高等教育进行了因地制宜，采用多维度测量方式，在一个框架下，有不同指标去考察不同地区的教学情况。

在数据采集方面，采用了在全球具有可比性且与本国情况相关的全面数据，

美国大学教学排名	日本大学教学排名	欧洲大学教学排名
教学资源-30%	**教学资源-34%**	**教学资源-20%**
1. 师均论文数量(8%) 2. 生均教学相关财政支出(11%) 3. 生均教师数量(11%)	1. 师均论文数量(7%) 2. 生均教学相关财政收入(8%) 3. 师生比(8%) 4. 大学模考成绩(6%) 5. 师均研究基金(5%)	1. 师均论文数量(7.5%) 2. 师生比(7.5%) 3. 服务质量(5%)
学生参与度-20%	**学生参与度-30%**	**学生参与度-35%**
1. 学生参与度(7%) 2. 学生推荐(6%) 3. 师生互动(4%) 4. 受认证项目数量(3%)	1. 学生参与度(6%) 2. 学生推荐(6%) 3. 师生互动(6%) 4. 全球人才培养(6%) 5. 培养学生能力(6%)	1. 学生参与度(10%) 2. 学生推荐(10%) 3. 师生互动(10%) 4. 与劳动力市场的联系(5%)
教学成果-40%	**教学成果-16%**	**教学成果-20%**
1. 学术声誉(10%) 2. 毕业率(11%) 3. 对学生毕业工资的增值(12%) 4. 毕业后债务(7%)	1. 学术声誉(8%) 2. 雇主声誉(8%)	1. 学术声誉(10%) 2. 毕业率(5%) 3. 技能发展(5%)
教学环境-10%	**教学环境-20%**	**教学环境-25%**
1. 国际生比例(2%) 2. 学生多样性(3%) 3. 教师多样性(3%) 4. 学生包容性(2%)	1. 国际生比例(5%) 2. 国际教师比例(5%) 3. 国际交换生项目(5%) 4. 以外语作为教学语言的课程(5%)	1. 国际生比例(5.5%) 2. 教职员工的性别平衡(7%) 3. 学生的性别平衡(7%) 4. Erasmus+学生交换(5.5%)

图 1　泰晤士高等教育教学排名的评估标准和框架

评估不同地区的教学情况。除了采用来自政府机构、同行和大学提供的数据外，还进行大量的调查来综合考量大学教学的卓越程度，包括声誉调查、学生调查、雇主调查和高中升学顾问调查等。

泰晤士高等教育之所以要通过调查采集大量数据，是希望更好地了解不同国家的高等教育状况。不同国家和地区在教育体系中有不同的关注点，通过排名反映其不同发展重点和挑战。以“学生群体的多样性”为例，在美国会考察国际学生、不同种族的学生和第一代大学生的数量，在日本则更多关注有没有国际学生和国际交换生，在欧洲则更关注内部交换生以及性别平衡。

教学评估立足本国的重要性原因还在于不同国家的学生有不同的价值观，因此即使两个国家的大学获得了相同的得分，但是在不同的国家意义可能是不一样的。举例来说，如果问学生“大学提供合作学习机会的程度”这个问题时，大部分的日本学生会给 7 分（满分 10 分），但是美国学生会给满分。这个可能意味着美国大学的确比日本大学提供更多的合作学习机会，但也有可能意味着美国学生和日本学生在合作学习方面有着不同的期待。

新冠肺炎疫情背景下高等教育创新的机遇：来自波士顿的几点观察

〔美〕**何 霓**
Phil He

美国东北大学副教务长
旅美华人院校长协会主席

波士顿是世界著名城市，拥有麻省理工学院、哈佛大学、塔夫茨大学、波士顿学院、波士顿大学、布兰代斯大学、东北大学等优秀的研究型大学。波士顿地区也有许多私立和公立的小型大学和文理学院。马萨诸塞州人口约 700 万，其中大学生数量超过 20 万人。波士顿市的学生较为集中，其中包括数量庞大的国际学生。新冠肺炎疫情期间，波士顿和马萨诸塞州均受到特别严重的冲击。截至 2020 年 11 月，共有 241 000 人感染，10 874 人死亡。马萨诸塞州的失业率在 2020 年 6 月曾高达 18%（从那以后至 10 月底已下降到 7.4%）。疫情带来的影响还因黑人人权运动及总统选举年引发的不安因素而进一步复杂化，这一复杂的现实给所有地方大学都带来了重大挑战。

一、新冠肺炎疫情之前美国高等教育存在的问题

在新冠肺炎疫情之前，美国高等教育存在着六大问题：一是国内大学适龄人口不断减少，且这种趋势将持续到下一个十年；二是国际招生人数趋于平稳，未来充满不确定；三是学生负担学费能力不足；四是研究生学位市场竞争日趋激烈；五是 75% 的研究生学位由 20% 的大学授予，高度集中，大型大学占据主导地位；六是近年来小型私立大学关闭速度加快，且这种趋势还在继续。

二、新冠肺炎疫情期间美国高等教育面临的挑战

新冠肺炎大流行给美国高等院校带来了一些令人担忧的影响。2020 年秋季学期，超过半数的美国大学入学人数减少，接近半数的高校主要依靠在线授课，同

时包括部分线下授课。高校被迫采取逐层成本控制措施，以应对新冠肺炎疫情对学校财政预算的影响。这些措施包括旅行限制、冻结招聘、暂停或取消部分课程或学位、关闭院系及解雇或以休假方式暂时解雇教职员工等。规模更大、知名度更高的大学可以依赖来自较低层次学校的国内学生抵消国际学生的损失。一些人还担心，由于大型大学和大公司之间的合作关系，在线或混合市场的垄断程度可能会越来越高。

三、校长们担心什么

美国教育委员会最近一项调查显示，超过 40% 的校长担心以下六个问题：一是学生、教职员工的心理健康；二是学校的长期财务保障能力；三是 2021 年春季学期入学人数；四是如何持续维持在线学习；五是筹资；六是如何有效地维护和执行与新冠肺炎疫情相关的安全协议。

四、化危为机：东北大学重开计划

尽管疫情仍在肆虐，但大学可以接受挑战并将其转化为机遇。2020 年 3 月，东北大学领导层采纳了来自校内及世界范围内的健康专家意见，预测新冠肺炎疫情的影响将持续至少 18—24 个月。于是，校方投入 5 000 万美元应急基金，以抗击疫情，并保障学校的长期健康运营。东北大学建设了校园测试中心和大型测试实验室，每天处理最多 8 000 个最先进的测试，并创建了新冠肺炎疫情测试应用程序和公报板。该应用程序供师生员工及各团体使用，且每周至少参加一次测试。2020 年夏天，学校升级了所有教室的空气过滤系统和教学设备，以确保安全有效的学习环境。此外，学校采用混合教学模式（我们称之为 NUflex），实现线上线下同步教学。

五、东北大学战略规划及对新冠肺炎疫情之后高等教育的反思

我们现在应该思考疫情后高等教育将面临的挑战和机遇。我认为，在高等教育决策中有七大问题至关重要：一是我们有弹性的教育模式吗？二是我们是否具备在竞争中脱颖而出所需的市场差异化？三是我们有优化的预算模型吗？四是

我们是否有必要进行IT升级或自动化，以提高效率并确保有效的教学、学习和研究？五是我们要在多大程度上把网络教育扩展到本科学位？六是当未来雇主采用更多虚拟工作场所时，我们如何为学生做好准备？七是大学在通过与周围社区合作创造更大的公共利益方面的作用是什么？

东北大学校长约瑟夫·奥恩博士最近写了一本题为《人工智能时代的高等教育》的书，书中介绍了东北大学的学术规划理念和实践。具体说来，东北大学要走自己选择的道路：一是体验式学习，这是学校引以为傲的传统；二是终身学习，使学生能够不断提升自身技能，以应对机器人技术、人工智能等冲击带来的新挑战；三是个性化教育，使学生无论身处何方都能够及时得到所需要的教育；四是东北大学没有幻想在所有研究领域都成为最好的，而是专注于某些领域，这些领域是健康、安全、可持续并极具人文性的，并在这些领域成为世界顶尖；五是增加跨院系教师数量，通过跨学科研究解决高度复杂的问题；六是在美国、英国以及加拿大三个国家设置了11个校区，形成了一个不断增长的全球大学体系，使世界范围内更广泛的地区受益，并创造了真正独特的学习和研究环境；七是鉴于美国目前全国范围内多元化、公平和包容发展的大环境，东北大学将致力于在5年内将少数族裔教职工和学生人数翻一番。

我们在此提出的意见必然是简短和有限的。事实上，新冠肺炎不是人类面临的第一个，也不会是最后一个传播性大流行疾病。面对流行性疾病或其他挑战，各大学都应视其为创新的机会，从各自实践中吸取经验教训，实现自身更好的发展。

CAHE

1983

后疫情时期英国大学混合教学的实践与思考

〔英〕袁莉
Li Yuan

英国教育技术与标准中心（CETIS）高级研究员

过去十几年来，我一直在英国教育技术和标准中心工作，主要负责英国高校教育技术创新和在线学习的发展。今天我介绍一下英国高校在线混合教学的发展情况、疫情期间英国大学应急远程教学和混合学习的对策，以及近几年在国际教育中开展中外合作混合教学的一些探索和尝试。

一、英国大学在线学习和数字教育的发展

在过去的二十多年里，英国高等教育基金委员会为了确保英国高等教育能够通过教育技术的创新引领英国教育和研究，专门成立了一个负责教育技术发展和实施的专业机构——英国联合信息系统委员会（Joint Information Systems Committee，简称 JISC）。英国联合信息系统委员会主要负责英国大学教育技术战略发展和实施，如基础设施、资源建设及法律咨询等，组织开展了一系列促进英国高校开放在线学习和数字教育的发展资金项目，如课程设计、开放教育资源项目、学习分析和智慧校园项目等。

英国政府一直非常重视在线学习，其大学在线学习与校园面对面的课程具有同等的质量保证体系和学位认可度，只是学习的方法和路径不同而已。早在 2000 年初，英国政府就曾建立 UK-eU，旨在帮助英国大学发展面向全球的在线学位课程，但并没有达到预期的效果，以宣布失败告终。英国政府进而成立了“在线学习工作组”，以帮助大学保持和拓展其在线学习的世界领导地位，并认为，在线学习使校内和校外的互动相结合，无论是针对英国本土学生还是海外学生，都有助于英国大学打造一个应变性强、有吸引力和交互性强的教学模式，这样的教学模式具有大规模、高质量、低成本的特点，可以满足学生灵活性学习需要。

近几年，在席卷全球的 MOOC 发展中，英国教育技术与标准中心发表了关于 MOOC 与开放学习和在线学习持续发展的一系列报告，帮助英国政府和大学更好地认识到 MOOC 在促进社会学习、推动大学开放教育和发展在线学习的重要性。

二、疫情期间英国大学所面临的困境和挑战

2020 年 3 月，剑桥大学第一个宣布 2020—2021 年其所有的课程全部进行远程教学。疫情导致大量国际学生无法正常返校，很多英国学生决定放弃入学，这给许多大学带来了巨大的财政压力。同时，大学远程教学和在线学习也面临着前所未有的挑战，直接将传统的面对面的教学转为远程教学，基本无法达到预期的教学效果，老师也要面对很多课前和课后要处理的技术上的问题和学生对教学质量的担忧。

为了满足疫情期间教育教学的需要，英国大学根据自身情况和政府的要求，制定了相应的对策，前期除了少数大学，如剑桥大学和曼彻斯特大学全部实行在线教学，绝大多数大学都采取了混合教学模式，在条件允许的情况下开展面对面教学，必要时进行远程教学。部分英国大学意识到自身现有的课程结构不适合远程教学和混合学习，为了让学生能够在疫情中获得更好的学习体验，他们重新调整了课程结构，设计了一些灵活的授课模式。比如说，曼彻斯特城市大学的大多数课程都是通过面对面的大型讲座和小组讨论进行的，学生和学生之间、学生和老师之间的交流时间比较多，但这种课程结构并不适合进行远程教学。因此，该校将原来的教学模式改为板块学习和小组教学的方法，将平行的学科教学变为线性教育，一门课进行连续六周的教学，然后考试，20 个学生安排在一个学习组，尽可能在学校安排更多面对面的小组讨论。

疫情迫使高校不得不迅速改变传统的教学模式和方法，但是技术在教学中的运用和结合并不是简单地将传统的面对面教学复制到线上。有效地在教学中使用信息技术是一个复杂的过程，需要系统的改变，包括教育教学方法和组织模式的转变，课程设置、考试考核的变革，教学空间、时间及师生角色的变化，等等。

三、中英大学国际合作混合教学课程

疫情期间，由于旅行限制，对中外高校国际合作造成了严重的影响，也对高校如何利用信息技术开展多元化的国际合作和交流提出了新的课题。自 2012 年起，中英两国的高校，如曼彻斯特大学、爱丁堡大学、南安普敦大学等与中国大学开展了“互联网 +”环境下的合作混合教学探索。这为疫情后期课程的国际化发展提供了一个值得借鉴的模式。该项目利用 Wolearn 平台上国外大学课程资源，在中国大学老师面对面教学的基础上，与国外大学的老师开展创新型的混合教学。中国学生在学习本校课程的基础上，在本校老师的指导下，在线学习英国大学相同课程的一些内容，并通过实时在线视频讲座与英国老师进行交流和讨论。基于 Wolearn 平台的中外合作混合教学模式是从课程设置、技术应用和教学方法方面建立了一个新的真正的国际课程混合教学环境（图 1）。

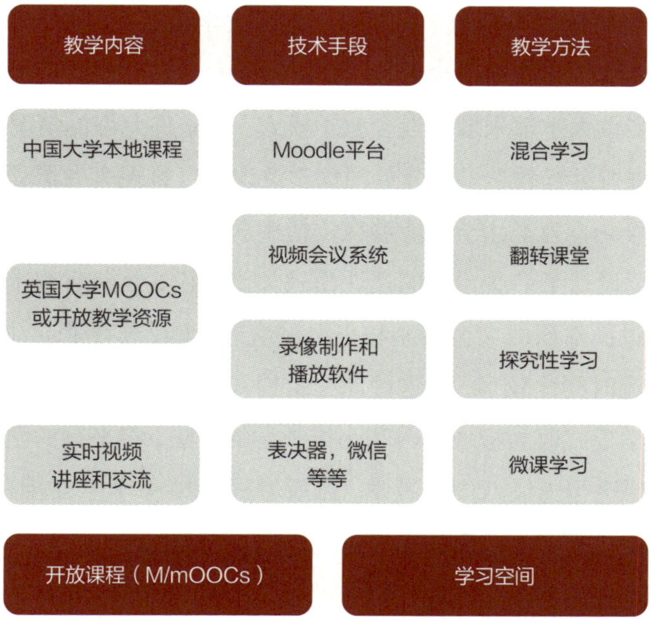

图 1　基于 Wolearn 平台的中外合作混合教学模式的总体框架

以曼彻斯特大学化学学院和北京师范大学化学学院的“物理化学”合作混合课程为例，北京师范大学的学生在学习本校课程内容的同时，在本校老师的引导下学习 Wolearn 平台上曼彻斯特大学老师提供的在线学习资源，完成小组作业和相关的练习题。学生在自主学习的基础上，提出问题并在实时视频互动中跟英国老师进行讨论。视频互动内容包括曼彻斯特大学老师对学生提出的一些问题进行解答，并回答学生提出的一些新的问题；学生讲解演示前期布置的一些问题的解题思路；学生用手机作为表决器，实时回答英国教授提出的一些问题。

由于双方的合作混合教学模式从技术的使用到教学方法都进行了全面精心设计，所以在这次疫情中不但没有受到任何影响，反而让参与合作混合教学课程的老师和学生体验了从一对一到一对多的互动交流，充分发挥了视频会议系统的功能。

四、结语

疫情促使全球高校在最短时间里创新地使用技术进行远程教学。面对疫情，混合教学正在成为国际上许多大学广泛采用的一种教学模式。为了实现在线和数字技术环境下教育教学的变革，我们需要重新思考和定义课程设置、教学方法和考核评价等。为确保疫情后国际教育发展的持续性和灵活性，大学之间的合作将比以前任何时候都更重要和更紧迫。

E-learning在高等教育中的发展趋势和需要考虑的问题

〔美〕**雷 静**
Jing Lei

美国雪城大学教育学院教学设计开发与评价系主任

一、E-learning 的兴起及发展

E-learning 是随着电子技术的飞速发展延伸出来的新型教育模式，是一个相对年轻的领域。1999 年，学者马西埃将其定义为通过网络技术进行设计、传递选择、管理和扩展教学的方式。E-learning 可以译为“数字学习”“电子学习”或“网络学习”，它强调用电子信息技术，尤其是网络进行教育的方式，是历史悠久的远程教育在信息与网络时代发展的教育模式。当前备受关注的“完全在线教育”与“混合教育”都是 E-learning 的不同形式。“完全在线教育”包括“同步即时教学”“不同步不即时教学”及“同步异步混合教学”。

随着信息技术日新月异的变化，E-learning 在过去二三十年间发展迅猛，越来越受到教师们和学者们的关注，它既是网络技术飞速发展的产物，也是教育需求多元化的必然结果。电脑和网络的出现为 E-learning 带来了强大的交流渠道，比如电子邮件、视频会议及在线论坛等，还出现了将各种信息功能整合成在线教育平台的学习管理系统。这些技术的发展成熟和多样化，为 E-learning 的快速发展提供了技术支持。此外，学生对教育需求的多元化，也促进了远程教育向 E-learning 的升级。现代信息社会的变化使得终身学习成为必要，同时，紧张快速的生活节奏让很多忙于工作的自主学习者很难抽出时间走进校园接受继续教育，而 E-learning 为其提供了更为灵活的时间和空间安排。在教育领域，越来越多的研究者开始注意到不同的学生有不同的教育需求，比如在 20 世纪 90 年代初，哈佛大学教育研究院的大卫・罗斯教授提出“全方位设计学习”的概念。他指出，学生们在对教学中展现、表达以及参与的需求存在差别，当代教育者应致力于满足各类学生的需求。E-learning 由于其丰富的文字、声音以及影像支持，在实现多样

化教学方面具有很大的潜力。基于以上原因，E-learning在网络技术进步和学生需求增长的双重背景下，被很多教育机构大力普及和推广。

二、E-learning对高等教育教学的影响

最近的新冠肺炎疫情迫使大、中、小学各门各科的老师们和学生们不得不借助于网络基础进行各种形式的E-learning，从而使得E-learning以史无前例的方式在极短的时间内全面推广，受到社会的广泛关注，成为几乎全球全民讨论的热点话题。这其中既有对E-learning带来的机遇和无限可能性的期待，更有对如何有效地使用电子信息网络教学进行学习的疑惑和探索。E-learning的飞速发展为高等教育带来了很多改变和无尽的可能性，使得任何时间、任何地点、任何进度的学习成为可能，更成为必要，让学生能够真正接受到个性化教育。

第一，改变传统的教学方式方法。E-learning使提供个性化的教学成为可能，"因材施教"这一古老的教育梦想得以实现。网络教学和混合教学的出现让我们可以实现高等教育的多样化。网络教育在很多国家发展迅猛，在高等教育中所占的比例逐年增加。以美国为例，根据美国国家教育统计中心最新发布的关于网络学习最新趋势的调查统计显示，在2018年秋季学期，美国高校35.3%的学生上至少一门在线课程，今后这一比例会越来越高。

第二，改变教学过程中教师和学生的角色。在传统的课堂中，教师是学生获取知识的主要甚至是唯一来源，负责把知识传授给学生，学生靠被动接受来获取知识。E-learning中信息技术的使用，增加了学生获取知识的渠道，已然改变着学生获取知识的方法，学生越来越起着主导学习的作用。而教师则从讲台上的智者，逐步变成在旁边的引导者，从着重知识的传授到更注重学生学习的过程。这个角色的变化在混合课堂尤为明显。

第三，推动教学内容及时更新。目前各种信息技术和网络平台提供了很多新的工作机会，既有就业机会，也有创业机会，但是这些新兴行业大都依靠从业者自己摸索成败，积累经验，很少有机会进行系统性的学习。现在有些大学已经开始探索通过E-learning来开设这些新兴行业领域中的课程或是专业。还有一些学校，比如威斯康星大学开始提供基于能力的专业项目。此类项目并不是依照传统高等教育要求凭学分或者学生选修课程情况给学生颁发学位证书，而是根据学生所达到的能力水平来评判。在进行能力考核的同时，提供灵活多样的网络课程，

帮助学生发展各项能力，使得学生尤其是非传统的学生能够根据自己工作生活的需要，通过在工作之余自主学习，获得大学的资历。这样的种种改变使得高等教育能够扩大教育的范围。信息技术的使用、网络教育、混合教育、灵活多样的专业设置等等，使得高等教育不仅能够全国化、全球化，还能够吸引非传统的学生。网络教育、混合教育等新的 E-learning 教学方式能够帮助更多的人实现接受高等教育的梦想。

在信息技术的支持下，E-learning 使得高等教育具备以下特点：一是教学形式多样性。教学方式可有传统的面授教育，也可有网络教育、混合教育、移动学习和各种形式的混合学习，通过信息技术的合理使用，促进教学模式、教学过程和学习考核的多样化。二是专业项目管理多样化。多样的教学形式使得专业管理多样化成为可能。学生可以住校，也可以走读；可以坚持完整的传统学位项目，也可以有短期灵活性的证书项目。满足专业要求可以基于制定的课程，也可以基于学分制，或者是根据学生所达到的能力水平进行评判。三是专业设置、课程开发灵活性。能够推动融合最新的科研成果，及时反映社会发展的需求，实时更新教学内容和形式，勇敢尝试新的学科和发展方向，同时也可以更灵活选拔合适的师资授课及指导学生。

三、提高 E-learning 质量的几个注意点

E-learning 给高等教育带来了很多潜力和可能性，但是如何实现这些潜力，把可能性变成现实，关键是 E-learning 的质量。当前关于 E-learning 的研究指出，设计高质量的 E-learning 需要注意以下几点。

第一，要有意义地使用技术。在 E-learning 中信息技术可以用来实现各种教学目的，要根据具体的教学目标选择合适的信息技术。比如，研究发现信息技术如果用来支持学生的认知活动，对学生学习成绩的影响明显大于使用技术仅向学生提供学习内容或进行交流。

第二，要注重教学法的使用。不同的教学方法和教学形式对学生的学习成绩和学习过程都有影响。有研究探讨了三种互动方式，即学生与学生的互动、学生与教师的互动和学生与教学内容的互动，发现两种或三种活动形式并存比任何一种单一的互动形式都更有利于学生的学习。

第三，要注重对学生的支持和帮助。这既包括对学生提供在网络学习或者混

合教学中所需要的技术帮助，更包括在学习过程中的帮助。学生在网络学习中可能会遇到环境、生活、情感、心理等各方面的挑战，不能想当然地认为学生都是理性的、有很强自我控制能力的、学习动机很强的主动学习者，而是需要在课程设计中提供激励和管理机制，帮助他们有效地学习。

第四，要注重教学设计和课程设计。不同的教学方式往往是针对不同的教学目的的，在不同的教学环境中也会有不同的教学效果。总的来说，好的教学设计需要有明确的教学目标、及时反馈、主动学习和各种互动机会。另外，在设计中需要考虑自我管理原则、动机激励原则和协同合作学习等教学设计原理。

新冠肺炎疫情背景下发展中国家的高等教育数字化转型

冯思圆
Feng Siyuan

联合国教科文组织高等教育创新中心
国际网络教育学院项目联合主任

感谢中国高等教育学会的邀请，让我有机会在这样一个高级别的教育论坛上，代表联合国教科文组织高等教育创新中心介绍我们的工作情况和对于全球高等教育数字化转型的一些看法。

一、联合国教科文组织高等教育创新中心基本情况

联合国教科文组织高等教育创新中心是教科文组织在全球的第十个二类教育机构，也是在中国设立的第一个专注于高等教育的二类机构。我们的主要工作目标是在教科文组织使命和“一带一路”倡议背景下，推动发展中国家高等教育的数字化转型，利用信息通信技术赋能教育，从而达成联合国“可持续发展目标4——优质教育”中所倡导的各项目标。

我们工作的重要背景在于：第四次工业革命的浪潮给高等教育带来了全新的任务与发展目标。21世纪已经过去了五分之一的时间，全球产业发展给世界带来了巨大变革，信息通信领域前沿技术的发展与广泛应用强化了各行各业对数字化人才的需求。不同国家的教育部门肩负着为本国培养数字化人才，支持国家向数字化经济过渡的重要职责。面对用人市场对人才与技能的新需求，教育部门与政策制定者都在积极完善相应的人才培养体系与专业认证体系。

二、发展中国家高等教育数字化转型情况

信息通信技术的发展对发展中国家的高等教育产生深远的影响，促使高校在发展规划、教师专业发展、教育管理、人才培养、毕业生就业能力提升等方面作

出改变。对于高校教师、行政人员而言，良好的信息化水平、数字化工作能力也成为适应新的教育需求的基本素养。

中国高等教育数字化转型已经走在了世界的前列。我们可以看到无数数字化教室在大学校园中落地，成百上千的慕课与混合式学习课程在网络中上架，多种多样的云计算、大数据、物联网或人工智能应用正在帮助高校更好地开展教学与科研。

但是，在其他发展中国家，高等教育的数字化转型还面临诸多挑战。在硬件方面，发展中国家高校往往缺乏充足的信息化教学设备与适当的维护，网络发展和信息接入不足，同时缺乏必要的基础设施与资金支持。例如，我们在向非洲地区高校提供数字化设备的过程中，面临的巨大挑战不仅仅是把智慧教学大屏、电脑设备运达并安装，也包括帮助高校解决缺电、断网等基础问题，这些都是在基础建设良好的中国高校所不能想象的。软件方面，一些发展中国家高校往往缺乏与信息通信技术有关的软件和相应的处理能力，缺乏培养具有信息化素养教师的途径与方法，教学管理人员也不了解如何制定相关的教育政策。另一方面，国际高等教育服务中的“付费墙”也阻碍了发展中国家教师获取学习资源，同时，国际通行的数字化教育资源往往来源于欧美国家，缺乏对发展中国家国情的有效适配。

这些软硬件的诸多阻碍使得发展中国家的高等教育数字化进程远远落后于世界先进水平，而新冠肺炎疫情的暴发对这些没有做好数字化建设的国家带来了巨大冲击。截至 2020 年 10 月底，全球仍有 31 个国家处于全国范围的停学状态，仍有超过 5.8 亿名学生（占全球学生总数的 33.1%）因新冠肺炎疫情的影响无法返校复课。疫情期间，全球约有一半的学生（8.26 亿人），因家中没有电脑而无法参与在线学习；同时，43% 的学生（7.06 亿人）的家中也没有互联网连接。新冠肺炎疫情对全球近 16 亿名学生、超过 190 个国家造成了不同程度的教育中断，多达 99% 的位于中低收入国家的学习者受到了影响。不仅如此，只有 65% 的中低收入国家和不到 25% 的低收入国家建立了远程学习平台。新冠肺炎疫情暴发后，全球只有 2/3 的高校可以迅速地向在线教学过渡，保障教学，而这类高校往往集中在发达国家与中国这类数字化转型成果优异的国家。全球范围内，1/4 的高校在找到其他远程教学的解决方法前，不得不封校停学，这些遇到困难的国家集中在亚洲、非洲的发展中国家。

三、新冠肺炎疫情背景下我们的行动

上述问题表明：在疫情之后，高等教育中的信息通信技术已经不仅仅是辅助传统教学的工具，它们已经成为发展中国家保障教育教学得以持续的重要途径。作为教科文组织中的重要一员，高等教育创新中心构建了一套数字化转型的生态系统，在疫情暴发以来通过建设智慧教室硬件设备、开放网络教师教育平台、提供高等教育发展能力建设培训等多种方式帮助发展中国家高校获取必要的信息化教育资源，快速转变教学模式，利用数字化转型保障教育活动持续开展。

在全球疫情蔓延和高校普遍停课停学的背景下，我们利用国际网络教育学院（简称 IIOE）这一平台迅速应对，及时向全球发展中国家高校提供优质的在线课程和培训资源，充分满足其对优质在线高等教育资源的需求。自 2020 年 4 月平台上线以来，IIOE 累计提供数百门中、英、法课程，课程主要覆盖计算机理论、人工智能、大数据、云计算、物联网、区块链等多个领域。截至 2020 年 11 月，IIOE 平台已是中国提供英文专业课程最多的高等教育网络平台，也是联合国教科文组织中最大的在线教育平台。依托这一平台，我们为共来自 46 个国家的 307 所高等院校与政府机构的 2 108 名高校教师和专家提供了应急抗疫在线教学支持。我们也在 95 个国家与地区开展了教师信息化素养培训，在 2020 年 9 月上线的第一期的大数据培训中，有接近 3 000 名教师参与了我们的英法双语培训在线班。

这些成果的达成离不开我们背后的国际合作伙伴网络，包括腾讯、比亚迪、华为、科大讯飞、伟东云教育、创显科教、极客学院在内的诸多中国企业为发展中国家高校的数字化转型提供了资金技术支持、捐助了智慧教育设备，南方科技大学、西安电子科技大学、深圳职业技术学院、深圳信息职业技术学院等一批高校也为发展中国家教师发展与职业技能教育提供了英文教学课程。在高等教育界，英文中常用 HEI（Higher Education Institutions）三个字母指代高等教育机构，我们认为对于发展中国家高等教育的数字化转型，“HEI” 三个字母同样重要，分别是代表高等教育界的 H（Higher Education），代表企业的 E（Enterprises），以及代表国际合作的 I（International Collaboration）。由这三者构成的新 HEI 伙伴关系，将成为未来全球数字化进程的重要推手。在这一过程中，我们欢迎更多来自中国高校的教育工作者参与到我们事业中来，把中国的先进经验、先进技术更好地传播到其他发展中国家，践行构建人类命运共同体的美好愿景！

2020高
2020 Annual

世界格局变革下我国本科教育发展若干方略

王定华
Wang Dinghua

北京外国语大学党委书记

当人类社会即将步入21世纪第三个十年之际，新一轮科技革命加深加广，人工智能扑面而来，新冠肺炎疫情影响全球，世界格局发生深刻变革，对各国高等教育带来前所未有的冲击。面对这些变化，我国的高等本科教育需要保持战略定力，深度开放合作，培养全球胜任力，打造国际化课程，拥抱人工智能，完善保障机制，正确处理好在改革和发展过程中所面临的各种关系。

今天我想和大家一起探讨三个问题。

一、世界格局变革下本科教育的定位

定位受形势影响、受规律影响、受使命影响，就外部的形势和使命来看：

一是新冠肺炎疫情影响全球。2020年暴发的新冠肺炎疫情，波及范围之广、影响领域之深历史罕见，给人类生命安全和身体健康带来巨大的威胁，对世界格局和世界治理体系产生重大影响，给全球各行各业带来巨大挑战。教育置身其间，影响十分明显。首先，新冠肺炎疫情使高等教育形态发生革命性变化。其次，新冠肺炎疫情对全球学术就业环境产生巨大影响。最后，新冠肺炎疫情对我国国际话语体系建设提出严峻挑战。我们现在仍然经历着疫情的过程，我们需要主动应对、化危为机。

二是"一带一路"全面推进。随着人类命运共同体理念、"一带一路"倡议的深入推进，我国与"一带一路"沿线国家和地区形成了丰富的合作成果，对世界格局产生了深刻的影响。这期间既孕育着重大的机遇，也伴随着巨大的挑战，使得高等教育的基础性、先导性地位更加凸显。

首先，"一带一路"的推进迫切需要加快外语能力的建设，只有语言相通、文化相通，才能实现真正意义上的民心相通。在“一带一路”倡议的实施过程当中，英语、法语等通用语种至关重要，同时非通用语的作用也日益显现。目前“一带一路”国家有 64 个，由于它是开放性的倡议，加入的国家还会更多。对于这些国家的语言和文化要有直接的了解、直接的掌握，这些非常重要。对于新时代的大学来讲，如果仅仅具备英语交流能力，是远远不够的。

其次，“一带一路”的推进迫切需要优化人才培养结构。不同类型的本科院校，或者是不同层次院校的本科教育阶段，都应该主动对接国家需求，瞭望世界发展大势，对照国际行业标准，从本校实际出发，优化学科专业布局，创新人才培养模式，致力于培养学生适应社会发展和国际竞争需要的必备品格和关键能力。

最后，“一带一路”的推进迫切需要推进中外文化交流。民心相通归根结底是文化的交融，只有更多地促进文化上的彼此理解、融合，才能进一步在合作的内涵方面真正产生化学反应，进而让彼此共同成长。

三是世界科技迅猛发展。大学在这种科技的变革中也正在发生变化。首先，大学的物理围墙逐渐消失。其次，大学的知识权威面临威胁。最后，大学的学科专业遭遇挑战。

四是我国政府高位部署。对于本科教育，党和国家非常重视。进入新时代，面向现代化，对于本科教育更加强调，对国际化人才也更加重视。特别是 2020 年 6 月，教育部等八部门印发了《关于加快和扩大新时代教育对外开放的意见》，把培养具有全球竞争力的人才摆在重要的位置，提出要提升我国高等教育人才培养的国际竞争力，加快培养具有全球视野的高层次国际化人才，以应对这种国际格局变化的新形势。

二、世界格局变革下本科教育的措施

一是保持战略定力。当前双一流建设加快推进，国际竞争日益激烈，各种思想、思潮相互交融、交流、碰撞，各种评比排名也是名目繁多，在这复杂的环境中，我们要保持理论上的清醒，增强政治上的定力，遵循高等教育发展的规律。首先，保持战略定力就要牢牢把握社会主义的办学方向。其次，保持战略定力需要全面落实立德树人根本任务。最后，保持战略定力需要在复杂多变的国际局势中平心静气、冷静观察。高等学校要坚定信心、积极应对、辩证看待、稳妥把握，不管国际政治、经济关系如何变化，都要始终保持自信和定力，坚持教育对外开放不动摇，主动加强同世界各国的互鉴、互容、互通，形成更全方位、更宽领域、更多层次、更加主动的教育对外开放局面。

二是深度开放合作。要立足内外资源创条件，要实施出国交流广覆盖。北京外国语大学在本科、硕士、博士阶段由学校资助帮助每一个学生有一次出国学习交流的机会，要参与全球治理占高地。

三是培养全球胜任力。为此，在本科教育阶段要努力做到英语开道、复语跟进。要立足国情，具有全球视野。要加强通识教育，全面发展。

四是打造国际化课程。要突出专业的外向性，要提升课堂的互动性，要体现教材的融通性。

五是拥抱人工智能。以人机协同改革教学范式，以人工智能促进学科融合，以共建共享拓展办学资源。北京外国语大学成立了人工智能与人类语言重点实验室，就是要探索语言学习的生理机制和在高科技条件下帮助青少年学习外语的便捷途径，真正解决广大中小学生、大学生学习外语耗时过多、效果不够好的问题。

六是完善保障措施。首先是优先安排本科教育，其次是科学评价教师绩效，最后是全力支持教学一线。

三、世界格局变革下本科教育发展的统筹

一是本科教育和研究生教育。无论在什么时代，无论格局如何变化，高等教育的关键部分是本科教育，没有优秀的本科生培养质量，研究生教育就没有高质量的毛坯和种子，就无法保证培养出优秀的高层次人才。同样，高质量的研究生教育对本科教育人才培养的机制完善、学术氛围的营造，以及师资队伍的建设，均具有重点促进作用。当然高等学校是分层分类的，应该办出特色，不宜一个模式。

二是人才培养与科学研究。这是一个老问题，但是始终也没有处理好。我想本科教育阶段人才培养和科学研究都很重要，二者犹如车之两轮、鸟之双翼，将二者对立起来的做法是不可取的。本科教学关乎国家发展和安全，既是现代大学的初衷，也是现代大学最根本的任务，注重本科教学，注重教授为本科生上课，是世界一流大学的明确要求。所以，高等学校教师无论名气有多大，教师是第一身份，上课是第一责任。同时，没有科研的教学是低水平的教学，是重复性的教学，科研要反哺教学，坚持教学出题目、科研做文章、成果进课堂，形成师生共同科研的良好局面。

三是中国学生与国际学生。在新的世界格局下，中国学生和国际学生应该一视同仁，共同编班，共同上课，共同住宿，相互交流，针对特色，因材施教，各展所长。

四是教育传统与教育变革。我们要不忘本来、吸收外来、继往开来，要把我们本科教育好的传统予以总结、弘扬和坚持，同时要把外校、外国好的做法进行充分的汲取。中国正走向世界，世界也正走向中国，让我们在这种地球村的环境中相互学习，携手共建美好的人类命运共同体。

2020高等教育
2020 Annual International Fo
加快推进大学治理体系

大学推动人类命运共同体建设的本源性依据及实践方式

汪明义
Wang Mingyi

四川师范大学校长

当今世界依然是一个不安宁的世界，“建设一个什么样的世界”以及“如何建设这个世界”成为当今各国政要必须面对的时代难题。用什么理念来引领全球化的前行方向，如何为全球经济复苏、为全球治理体系改革、为世界文明秩序重塑提供方案，也成为世界的呼唤。

在党的十九大报告中，习近平总书记提出要“推动构建人类命运共同体”。2020 年 10 月，时任教育部部长陈宝生在 2020 中国国际教育研讨会全体大会上表示，教育是推动人类文明进步的重要力量，应在构建人类命运共同体进程中发挥更大作用。大学作为人类社会的一类特殊的社会组织，是人类的精神家园和人类智慧的花朵，必然成为构建人类命运共同体的中流砥柱。

一、大学推动人类命运共同体建设的本源性依据考察

（1）大学探索知识创造的世界性及价值观塑造是其本源性依据之一。体现在三个视角：一是大学的知识发现使命和育人责任；二是中世纪大学知识教育的人类学象征；三是近现代大学民主和科学的共同价值观形塑。

（2）大学探索创造人类共存的文化意识宇宙是其本源性依据之二。我们有两个宇宙，一个是人类的自然物质宇宙，还有一个抽象宇宙，就是人类的文化意识宇宙。人的意识、人的意识向世界敞开的生成性进程以及所呈现的文化空间，此三者整合生成的精神形态，我们称之为文化意识宇宙，包括民族文化意识和人类文化意识，大学在这两个方面均作出了杰出的贡献。

二、大学助推人类命运共同体建设的开放性方式

大学助推人类命运共同体建设的开放性方式体现在以下五个方面：

一是以科学精神和人文理性培养人类进步事业的新人。科学精神和人文理性就是人类共同的文化意识，是培养具有国际竞争力人才的基本要素。作为中国的大学来讲，不仅要培养民族复兴大任的担当者，还要培养人类进步事业的积极参与者。

二是以探索创造新知解决人类发展进程中的认知难题。大学在知识经济发展中具有重要的地位和功能作用，不仅要解决我们国家经济社会发展的一些重大问题，同时要探索解决人类发展进程中共同面临的认知难题，正如当下抗击新冠肺炎疫情需要全世界的力量共同努力。

三是以更开放的姿态服务人类命运共同体。中国是全球最具潜力的大市场，中国大学应秉持开放包容的理念，融汇不同文明，更好地为人类发展作出贡献。

四是以返本开新中华文明，实现美美与共的卓越。源远流长、博大精深的中国优秀传统文化是大学推动人类命运共同发展的思想智库，以文化传承与创新为己任方能实现天下大同的宏伟愿景。

五是坚定文化自信，加大国际文化交流合作。习近平总书记强调“文化自信是更基本、更深沉、更持久的力量”，只有坚定文化自信才能更加开放地借鉴其他文明成果，在此基础上，大学之间的国际交流合作更能增进人类福祉、推动世界进步。

三、大学推动人类命运共同体构建的实践行动

在实现中华民族伟大复兴的中国梦和推动构建人类命运共同体的历史进程中，中国大学责无旁贷，理应成为这个伟大时代的奋斗者、创新者、思想者。近年来，四川师范大学在推动构建人类命运共同体方面迈出了坚定的步伐。

一是对大学在推动人类命运共同体构建进程中的使命与担当进行系统的论述，观点发表在《光明日报》《中国高等教育》和《探索与争鸣》等报刊上。

二是学校先后两次举办大学推动人类命运共同体构建的高峰论坛，并与韩国延世大学和巴基斯坦卡拉奇大学成立“SKY”联盟。

三是从理论层面研究人类命运共同体构建进程的指标体系，包括政治维度、经济维度、文化维度、安全维度和生态维度，来推动“人类共同利益”，即“持久

和平、普遍安全、共同繁荣、开放包容、清洁美丽的世界”的实现。

四是学校组织力量，积极编撰包括《实然与应然：高等教育共同体的哲学思考》《和平与发展：高等教育共同体的愿景与目标》《民主与自由：高等教育共同体的基础与精神》《公平与正义：高等教育共同体的实践与规范》的通识核心课程教材。

总之，在近千年的大学发展进程中，大学通过探索真知推动解放、发展科学破除愚昧、创新技术摧毁障碍、传承文化培固良知的多元方式，创造了人类赖以共存的文化意识宇宙，与物质的宇宙比肩而立。大学的知识教育实践与其文化意识宇宙的建设，共同构筑起了大学推动人类命运共同体建设的本源性依据。新时代的大学需要从人类学出发，立足全球视野，探求新知，培养具有全球责任意识及相应能力的国际化人才，服务国际社会，积极推进国际间的文化交流与传播，承担起推动构建人类命运共同体的伟大历史使命。

CAHE
1983

关于大学评价国际化的若干思考

胡建华
Hu Jianhua

中国高等教育学会学术委员会委员
南京师范大学教育科学学院教授

评价对于实现高等教育治理体系现代化有着十分重要的影响。2020 年出台的《深化新时代教育评价改革总体方案》强调，要推进高校分类评价，引导不同类型高校科学定位，办出特色和水平。今天我从大学评价国际化这个角度来谈一点认识。

一、大学评价国际化的出现

关于大学评价何时出现，研究者之间存在着一些不同的看法。但有一共识之点是，21 世纪之前的大学评价基本上是以本国大学为对象的，可以称之为一国内的大学评价。有研究者认为，美国心理学者卡特尔在 20 世纪初撰写的《美国科学者》(*American Men of Science*) 一书中依据对部分美国大学的教师科学研究的评价，排出了科学领域最强大学一览表，这是最早的大学排名评价。1983 年《美国新闻与世界报道》(*U.S. News & World Report*) 推出最好大学排行榜，开启了美国大学排名评价的新时代，对美国高等教育界产生了比较大的影响。

进入 21 世纪之后，在高等教育国际化的浪潮中，大学评价开始发生变化，变化的主要特征是一些大学评价超越国界，评价机构对全球的大学进行排名评价，推出了世界大学排行榜，使大学评价走上了国际化的道路。2003 年，上海交通大学高等教育研究院率先推出软科世界大学学术排行榜。2004 年，《泰晤士报高等教育副刊》与 QS(Quacquarelli Symonds) 公司联合推出 "THE-QS 世界大学排行榜"。2010 年，《泰晤士报高等教育副刊》与 QS 结束合作，各自开始单独进行世界大学排名。2007 年，荷兰莱顿大学科学技术研究中心推出了莱顿大学排行榜，对世界 1 000 所大学的研究成果进行排名评价。2009 年，土耳其中东理工大学推出大学学术研究排行榜。2014年,《美国新闻与世界报道》推出了全球最好大学排行榜，对世界500所大学进行排名评价。

二、大学评价国际化的实质

上述这些世界大学排名评价的出现是高等教育国际化背景下的产物，同时也给高等教育国际化增添了新的内容。高等教育国际化最初的表现主要是科学知识、大学教师与学生在国际间的大量流动，而世界大学排行榜的出现无意中形成了一些评价大学办学的国际标准，世界大学排行榜的实质是评价机构用一个尺度，或者说一个国际性的尺度（当然各评价机构的尺度有所不同）去评价不同国家的大学。因此，有必要对作为大学评价国际化主要表现形式的世界大学排名评价（排行榜）保持一些清醒的认识。

三、大学评价国际化的特点

1. **科研偏好**。从现有世界大学排行榜的评价指标来看，大多数与大学的科学研究相关。上海软科的世界大学学术排名、荷兰莱顿大学对大学研究成果的评价排名、土耳其中东理工大学的大学学术研究排名自不待说，这几个大学排名顾名思义就是以大学的学术研究、科研成果为对象的。在其他几个世界大学排名中，也可以看到与科学研究相关的指标居于主要地位。例如,《美国新闻与世界报道》基本上是以科研指标为依据进行世界大学排名评价的，其排名评价指标与权重如下：研究的国际评价（12.5%），研究的地区评价（12.5%），论文发表数（12.5%），论文被引用标准指数（10%），论文被引用总数（10%），高被引论文数（12.5%），高被引论文数的比例（10%），国际合作（10%），授予博士学位数（5%），教师人均授予博士学位数（5%），其中与科学研究直接相关的评价指标达到80%以上。世界大学排名评价“科研偏好”的特征对大学办学产生了比较大的影响。一些大学改变了教学与研究之间的平衡，重心从本科生移向研究生，学科结构也发生了变化。大学的资源投入向科研产出更多的领域，向那些拥有能够提高排名指标的教师的部门倾斜。世界大学排名评价“科研偏好”的特征从另一个侧面深刻反映出大学教学评价（排名）的困难。大学评价在很大程度上是通过对大学中人的活动成果的评价来实现的。论文作为大学研究活动的主要成果，依靠其所具有的客观性、可测性、可比性、国际性成为十分恰当的评价对象。大学教学活动的成果最终体现在学生身上，通过几年的大学教育，学生在知识、能力、技能等方面得到了什么，作为个体的人又获得了哪些成长，显然这样的大学教学活动的成果是很难测量、比较的。这或许是各评价机构在进行世界大学排名评价时避开教学、偏重科研的考量所在。

2. **英语偏好**。现有的世界大学排名评价基本上是以英语文献与数据作为基础的。尽管近代以来母语早已成为各国大学的教学语言，但是由于世界大学排名评价的“科研偏好”，学术界占主导地位的英语文献自然成为评价机构衡量与比较不同国家大学水平的基本依据。世界大学排名评价的“英语偏好”特征使得非英语国家的大学与英语国家大学相比在评价中处于不利的地位。因此，非英语国家的大学若要在世界大学排行榜中获取好的排序，首先要解决的问题是改变师资队伍的结构，更多录用能够用英语开展研究并能在国际学术期刊上发表高水平论文的教师。可以这样认为，世界大学排行榜的出现更加巩固了英语在学术界的主导地位，在一定程度上强化了学术界与高等教育界的“中心 – 边缘”构造。

3. **理科偏好**。现有的世界大学排名评价所使用的数据库尤其是论文的数据库大多是以自然科学为主要对象的，因此“理科偏好”或许是世界大学排名评价的又一特征。例如，美国科技信息所（ISI）推出的基本科学指标数据库（ESI）具有很大的影响。该数据库分 22 个学科领域，依据论文数、论文被引频次、论文篇均被引频次、高被引论文、热点论文和前沿论文等 6 项指标，对全球高校的学科领域进行统计评价，统计数字每两个月更新一次。而这 22 个学科领域中，20 个是自然科学，社会科学只有经济与商业、社会科学总论两个领域。世界大学排名评价的“理科偏好”特征对大学的学科调整与重组产生了比较大的影响。世界大学排名评价“理科偏好”特征的产生虽然有一些诸如自然科学的数据容易获取、评价指标具有可比性以及人文与社会科学的研究成果难以测量等客观因素，但是大学作为传承与发展人类知识的重要组织是由自然科学、社会科学、人文科学三大部分组成的，偏重自然科学一隅而看轻或忽略其他，这样的评价是不是在整体上失去了客观性呢？

世界大学排行榜的出现虽然只有短短 10 多年时间，但是四大排行榜（软科世界大学学术排行榜、泰晤士高等教育世界大学排行榜、QS 世界大学排行榜、《美国新闻与世界报道》全球最好大学排行榜）已经对一些国家政府的高等教育政策，众多大学的办学理念、方向和行为，普通大众对高等教育的认识等产生了不可低估的影响。我的观点是，我们在看待这些评价的时候一定要对这些评价与排名的实质及指标体系有一个比较正确、清醒的认识，不要被排行榜所左右，否则就会失去方向。

2020高等教育国
2020 Annual International For

论后发外生型学术系统的困境与创新

阎凤桥
Yan Fengqiao

中国高等教育学会学术委员会委员
北京大学教育学院党委书记、院长、教授

现代意义上的中国大学及其学术活动形态是19世纪末西学东渐过程中形成的。虽然在清末中国学人宣称要“上法三代，旁采泰西”，但前者成分少，而后者多。与中世纪起源于欧洲的先发内生型大学制度和学科制度相比，我国的大学制度和学科制度则属于后发外生型。金耀基对于古今大学之道进行了对比，从“善”到“真”的求知取向和与之相应学术形态的转变是核心。

后发外生型学术系统具有一定的特征，比如对外依赖性和移植性强，由此带来的困境是学术原创性不足以及理论与实践相脱节。

一、知识和学科分类及性质

钱穆先生把知识划分为人统、事统和学统。人统是讲如何做人的知识；事统是关于做事的知识，旨在学以致用；学统是关于学理的知识，旨在为知识而知识。起源于中世纪的西方大学，继承了“两希”（希腊与希伯来）传统，宗教属于人统部分，曾经长期占主导地位；17世纪的科学革命、18世纪的启蒙运动和工业革命推动了应用性知识的推广，所谓事统知识得到了发展；随着19世纪初柏林大学的诞生，将研究作为新型大学的核心功能，形成了以学统和事统为主的知识体系。

再看中国的情况，经学属于人统知识，在中国知识系统中一家独大，学而优则仕以及与之配合的科举制度围绕着经学进行。从学术制度的演进角度看，1912年颁布的《大学令》采纳了西学知识分类体系，把经学分解后分别划归到文学、历史和哲学三大人文学科中。民国之后出现的其他学科和专业则分属于学统和事统，因此学统和事统属于外生的知识内容。

现代学科被划分为三大类：自然科学、社会科学和人文学科，其基础部分属于学统范畴，其应用部分属于事统部分，其中人文学科与人统知识有密切的关联和对应关系。自然科学和社会科学经历了增长过程，而人文学科的地位有式微的趋势。这种转变不仅发生在西方国家，也同样发生在中国。从学科的地域性角度看，自然科学的超地域性最强，有先进和落后之分，适合做横向比较；而人文学科的地域性最强，难以区分先进与落后，横向比较受到局限；社会科学介于上述两者中间，兼有地域性和超地域性。

在社会科学、人文学科及其交叉学科中，有一些学科偏重事实，中西学之间的差别是分明的，各成体系，难分高下，不可通约。另外一些学科偏重理论，对于这一部分知识而言，以不同社会的不同方面为考察的对象，但均注重抽象出共同的发展规律，中西社会之间的差异则不是关注的重点，容易把从某一个社会（发达社会）得到的认识规律武断地应用到认识其他社会（欠发达社会）发展中。由于这种偏差，有人提出学术“本土化”的呼吁。

我们看出以下几点：首先，对于中国来说，大学制度和学科制度都是后发外生的，主要是从西方国家学习和借鉴来的。其次，从知识形态角度看，在中国传统的知识体系中，人统知识发达，而事统和学统知识欠发达。最后，从学科角度看，有自然科学、社会科学和人文学科三大学科，在中国大学中，三种学科要么是直接从西方国家借鉴来的，要么是将自身的学术体系经过改造而形成的。自然科学的超地域性最强，而社会科学和人文学科的地域性较强，地域性限制了学术借鉴行为的有效性，从而提出了学术本土化发展的需求。

二、外生型学术系统发展面临的困境

从认识论的角度看，内生型的学科发展路径遵从实践第一性、认识第二性的认识规律，实践与认识之间有较好的配合关系。相反，在外生型学科的知识系统中，学科的理论知识往往是从其他国家借鉴来的，而不是完全基于本国的实践经验研究得到的，用借鉴来的知识去分析和指导本国的实践活动，容易在理论与实践之间产生一定的隔阂。这是外生型学科问题的根本所在，有如下表象：第一，缺乏一个完全属于中国的原创的理论体系。第二，学习者从自身所在的社会背景出发，将难以透彻地理解基于不同社会背景所提出理论的意涵，容易对西方理论做片面和绝对化的理解。第三，中国社会的快速发展，无法用现成的西方理论予以有效解释，从而提出了理论创新的使命要求。第四，哈贝马斯认为，知识的旨趣不应该限于技术和实用，而应该体现在解放旨趣上。中国学术界要对于人类知识发展作出独特的贡献，就要朝着这个目标去努力。

哪些影响因素促成外生型学科的形成呢？首先，学科的后发外生性是中国后发外生现代化路径的反映。其次，从学术系统内部看，后发外生型国家在对待人统、事统和学统知识方面，难以齐头并进，由于现实发展的需要，容易侧重事统，而忽视学统。

三、摆脱困境与学术创新

外生学术系统面临的困境在于知识的过度西化，因此解决问题的办法自然是去掉不必要的西化成分，或对其进行本土化的改造。这种努力从学科在中国建立之初就开始了，早期的社会科学工作者一方面学习西方的学科知识和研究方法，另一方面也努力联系中国的实际情况，试图创立中国学派，燕京大学的社会学家吴文藻就是一个代表。去西化后的学科是要建立一个新的独立的学科体系呢，还是中西合璧，建立一个综合而统一的学科呢？本人赞同选择后者，因为中西方既有不同之处，也有相同之处，在一个统一的框架下进行知识的互融，对于知识完整性和统一性更加有利。不断地进行理论与实践之间的对话、中国与西方国家的比较，将是学术创新的必要之举。

采用比较分析方法是进行学术创新的一种有效方式，一些创新研究就是在比较过程中完成的。例如，19 世纪中叶法国人托克维尔在对美国社会考察基础上撰写的《论美国的民主》。作者从他者的视角出发，对于美国社会进行了透彻的分析，看到了许多美国人都没有看到的东西。再举一例。华裔学者许烺光从社会心理学角度出发，对中美青少年问题进行了比较。他指出，与中国相比，美国青少年问题严重，吸毒、犯罪、性问题屡见不鲜。为什么呢？许烺光认为，主要是美国青少年一直是在自己的独立世界里长大的，到了走向社会的年龄，面对着的是一个陌生的成人世界，他们不熟悉也不愿意接受成人世界的规则，于是出现了反叛社会的行为。相反，中国缺少独立的儿童世界，青少年一直生活在成人世界里，因此他们熟悉成人世界的规则，可以顺利地走向社会，没有明显的反差和冲突。

在比较过程中，也要谨防误区。余英时指出：“比较的历史观点本来是有利无弊的，但是比较如果演变为一方是进化的高级阶段（西方），而另一方面则仍停留在较低的层次（中国），因此前者成为批判后者的绝对标准，那么许多历史和文化的歪曲便随着发生了。”[①]

四、结语

现代化进程包括三个层面：器物、制度和文化。三者相较，文化具有相对滞后性，滞后于器物和制度。中国的现代化实践也证实了这个发展规律。中国的经济和社会变革速度很快，而学术进步相对滞后，面对发展的社会实践，现有理论显得比较苍白，面临着“讲好中国故事”的挑战。迎接这一挑战，不是宏大叙事可以胜任的，而是需要集腋成裘，通过许许多多的经验研究构成对于中国大问题的理论回应。

① 余英时：《师友记往——余英时怀旧集》，北京大学出版社 2013 年版，第 39 页。

『一带一路』背景下来华留学生空间选择研究

黄贤金
Huang Xianjin

南京大学“一带一路”研究院副院长、教授

随着高等教育水平的整体提升，我国高等教育国际影响力不断增强，尤其是2013年“一带一路”倡议提出以来，我国开始注重打造更加国际化的现代高等教育体系，着力发展留学生教育。随着留学生规模扩大，来华留学生在空间选择上呈现出一些特征。

一、近20年来华留学生空间分布特征

1. 从地理格局上，华东与华北地区是来华留学生最重要聚集地，其分布已从1999年的华北独大（留学生规模占全国47%）发展到2016年的华东（占全国35%）、华北（占全国25%）并举。

2. 从城市分布来看，来华留学生规模与城市行政等级（如省、副省、地级市）正相关，虽然直辖市和副省级城市集中度更高，但地级市层面的留学生增长更为迅速。从重点城市及城市群分布来看，呈现出北京、武汉、西安“三点”与沪宁杭、穗厦、昆邕①、成渝、沈大长哈“五片”相结合的特征。

二、来华留学生地域选择的影响因素

基于教育因素（规模、质量、层级等）、经济因素（发展度、城市化率、开放度等）、社会因素（基础设施、生活成本、就业水平等）、文化和地缘因素（历史文化、国际游客、沿边省份②等）等方面的研究，本报告得出以下结论：

① 邕：广西南宁的别称。

② 沿边省份指云南、广西、黑龙江、新疆、吉林等沿边境线省份。

1. 沿边省份对于吸引本科阶段留学生具有显著的正向影响，但对研究生阶段的留学生影响则不显著。

2. 与本科阶段的留学生更看中高校声誉不同，研究生对地区高等教育层级结构较为敏感。

3. 经济因素对本科阶段留学生的影响相对较大，原因是能够提供更多的就业机会，但是对研究生阶段留学生的影响相对较小，原因是研究生阶段的来华留学生更注重学术。同时，有关奖学金和城市创新能力指标对吸引研究生阶段留学生的影响会更大。

4. 历史文化因素对本科阶段和研究生阶段的影响较为一致，这使我国沿边地区来华留学生发展有较高水平。

三、完善来华留学生地域分布的政策建议

基于来华留学生的地域分布特征，本研究从优化国家来华留学生政策、完善地方来华留学生奖学金制度以及制定更具平等性的内外高校学生培养机制等方面，提出以下有关政策建议。

1. 改进和完善现有评价指标体系。制定符合区域差异性的留学生分类评价指标，促进高校国际化建设。

2. 挖掘沿边地区来华留学生发展的地缘文化特色。注重沿边地域地缘文化元素对于来华留学生发展的影响，适度扩大来华留学生的专业学位规模，引导这些地区的来华留学生教育从数量增长转向结构优化、质量提升。

3. 完善区域来华留学生发展引导。营造良好的地区社会环境和留学生教育管理服务机制，努力实现留学生教育“软实力”与“硬实力”的相互补缺与均衡配置。例如，沿边地区注重构建跨境[①]的地缘文化共同体，沿海以及华北地区注重经济发展以及科技竞争力提升，以此吸引来华留学生。

4. 引导高校制定来华留学生培养方案。鼓励高校量身定制留学生专业培养方案，有针对性地配套学习生活条件；逐步实现来华留学生教育和本土学生培养管理的一体化。

① 跨境指云南、广西、新疆、黑龙江等与周边国家接壤的地区。